Klaus Klein und Ulrich Oettinger

Konstruktivismus

Die neue Perspektive
im (*Sach*-)Unterricht

2., überarbeitete Auflage

Schneider Verlag Hohengehren GmbH

Zeichnungen:
Christiane Helbig

Gedruckt auf umweltfreundlichem Papier (chlor- und säurefrei hergestellt).

Bibliografische Information der Deutschen Nationalbibliothek

Die Deutsche Nationalbibliothek verzeichnet diese Publikation in der Deutschen Nationalbibliografie; detaillierte bibliografische Daten sind im Internet über ›http://dnb.d-nb.de‹ abrufbar.

ISBN-10: 3-8340-0061-2
ISBN-13: 978-3-8340-0061-3
Schneider Verlag Hohengehren, 73666 Baltmannsweiler

Printed in Germany. Druck: Hofmann, Schorndorf

Chancen + Grenzen einer konstruktivistischen Grundhaltung in der Mediation

INHALTSVERZEICHNIS

VORWORT

"Denken Sie nur an den gesellschaftlichen Umgang mit Kindern, die sich - zu unserem Schrecken - vielfach auf eine nichttriviale Weise verhalten. Man fragt ein Kind: "Was ist zwei mal zwei?" Und es sagt: "Grün!" Eine solche Antwort ist auf eine geniale Weise unberechenbar, aber sie scheint uns unzulässig, sie verletzt unsere Sehnsucht nach Sicherheit und Berechenbarkeit. Dieses Kind ist noch kein berechenbarer Staatsbürger, und vielleicht wird es eines Tages nicht einmal unseren Gesetzen folgen. Die Konsequenz ist, daß wir es in eine Trivialisationsanstalt schicken, die man offiziell als Schule bezeichnet. Und auf diese Weise verwandeln wir dieses Kind Schritt für Schritt in eine triviale Maschine, das unsere Frage "Was ist zwei mal zwei?" auf immer dieselbe Weise beantwortet."

Von Foerster (*Wahrheit ist die Erfindung eines Lügners*, Seite 55)

Von Foerster (↑) greift hier wichtige Fragen von Schule überhaupt auf:

- Inwieweit ist Schule heute kindgerecht?
- Und was macht Schule aus unseren Kindern? Wie werden diese durch Schule?

Von Foerster ist heute einer der namhaften Konstruktivisten. Seine Idee von Trivialisierung ist in dem Zitat sicherlich provokant formuliert. In der Tat wird in den angesprochenen Punkten Schule, besonders Grundschule, längst nicht hinreichend hinterfragt.

Der Titel "*Konstruktivismus – eine neue Perspektive für (Sach-)Unterricht*" bringt in diesem Zusammenhang das besondere Anliegen dieses Buches zum Ausdruck:

- Es ist der ehrgeizige Versuch, das bisherige Spektrum von Sachunterricht um eine weitere Perspektive zu erweitern,

- und diese Perspektive bezieht sich namentlich auf Konstruktivismus.

Nicht mehr und nicht weniger will das Buch. Es geht also zentral darum,

- aktiv das methodische und pädagogische Spektrum von Schule, im Besonderen von Sachunterricht, zu erweitern,

- aufzuzeigen, was die wesentlichen Aussagen und Tendenzen von Konstruktivismus sind,

- nachvollziehbar zu machen, inwiefern Konstruktivismus in der Didaktik relevant ist,

- zu untersuchen, was die Einführung einer konstruktivistischen Perspektive für Sachunterricht wirklich bedeutet

- und in diesem Zusammenhang zu verdeutlichen, inwieweit Konstruktivismus in der Didaktik tatsächlich etwas Neues darstellt.

- Will durch konkrete Beispele die Praktikabilität für den Schulalltag aufzeigen.

Dieses Buch will nicht

- bestehende Didaktiken pauschal durch eine konstruktivistische ersetzen oder

- einen Beitrag zum erkenntnistheoretischen Diskurs über das Thema "*Konstruktivismus*" leisten.

"Konstruktivismus – eine neue Perspektive für (Sach-)Unterricht" versteht sich als ein praktisches Buch. Es will konkret Hinweise und Hilfen geben. Es hat vor allem das ehrgeizige Ziel, relevant für den unterrichtlichen Alltag zu sein, für die pädagogisch-didaktische Praxis, wie sie heute real existiert.

Der Sinn von konstruktivistischer Didaktik

Konstruktivismus stellt sich zunächst als Haltung, als theoretischer "Überbau" dar. Doch hat er in der Praxis konkret Handlungsrelevanz und verspricht eine Erweiterung des didaktischen Spektrums.

Wie Sie dieses Buch lesen sollten

Dieses Buch ist eine Einladung. Es will Sie gewinnen für eine Perspektive, die in der heutigen Diskussion durchaus umstritten ist. Sie werden eingeladen, sich beim Lesen auf eine neue Perspektive einzulassen: Eine Perspektive zum Sachunterricht.

- Es mag sein, dass Ihnen einige Ansätze zunächst ungewohnt oder gar befremdlich erscheinen.
- Es mag sein, dass Sie einige Gedankengängen zunächst als schwer nachvollziehbar oder "*künstlich*" empfinden.

- Es mag auch sein, dass Sie in der konkreten Didaktik viele praktische Punkte aus anderen Zusammenhängen wiedererkennen.

Dennoch wird es sich lohnen, sich auf das Buch einzulassen. Dabei lassen Sie sich auf ein ganzes Gebäude ein, das erst als solches gewürdigt werden kann:

- Erst in der Verbindung mit einem praktischen Anwendungsfeld wie dem Sachunterricht wird Konstruktivismus als philosophische Haltung relevant.

- Erst mit einer (philosophischen) Fundierung, die viele verschiedene Ansätze vereinigt, kann Didaktik sich von einer intuitiven Gefühlsdidaktik absetzen.

Und bedenken Sie beim Lesen, dass Konstruktivismus - wenn man ihn konsequent umsetzt - durchaus gewöhnungsbedürftig ist.

Konstruktivismus kann Sachunterricht verändern. Er verändert ihn nicht nur durch die Erweiterung der didaktischen Methodik, sondern in erster Linie durch eine neue Einstellung im Unterricht. Diese Einstellung praktisch umsetzbar zu machen ist das ehrgeizige Ziel dieses Buches.

Im übrigen sehen wir dieses Buch und seine Rezeption konsequenterweise auch aus einer konstruktivistischen Perspektive. Dafür, wie das Gelesene bei Ihnen ankommt und was es dort ausrichtet, sind nicht zuletzt auch Sie verantwortlich, oder, um wieder ein Zitat von von Foerster zu bemühen:

> ***"Der Hörer, nicht der Sprecher, bestimmt die Bedeutung einer Aussage."***
>
> Von Foerster (*Wahrheit ist die Erfindung eines Lügners*, Seite 100)

Praktische Hinweise

(↑): Hinweis auf Sach- oder Namensregister

Der besseren Übersichtlichkeit wegen ist das jeweilige Kapitel auf dem oberen Teil jeder Seite angegeben.

KONSTRUKTIVISMUS - VOM ERKENNTNISTHEORETISCHEN ANSATZ ZUM DIDAKTISCHEN DESIGN

*"Schau hin, du wirst es nicht sehen -
man nennt es: unsichtbar.
Horche, du wirst es nicht hören -
man nennt es: unhörbar.
Greif danach, du wirst es nicht fassen -
man nennt es unfaßbar.*

*Diese drei sind unergründlich,
deshalb sind sie zu einem Einzigen miteinander verbunden.
Es strahlt nicht von oben,
und doch ist es von unten her nicht dunkel.*

*Wie ein unendlicher Faden,
und doch nicht zu beschreiben.
Es kehrt zurück ins Nichts.
Man nennt es: die Gestalt des Gestaltlosen,
das Bild des Wesenlosen;
unvorstellbar
und jenseits aller Phantasie.
Du stehst davor, doch du siehst sein Gesicht nicht.
Du folgst ihm, doch du siehst seinen Rücken nicht.*

*Bleib auf dem uralten Weg,
um das Reich der Gegenwart zu meistern.
Die Fähigkeit, den Anfang allen Seins zu erkennen,
nennt man den Faden, der sich durch den Weg zieht."*

Lao Tse

Konstruktivismus ist modern. Gerade auch in der Pädagogik und Didaktik boomt er, und der Ausdruck „konstruktivistisch" wird allzu gern auf alle möglichen Einstellungen und Methoden angewandt. Vielfach fällt es dabei schwer, den Zusammenhang zu dem, was ursprünglich mit "*Konstruktivismus*" gemeint war, zu erkennen.

Vieles von dem, was als "*konstruktivistisch*" etikettiert wird, kann auch anderen, nicht-philosophischen Theorien und Modellen zugewiesen werden.

Wenn in diesem Buch der Versuch unternommen wird, eine konstruktivistische Perspektive von (Sachkunde-)Unterricht vorzustellen und diese ganz konkret - in ihrer direkten praktischen Umsetzbarkeit - aufzuarbeiten, so wird auch hier die Frage aufkommen: Was ist an den vorgestellten Beispielen konkret konstruktivistisch, und wo bestehen Verbindungen mit anderen pädagogischen und didaktischen Konzepten?

Der Konstruktivismus ist zunächst philosophisch zu verstehen, es handelt sich um einen erkenntnistheoretischen Ansatz. Wenn ein solcher Ansatz konkret didaktisch umgesetzt wird, wenn er praktisch relevant wird, so kommt es zwangsläufig zu diversen Verformungen, Verzerrungen, Vereinfachungen.

Wir wollen diesem Prozess nachgehen. Bei konkreten, als „*konstruktivistisch*" bezeichneten didaktischen Maßnahmen soll deutlich werden, was daran genuin konstruktivistisch ist und wo im Einzelnen die Verbindung zur konstruktivistischen Erkenntnistheorie besteht.

Dazu muss diese zunächst charakterisiert und von anderen Ansätzen abgegrenzt werden. Dabei wird auch die Frage, inwieweit ein didaktisches Design überhaupt erkenntnistheoretisch rekurrierbar ist, im Mittelpunkt stehen.

Wie erkennen wir überhaupt?

Dass sich ein didaktisches Konzept von einem erkenntnistheoretischen ableitet, liegt nahe. Auch beim Prozess der Vermittlung von Erkenntnis spielt die Frage eine wesentliche Rolle, wie der Lernende prinzipiell zu Erkenntnis kommen kann und welcher Art die Erkenntnis ist.

Die Geschichte der Erkenntnisphilosophie ist lang und vielschichtig, und es kam zu heftigen Auseinandersetzungen zwischen den verschiedenen Richtungen und Schulen. Und stets ging es um die Frage, auf welche Weise der Mensch überhaupt in der Lage ist, Kenntnis von seiner Umwelt, von anderen Individuen und sich selbst zu erlangen.

Zwei wesentliche, einander widersprüchliche Haltungen stellen dabei der **Empirizismus** (↑) und der **Rationalismus** (↑) dar. Auch wenn diese beiden ihrerseits wieder verschiedene Richtungen aufweisen, so kann man den wesentlichen Unterschied darin sehen, von wo die Erkenntnis ausgeht.

Im **Empirizismus** wird davon ausgegangen, dass die Welt die zu entdeckenden Phänomene bereithält und dann ein Individuum hinzutritt, das sich diese zugänglich machen kann. Erkennen hat hier den Charakter von **Entdeckung**, und die Empirie hätte auch dann so existiert, wenn sie nicht erforscht worden wäre.

Das zu Erkennende wohnt also der Empirie inne, das Individuum tritt lediglich hinzu und nähert sich erkennend den bereits vorhandenen Objekten.

Im **Rationalismus** wird die **Rolle des Verstandes** bei der Erkenntnisgewinnung betont. Dieser steht am Anfang der Erkenntnis und ordnet die ihn umgebende Umwelt, weist ihr Attribute zu und definiert Kategorien. Der Verstand ist die zentrale Erkenntnisinstanz, und eine Betrachtung der zu erkennenden Phänomene unter Ausblendung des Verstandes ist nicht möglich. Im Gegensatz zum Empirismus erfolgt hier eine starke Akzentuierung der Rolle des Verstandes und von dessen Einfluss auf den Erkenntnisprozess.

Die Frage, welche Stellungen dem Subjekt und dem Objekt bei der Erkenntnis zuzubilligen sind, steht auch bei vielen anderen erkenntnistheoretischen Ansätzen im Mittelpunkt. Dies zielt auch auf die Frage ab, was überhaupt von der Umwelt zu erkennen ist, worauf sich Erkenntnis dabei beziehen kann und was es heißt, eine Sache erkannt zu haben.

Kann man eine Sache überhaupt "an sich" erkennen, kann man ihr wahres Sein ergründen, oder haben wir keinen Zugang zu einer echten Erkenntnis einer Sache und müssen uns auf einige für uns relevante Aspekte dieser Sache bei der Erkenntnis beschränken?

An dieser Frage kann die Stellung des Konstruktivismus im Gegensatz zu anderen Positionen sehr deutlich gemacht werden. Während in "*ontologischen*" (Ontologie: Lehre vom Sein) Positionen von der grundsätzlichen Möglichkeit einer seinshaften Erkenntnis einer Sache ausgegangen wird, wird im Konstruktivismus diese Möglichkeit deutlich abgelehnt.

Platon (↑) etwa ging davon aus, dass hinter allen Sachen jeweils eine Idee sei, die erkannt werden könne, was dem wahren Erkennen der Sache entspräche.

Der Konstruktivist bezweifelt die Möglichkeit einer solchen Erkennbarkeit von Wahrheit, wir können niemals überprüfen, ob unsere ontologischen (seinsbezogenen) Aussagen zutreffen oder nicht. Selbst die Existenz einer einzigen Wahrheit entzöge sich, wenn es sie denn gäbe, unserer Wahrnehmung. Es ist also müßig, darüber zu streiten.

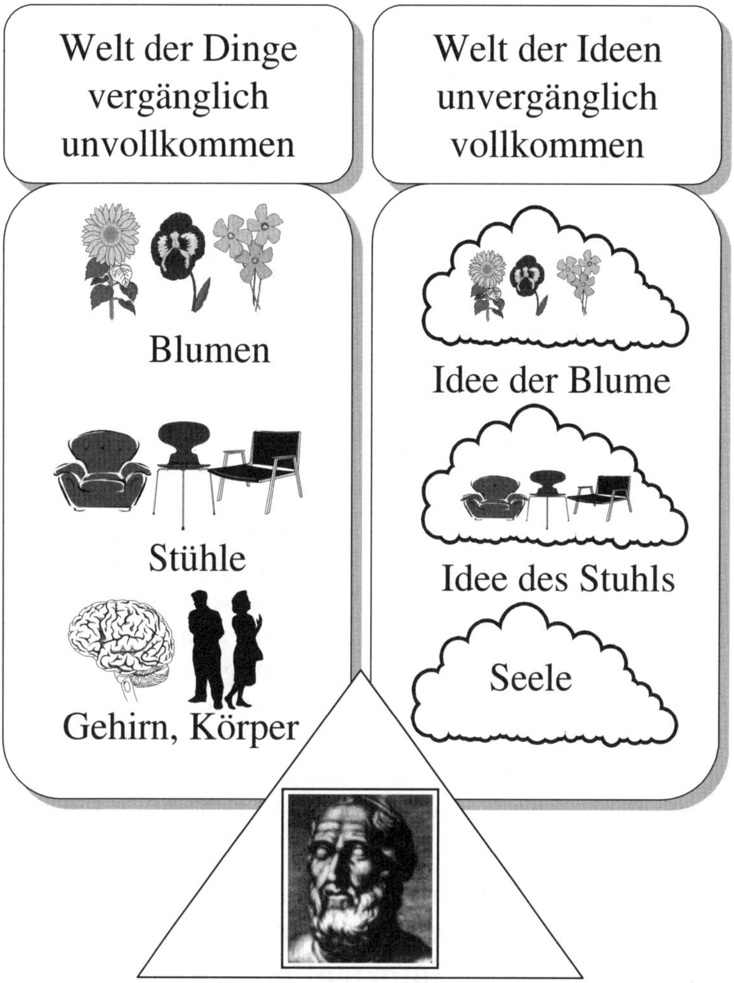

Platon ging davon aus, dass die Dinge unserer Umwelt nur Abbilder einer dahinter stehenden, ewigen Idee sind. Die uns umgebenenden Dinge gehören einer vergänglichen, unvollkommenen Welt an. Die Welt der Ideen, in der es zu all diesen Dingen eine entsprechende Idee gibt, ist vollkommen und unvergänglich. Wahrhaftes Erkennen richtet sich stets auf diese dahinter stehenden Ideen und kann letztlich nur von Teilen dieser Ideenwelt geleistet werden: Unsere Seele als wahrhafte Erkenntnisinstanz. Eine solche Auffassung von wahrhafter, seinshafter Erkenntnis wird vom Konstruktivismus gänzlich abgelehnt.

Was sind die Kernaussagen des Konstruktivismus?

Es ist beim Konstruktivismus wohl noch schwieriger als bei anderen erkenntnisphilosophischen Schulen, ein einheitliches Bild von den verschiedenen Strömungen zu entwerfen. Man müsste streng genommen von verschiedenen Konstruktivismen sprechen, und Konstruktivismus ist ein Sammelbegriff dieser verschiedenen Strömungen. Diese sind recht divergent, und die Frage, inwieweit eine Haltung als konstruktivistisch bezeichnet wird, hängt nicht zuletzt von der jeweiligen Betonung relevanter konstruktivistischer Elemente ab.

Einige zentrale Aspekte von Konstruktivismus können freilich deutlich ausgemacht werden, da sie mehr oder weniger in den meisten als "*konstruktivistisch*" etikettierten Positionen wiederzufinden sind. Für das Anliegen dieses Buches, die Charakterisierung einer konstruktivistischen Didaktik, ist es sogar unerlässlich, zunächst genuin konstruktivistische Elemente als solche zu kennzeichnen, um diese dann in ihrer didaktischen Applikation wieder auffinden zu können. Diese Elemente müssen dabei zunächst als erkenntnistheoretische aufgefasst werden, denn zunächst ist Konstruktivismus keine didaktische Ausrichtung, sondern eine philosophische.

1. Der Mensch ist ein geschlossenes System, nur über die Sinneskanäle gelangen Informationen aus der Umwelt in dieses System.

Bei allen Eindrücken, die der Mensch aus seiner Umwelt erhält, muss also stets mitbeachtet werden, dass diese durch die entsprechenden Sinneskanäle transformiert werden und einer neuronalen Interpretation unterliegen. Dies gilt auch für den wissenschaftlichen Erkenntnisprozess und die Kommunikation. Aus dieser Position heraus wird auch deutlich, warum man niemals ein "Ding an sich" erkennen kann, man kann beim Erkenntnisprozess nicht von den biologischen Bedingtheiten des Menschen absehen.

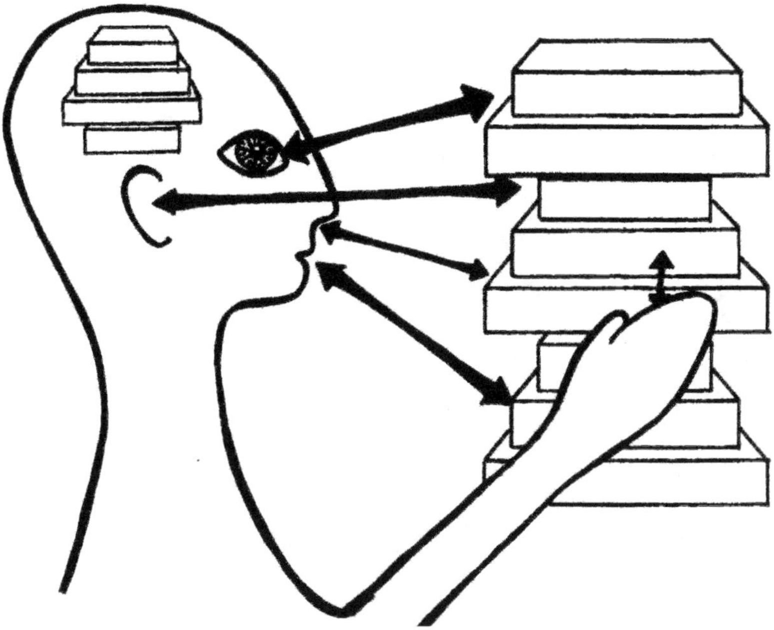

Der Mensch gelangt zunächst nur über seine Sinneskanäle an Informationen über seine Umwelt. Es gibt keinen direkten Zugang dazu, keine unmittelbare Erkenntnis, keine Einsicht in die Dinge der Welt, die vom Einfluss der Sinneskanäle absehen kann. Die Konstruktion, die wir uns von unserer Umwelt machen, wird zwar von den Sinneseindrücken ausgelöst, doch werden wir nie erfahren, inwieweit sie mit der "Wirklichkeit" außerhalb von uns übereinstimmt.

2. Jeder konstruiert für sich seine Welt.

Da es unmöglich ist, ein Ding oder eine Sache direkt zu erkennen oder Gedanken unmittelbar zu übertragen, baut jeder für sich "seine" Wahrheit selbst auf. Dabei kann ein solches Wahrheitskonstrukt eines Individuums auch nicht direkt mit denen anderer Menschen verglichen werden. Auch wenn durch Kommunikation über die Wahrheit die Konstruktionen miteinander verglichen werden können und soweit Stimmigkeit erreicht werden kann, dass keine Widersprüche auftauchen, so können doch recht verschiedene Konstruktionen vorliegen.

Die Regeln, nach denen ein Individuum konstruiert, sind seine eigenen, man kann nicht von außen den Konstruktionsprozess wesentlich nachvollziehen oder gar in bestimmter Weise manipulieren. Allerdings liegt es nahe, dass zwei Individuen in einer ähnlichen Konstruktionssituation (vergleichbare Umgebungsreize) auch in ähnlicher Weise konstruieren werden.

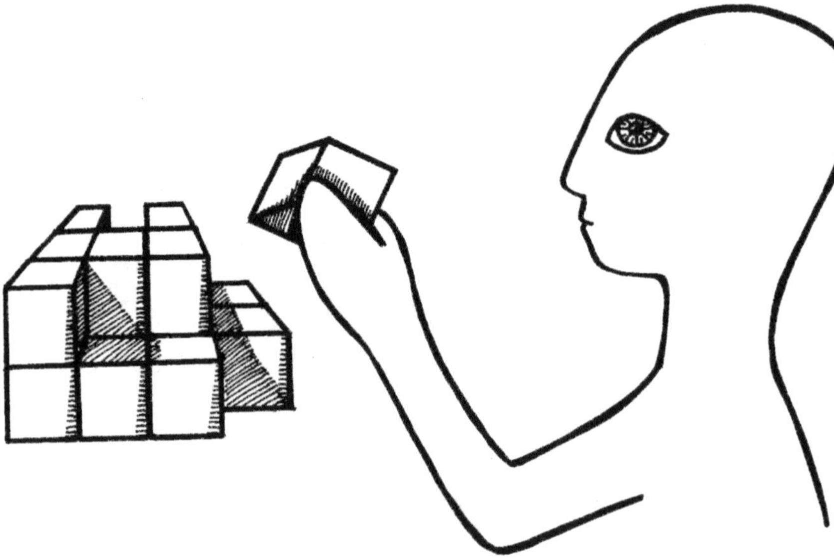

Im Konstruktivismus konstruiert jeder seine eigene Sicht von einem Phänomen der Umwelt, letztlich der Welt.

Eine Eins-zu-eins-Übertragung von Gedanken oder eine direkte Einsicht in die Gedanken anderer ist jedenfalls nicht möglich. Da die Konstruktionsweise eines Individuums lediglich anhand der von diesem getätigten Äußerungen erkannt werden kann und diese ein anderes Individuum nur durch dessen Sinneskanäle erreichen, ist ein direkter, intersubjektiver Vergleich von zwei Wahrheitsentwürfen nicht möglich.

3. Anstelle einer Wahrheitssuche tritt als wesentliches Kriterium die Nützlichkeit.

Da Aussagen über die Wahrheit einer Sache oder eine Aussage auf Grund des stets indirekten Zugangs rein spekulativ bleiben müssen, ist das Ziel der Auseinandersetzung, auch der wissenschaftlichen Auseinandersetzung mit der Umwelt nicht die Annäherung an die Wahrheit oder die Steigerung des Wahrheitsgehalts von Aussagen.

Der Konstruktivismus negiert nicht die Existenz einer empirischen Wahrheit, allein die Möglichkeit, diese zu erkennen und sich dieser Erkenntnis sicher zu sein, falls es überhaupt eine solche ontische (↑) (seinhafte) Wahrheit gibt, wird bestritten. Stattdessen dient als Kriterium der Auseinandersetzung mit der Umwelt die "*Nützlichkeit*" des Konstruktes. Diese kann dabei zum Beispiel die Widerspruchsfreiheit sein.

Eine Konstruktion der Umwelt kann sich daran messen lassen, inwieweit es bei der Anwendung der Konstruktion zu Widersprüchen kommt, inwieweit es zu Unpässlichkeiten in der Konfrontation mit der Umwelt kommt. In der Sprache des Konstruktivismus wird die Nützlichkeit in diesem Sinne mit **Viabilität** (↑) (von Glasersfeld (↑)) übersetzt. Viabilität ("Weg-barkeit") ist das konstruktivistische Kriterium einer erfolgreichen Auseinandersetzung mit der Umwelt.

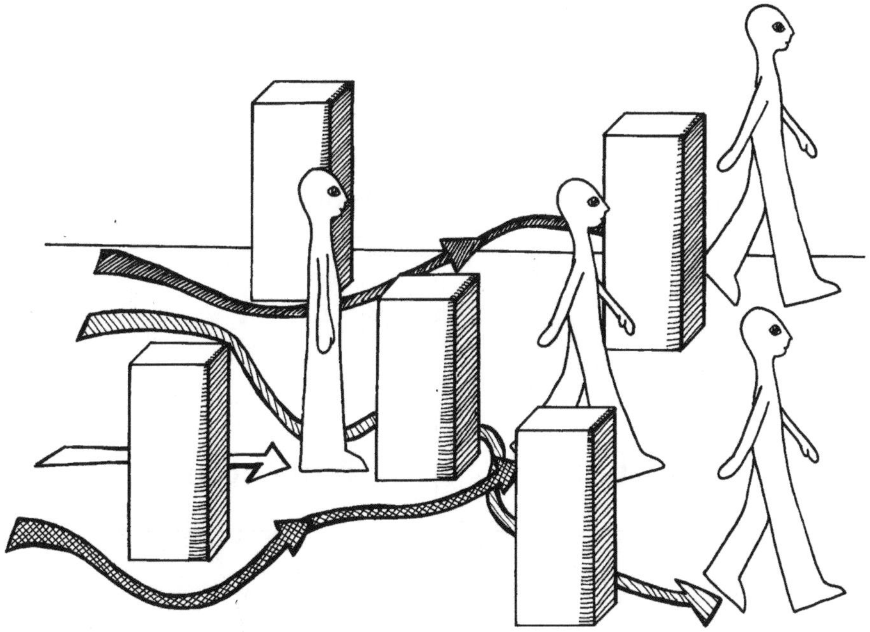

Eine Konstruktion ist so lange viabel, wie sie bei der Konfrontation mit der Umwelt keinen Anstoß verursacht. Dies beinhaltet, dass stets mehrere verschiedene Möglichkeiten existieren, wie eine solche Konfrontation erfolgreich erfolgen kann. Kommt es zu einem "Anstoß", einem Widerspruch mit der Umwelt, so muss die Konstruktion entsprechend modifiziert werden.

Es geht um die Nützlichkeit einer Konstruktion, die sich bei der Konfrontation mit der Realität bewähren muss. Bewährt hat sie sich dann, wenn es zu keinem Anstoß, keinem Widerspruch kommt. Viabilität ist dabei das meiste, was erreicht werden kann. Ein viabeles Konstrukt nimmt nicht in Anspruch, die Realität ergründet zu haben.

Im Konstruktivismus tritt die Nützlichkeit als Ziel von Auseinandersetzung mit der Umwelt an die Stelle von Wahrheit, die bei einer ontologischen Haltung angestrebt wird. Das Finden einer ontischen Wahrheit wird im Konstruktivismus bezweifelt und entfällt damit als Ziel. "*Nützlichkeit*" sollte hier in einem weiteren Sinne aufgefasst werden und kann vielfach mit "*Viabilität*" (↑) gleichgesetzt werden.

4. Im Konstruktivismus wird Wert auf die Aufdeckung des Erkenntnisprozesses gelegt.

Wenn nach dem Konstruktivismus eine Aussage, auch eine wissenschaftliche, nicht für sich in Anspruch nehmen kann, mit der Wahrheit identisch zu sein, reicht es nicht, sie als solche hinzustellen und ihre Übernahme zu verlangen.

Zu jeder Aussage und jeder Konstruktion muss daher stets mitgeliefert werden, auf welche Weise man diese erlangt hat. Eine "*Erkenntnis*" kann durch die Transparenz des Prozesses ihrer Erlangung, durch das Wissen um den eigentlichen Konstruktionsvorgang angemessen eingeordnet werden.

Dies bedeutet etwa für wissenschaftliche Aussagen und Systeme, dass von ihnen verlangt werden kann, dass ihr gesamter Akquisitionsprozess transparent gemacht wird.

Gleichermaßen folgt aus der Eingebundenheit wissenschaftlicher Aussagen in einen Konstruktionsprozess, dass sie stets als vorübergehend relativiert werden können.

Es handelt sich nie um endgültige Wahrheitsaussagen, schließlich kann die Übereinstimmung mit einer Wahrheit, über deren Existenz keine endgültigen Aussagen getroffen werden können, nicht überprüft werden. Entscheidend ist ebenfalls, dass die Bedeutung von wissenschaftlichen Aussagen sich stets an dem jeweiligen Kontext, zum Beispiel einem gesellschaftlichen Kontext, messen lassen muss.

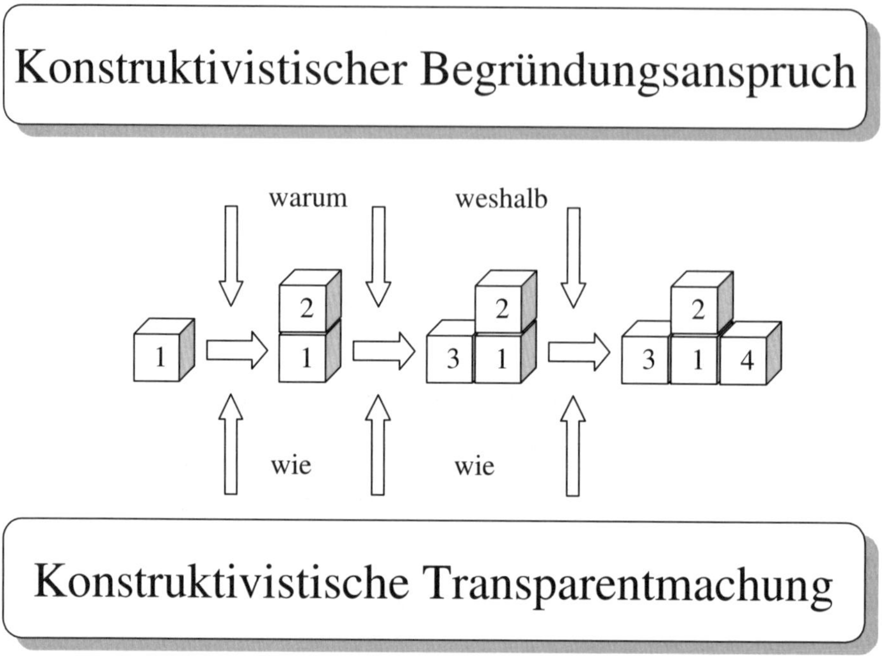

Im Rahmen der Transparentmachung der einzelnen Konstruktionsschritte ist im Konstruktivismus der Begründungsanspruch dieser Schritte ein zentrales Thema. Die Konstruktion wird auf Grundlage dieses Prozesses bewertet.

5. Beim wissenschaftlichen Prozess stehen im Konstruktivismus die Nachvollziehbarkeit und die Legitimierung im Mittelpunkt.

Da als Legitimierung das Finden einer einzigen Wahrheit entfällt und wissenschaftlicher Erkenntnisfortgang als Konstruktion aufgefasst wird, ist das Aufdecken des Begründungsanspruches wesentlicher Teil von Wissenschaft. Es muss nachvollziehbar sein, inwieweit das Kriterium der Nützlichkeit im Rahmen eines Erkenntnisprozesses erfüllt wird. Zentraler Begriff dabei ist die Rekonstruktion, bei der die einzelnen Schritte eines Konstruktionsprozesses nachvollzogen werden können.

6. Im Konstruktivismus kann es über die Kommunikation zum Aufbau intersubjektiver Welten kommen.

Die Auffassung eines Individuums als abgeschlossenes System und die biologische Bedingtheit der Informationsaufnahme und des Erkennens könnten nahelegen, dass der Mensch auf sich selbst zurückgeworfen sei und keine Möglichkeit des In-Kontakt-Tretens mit der Umwelt habe. Im Konstruktivismus jedoch hat der Mensch die Möglichkeit, über die Kommunikation mit anderen Individuen zum Teil an deren Konstruktionen Teil zu haben. Mehr noch: Es können auch gemeinsame Welten konstruiert werden, die dann für die an der Kommunikation Beteiligten als wahr aufgefasst werden.

Ein Individuum ist also nicht nur an seinen eigenen, individuellen Konstruktionen beteiligt, sondern ist auch Konstrukteur intersubjektiver Welten.

Die Kommunikation erfüllt im Konstruktivismus noch eine andere, wesentliche Funktion: Aufgrund des Wegfalls der regulativen Idee der Wahrheit als (wissenschaftliches) Kriterium entsteht leicht der Eindruck einer gewissen Beliebigkeit, einer Unschärfe und des Wegfalls von Objektivität. Dem wird im Konstruktivismus durch die Kommunikation begegnet: Kann eine Haltung durch verschiedene Konstruktionsansätze erhalten werden, wenn sie also einem intersubjektiven Vergleich standhält und einem anderen Individuum eine vergleichbare Konstruktion mit ähnlichem Ergebnis gelingt, wenn dazu Viabilität (↑) bei der Konfrontation mit der Umwelt vorliegt, dann sind dies **Kriterien für Objektivität**.

Diese misst sich also an Intersubjektivität und der realitätsbezogenen Viabilität, aber sie ist nicht als absolut aufzufassen. Sie kann jedoch ohne weiteres als Kriterium dienen, um die Beliebigkeit von Aussagen aufzuheben.

„Objektivität“ im Konstruktivismus

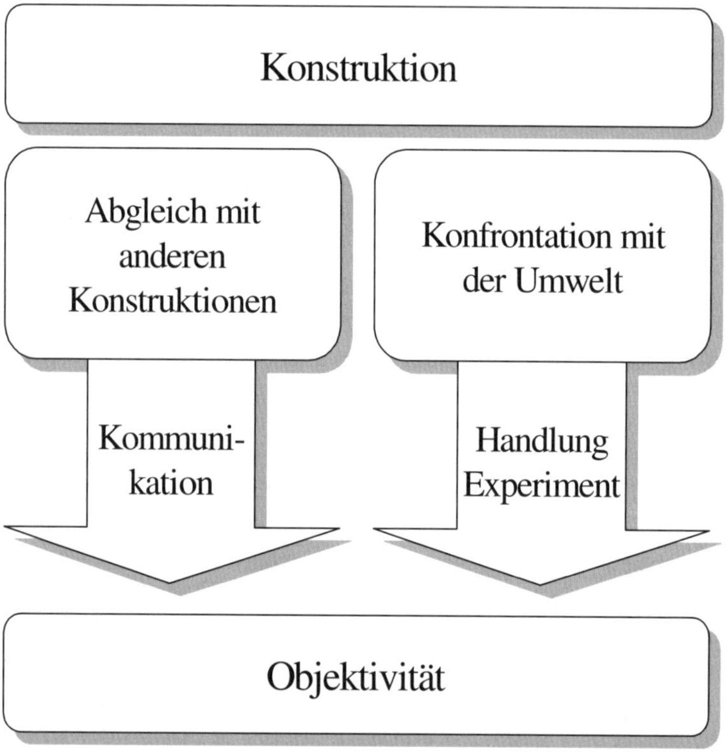

Gegner des Konstruktivismus unterstellen diesem oftmals, Objektivität aufgegeben und gegen weitgehende "Beliebigkeit" eingetauscht zu haben. Objektivität spielt aber auch im Konstruktivismus eine wesentliche Rolle. Kriterium der Objektivität ist hier allerdings nicht mehr die Nähe zu einer angenommenen Wahrheit, sondern die Konfrontation mit anderen Konstruktionen sowie die handelnde Konfrontation mit der Umwelt.

In welchen Punkten ist der Konstruktivismus von anderen Erkenntnistheorien abzugrenzen?

Die Abgrenzung einer erkenntnistheoretischen Haltung, die wie der Konstruktivismus aus verschiedenen Strömungen besteht, von anderen Erkenntnistheorien muss naturgemäß schwer fallen. Die Akzentuierungen fallen in den verschiedenen "Interpretationen" von Konstruktivismus anders aus. Zu einigen erkenntnistheoretischen Positionen ist auf Grund deutlicher Differenzen eine Grenzziehung indes sinnvoll.

Konstruktivismus versus Solipsismus
Konstruktivismus versus Ontologie

Erkenntnistheoretisch ist der Konstruktivismus sowohl vom Solipsismus als auch von ontologischen Positionen abzugrenzen: Nach Auffassung eines Solipsisten ist das Individuum völlig isoliert und kann weder zu Objekten seiner Umwelt noch zu anderen Individuen überhaupt in Kontakt treten. Ein unmittelbarer Zugang zur "*wahren*" Existenz eines Dinges, zu seinem "Wesen", wie er in einer ontologischen Erkenntnistheorie angestrebt wird, wird im Konstruktivismus ebenfalls abgelehnt. Hier ermöglicht die Konfrontation mit der Umwelt eigene Konstruktionen und die gemeinsamer mit anderen Individuen.

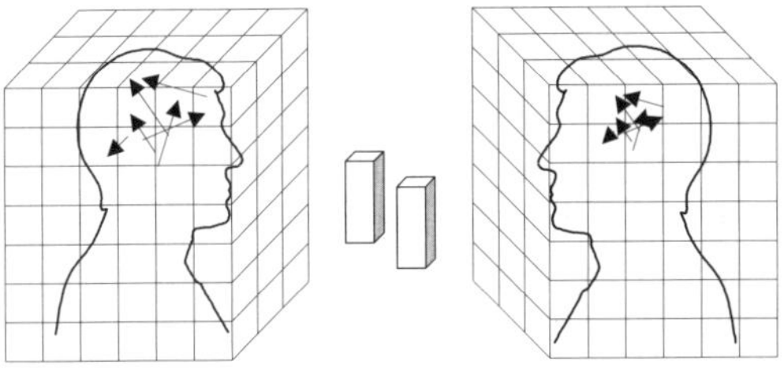

Konstruktivismus:

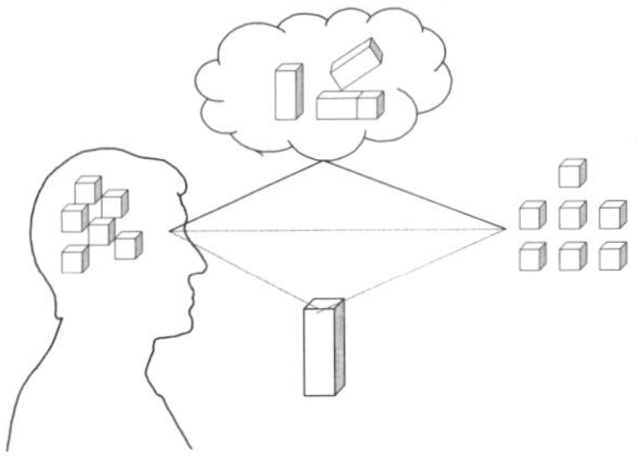

Ontologie:

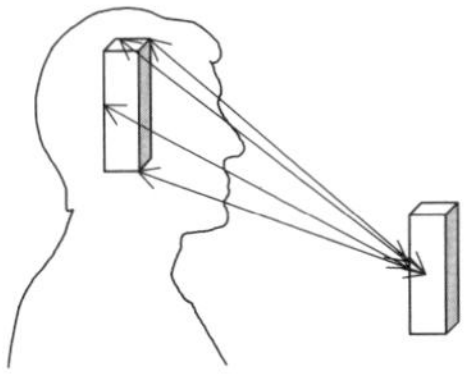

Vom Empirizismus

Die im Konstruktivismus erfolgende Betonung des Subjekts als konstruierende Erkenntnisinstanz setzt diesen deutlich vom Empirizismus ab. In diesem liegt der Akzent auf einer gegebenen, schon vor Eintreffen des Individuums existenten empirischen Welt, die es zu erkennen gilt. Dabei ist die erkennbare Empirie für den Erkenntnisprozess entscheidend, das erkennende Subjekt tritt in den Hintergrund. Zudem wird im Empirizismus von einer existenten Empirie ausgegangen; die Wahrheitsfähigkeit von wissenschaftlichen Aussagen misst sich an ihrer Übereinstimmung mit der Empirie.

Vom kritischen Rationalismus

Wenngleich sowohl der Konstruktivismus als auch der kritische Rationalismus (↑) die Rolle des Erkennenden in den Mittelpunkt stellen, bestehen doch wesentliche Differenzen zwischen beiden erkenntnistheoretischen Positionen. Im kritischen Rationalismus, dessen prominentester Vertreter Popper (↑) war, geht die Erkenntnis vom verstandesbegabten Subjekt aus, und mit Hilfe seines Verstandes versucht dieses, die Phänomene seiner empirischen Umwelt zu begreifen.

Auch wenn die Welt der Empirie, um deren Erkennen es letztlich geht, grundsätzlich von der des Verstandes verschieden ist, nähert sich dieser durch die Schaffung immer besserer, das heißt wahrheitsnäherer Modelle und Theorien der empirischen Welt an. Auch wenn die empirische "Wahrheit" letztlich nie ganz erkannt werden kann, wird deren Existenz unterstellt, und es gibt **eine** objektive empirische Wahrheit, der sich verschiedene Erkenntnissubjekte auf unterschiedliche Weise nähern.

Hier wird die Verschiedenheit vom Konstruktivismus unmittelbar deutlich: Die Unterstellung einer erkennbaren empirischen Wahrheit, der sich zudem noch von verschiedenen Subjekten genähert werden kann, ist keine konstruktivistische Haltung.

Im Konstruktivismus wird zwar die Existenz einer letzten, seinshaften Wahrheit nicht kategorisch negiert, doch ist diese prinzipiell nicht erkennbar und überprüfbar. Daher werden hier ontische (↑) (das Sein als solches betreffende) Aussagen als müßig abgelehnt. Darüber hinaus ist das Zulassen verschiedener "*Wahrheiten*" im Sinne verschiedener Konstruktionsansätze für den Konstruktivismus kein Widerspruch.

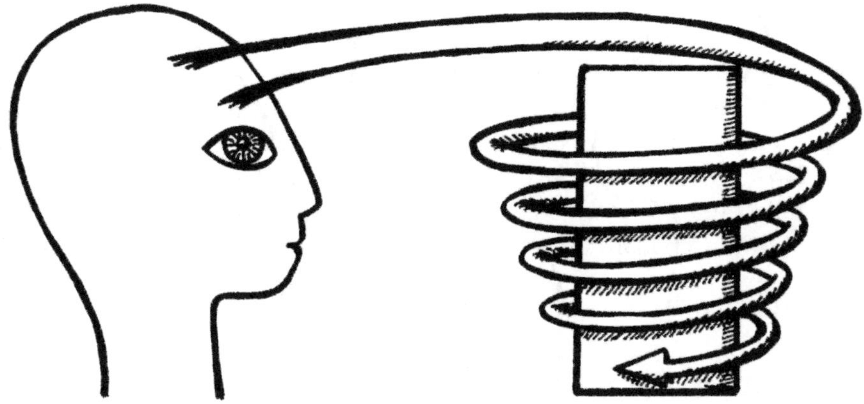

Im kritischen Rationalismus wird vom Vorhandensein einer (empirischen) Wahrheit ausgegangen, der sich der erkennende Mensch immer weiter annähern kann, ohne sie allerdings endgültig zu erreichen.

Vom Solipsismus

Dem Konstruktivismus wird bisweilen vorgeworfen, ein Ableger des Solipsismus zu sein. Damit ist die Auffassung gemeint, dass das Individuum prinzipiell isoliert ist und keinen verlässlichen Bezug zur Aussenwelt hat. Im Solipsismus ist das Individuum gänzlich auf sich gestellt, Aussagen über die Umwelt oder andere Individuen fallen in den Bereich der Spekulation, sie ändern nichts an der wesentlichen Isoliertheit des Individuums.

Der Konstruktivismus hat sich den solipsistischen Eindruck dadurch eingehandelt, dass bei ihm die neurobiologische Bedingtheit menschlicher Erkenntnis betont wird.

Einer der Väter des Konstruktivismus, der chilenische Neurologe Maturana (↑), baut seinen Konstruktivismus deutlich auf der Begrenztheit der Erkennbarkeit seiner Umwelt durch ein Wesen auf, dessen einziger Zugang zur Realität seine Sinneskanäle sind und dessen Verstand auf einem neurologischen System, dem Gehirn, beruht.

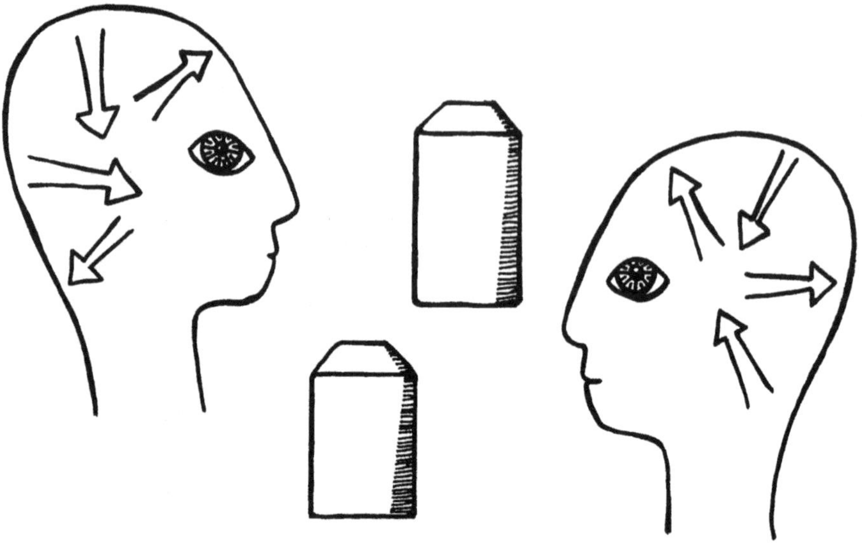

Im Solipsismus hat das Individuum keinen Zugang zu seiner Umwelt oder zu anderen Individuen. Der Mensch ist in seiner Isolation gefangen.

Dennoch ist der Konstruktivismus nicht solipsistisch. Der Kontakt zur Umwelt steht im Mittelpunkt, und er ist es, der das Individuum dazu anregt, durch das Schaffen von Konstruktionen von Teilen der Umwelt sich diese - unter einem Nützlichkeitsaspekt - zugänglich zu machen.

Zudem kann das Individuum durch den kommunikativen Aufbau intersubjektiver Welten, die dann für die kommunizierenden Subjekte ebenfalls wahr sind, der Isolation entkommen.

Auch findet eine stete Konfrontation der bestehenden Konstruktionen mit Aspekten der Umwelt und in der Kommunikation mit den Konstruktionen anderer Individuen statt.

Kriterien der Abgrenzung

Abgrenzung des Konstruktivismus zu...

Bezug zur „Außenwelt“ und Kommunikation sind möglich.

...Solipsismus

Wahrheitsfindung ist nicht möglich.

Es gibt nicht eine Wahrheit.

...Kritischer Rationalismus

Das Individuum konstruiert sich ein Bild von der Welt, diese enthält nicht fertig zu erkennende Wahrheiten.

...Empirizismus

Der Konstruktivismus ist vom Solipsismus, dem kritischen Rationalismus und dem Empirizismus, die alle drei markante und prominente erkenntnistheoritische Positionen darstellen, über die Frage deutlich abzugrenzen, wie das Individuum zu seiner zu erkennenden Umwelt in Kontakt tritt.

Zwischenfrage: War Kant ein Konstruktivist?

Bei der Charakterisierung des Konstruktivismus als erkenntnistheoretische Haltung bietet es sich gerade bei Denkern, deren Thema die Erkennbarkeit der Welt aus menschlicher Sicht ist, an, sie auf ihre konstruktivistische Haltung hin abzufragen. Gerade bei Kant (↑) ist dies interessant, haben sich doch schließlich schon verschiedene andere Philosophien um die Vereinnahmung Kants als ihres eigentlichen Vordenkers bemüht.

Bei Kant lässt sich gewiss vieles finden, dem ein moderner Konstruktivist vollumfänglich zustimmt, und es liegt durchaus nahe, vielem von dem, was Kant erkenntnistheoretisch formulierte, eine konstruktivistische Gesinnung zu unterstellen.

- Nach Kant ist ein anderes Subjekt mit seinen Gedanken für einen anderen nicht vorstellbar, wir können einem Gegenüber nur unsere eigene Subjektivität unterstellen.

- Kant bezweifelt die Möglichkeit einer erlebnisunabhängigen, rationalen Erkenntnis.

- Kant weist metaphysischen Aussagen einen Platz jenseits empirischer Erkennbarkeit zu.

- Raum und Zeit und die Naturgesetze sind menschliche Kategorien, die der Systematisierung der Umwelt dienen, sie sind nicht ursprünglich der empirischen Welt zu eigen.

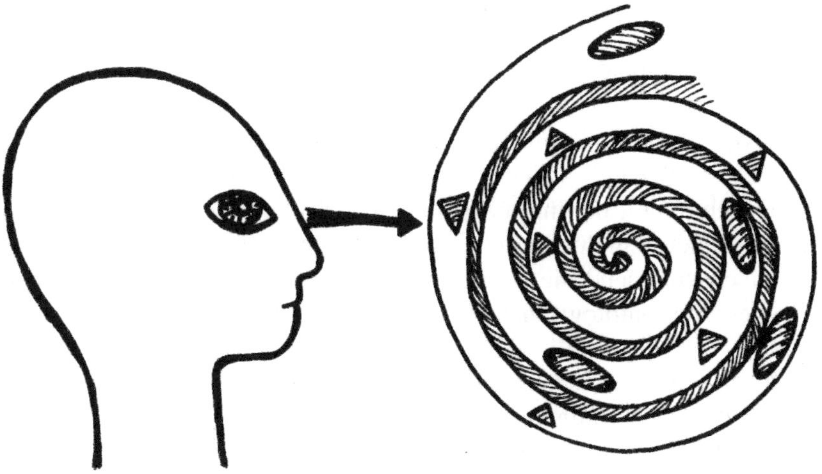

Vor Kant ging man davon aus, dass Raum und Zeit sich in der Außenwelt befinden und entdeckt werden können. Nach Kant sind dies nur Dimensionen, mit Hilfe derer der Mensch seine Umwelt zu ordnen versucht, sie sind also "*Erfindungen*" des Verstandes.

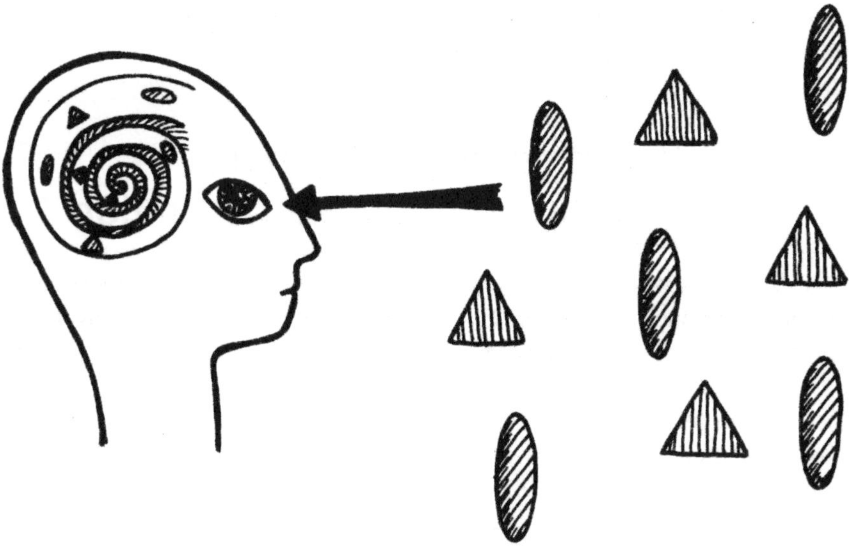

Damit zeigt Kant eine erkenntniskritische Haltung, die ganz im Sinne des Konstruktivismus die menschlichen Bedingtheiten von Erkennen kritisch hinterfragt. War Kant also ein Konstruktivist?

Es gibt Aspekte bei Kant, die dies nicht so ohne weiteres zulassen:

- Es schimmert bei ihm noch stets die Idee einer ontisch (↑) (seinhaft) existenten Empirie durch: Er spricht vom "*Ding an sich*", das von außen kommend die menschlichen Sinne affiziert. Dies scheint doch eher einer ontologischen Haltung zuzuneigen.

- Kant geht von einer apriorischen, das heißt unbedingten und je schon existenten Vernunft aus. Diese ist es, die uns nach Allgemeinsystematisierung streben lässt. Ein Konstruktivist müsste hier auf die Unüberprüfbarkeit einer solchen Annahme und mithin der Müßigkeit einer darauf aufbauenden Philosophie verweisen. Kant rückt damit die Vernunft aus dem biologischen Kontext menschlicher Erkenntnismotivation und -bedingtheit, was ebenfalls nicht konstruktivistisch ist.

Die Frage, ob Kant Konstruktivist war, lässt sich ohnedies nicht auf Grundlage allgemein-theoretischer Argumente lösen. Schließlich, das werden wir noch deutlicher bei den konkreten didaktischen Konsequenzen einer konstruktivistischen Position sehen, geht diese auch stets mit einer entsprechenden alltäglichen, "affektiven" Haltung einher.

Was ist schon wirklich neu? - Dekonstruktion und Rekonstruktion

Jeder konstruiert seine eigene Welt. Jedes Individuum tritt also als Erschaffer eigener Welten in Erscheinung. Der Konstruktivismus gesteht den Menschen ein erhebliches Maß an Kreativität und Innovation zu.

Die Innovationsleistung besteht vielfach - dies bezieht sich auch auf die Schaffung intersubjektiver Welten - im Arrangement der Bausteine, die die Grundlage der Konstruktionsleistung darstellen.

Konstruktivismus bedeutet in diesem Zusammenhang nicht zuletzt auch: Bewusst- sowie Transparentmachung des Konstruktionsvorganges.

Aufgebautes, Zusammengeschweißtes wird demontiert, in seine Elemente zerlegt, der gesamte Prozess der Konstruktion wird einer kritischen Prüfung unterzogen.

Kein Gedankengebäude, kein Modell, keine Theorie und erst recht kein Weltbild, das nicht einer solchen Dekonstruktion unterzogen werden könnte. Bewährung in der Dekonstruktion heißt: Der Konstruktionsvorgang kann als solcher transparent gemacht werden, und die Einzelschritte sind begründbar - nach Kriterien, die die Konstruktion selbst auszuweisen hat.

Eine solche Vorgehensweise, die aufgeklärt-kritisch jedweden Ansatz einer Prüfung unter eigenen Konstruktionskriterien unterzieht, bietet sich auf didaktischem Terrain vielfach an: Zur Transparentmachung von wissenschaftlicher Methodik, zur kritischen Würdigung von existenten Einstellungen, Weltbildern, Theorien, nicht zuletzt auch zur Bewusstmachung der Geartetheit von Modell- und Theoriebildungen.

Rekonstruktivismus

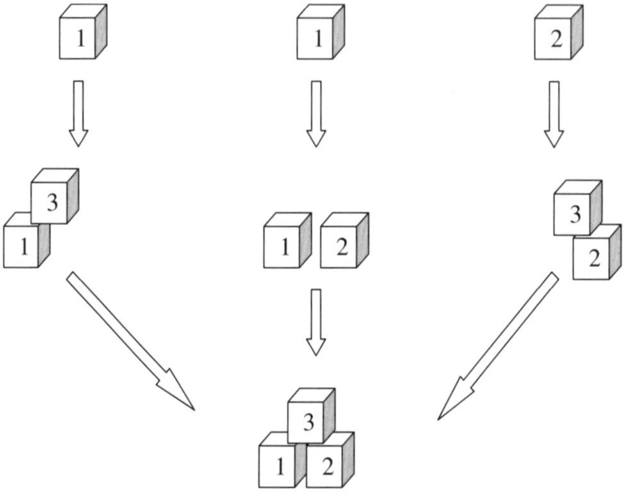

Rekonstruierbarkeit als Beurteilungskriterium für eine Konstruktion

Im Konstruktivismus wird an Konstruktionen der Anspruch der Nachvollziehbarkeit gestellt: Es muss transparent sein, auf welchem Wege konstruiert wurde. Die Beurteilung dieses Konstruktionsweges ist zugleich auch Beurteilungskriterium der gesamten Konstruktion.

Es kommt in diesem Kontext auch zur Rekonstruktion. Konstruktionen werden neu errichtet, bereits geschehene nachvollzogen, neue Bausteine werden integriert, es kann die Rekonstruktion an veränderte Baubedingungen angepasst werden. Rekonstruktion - die immer auch Intersubjektivität und Kommunikation umfasst - wird somit zum Kriterium für Nützlichkeit, für das Passen einer Konstruktion. Der Konstruktivist würde sagen: Für Viabilität (↑), für die Kompatibilität einer Konstruktion mit anderen Konstruktionsmanieren, mit anderen Aspekten der Realität.

Konstruktivismus bezieht also das stete Dekonstruieren und die erneute Aufnahme des Konstruktionsprozesses mit ein. Dies schlägt sich auch in unserer intuitiven Haltung zur Welt nieder: Der Konstruktionscharakter von Gedankengebäuden, von Weltbildern (eben auch Ideologien) und von Modellen wird greifbar vor Augen geführt.

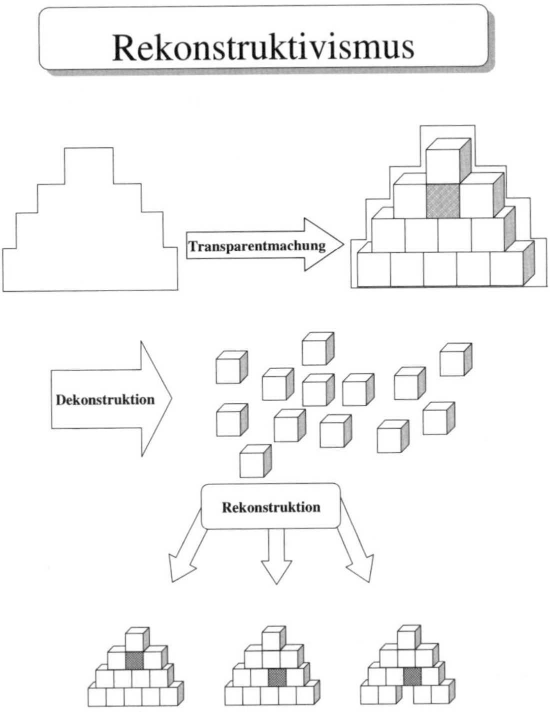

Im Mittelpunkt von Rekonstruktivismus steht das Transparentmachen des Konstruktionscharakters einer Auffassung, eines Modells oder einer Theorie. Rekonstruktivismus ist insofern eine konstruktivistische Spielart. Dekonstruktion, das heißt die Zerlegung in Einzelbausteine, und die anschließende Rekonstruktion, der Wiederaufbau (auch in veränderter Weise) sind wesentliche Elemente von Rekonstruktivismus.

Zurück zum Neuwert von Konstruktionen, von Rekonstruktionen: Schafft ein Individuum Neues, wenn es gegebene Bausteine neu arrangiert, sie auf andere, nämlich seine eigene Weise einer Konstruktion zuführt? Diese Frage kann man auch für den didaktischen Prozess aufwerfen: Ist es wirklich etwas Neues, wenn der Lernende auf Grundlage der vom Lehrer bereitgestellen Bausteine, in einer von diesem aufgerichteten konstruktiven Lernumgebung selbst konstruiert?

Da im Konstruktivismus der Vorgang der Konstruktion selbst im Vordergrund steht, ist hier jedes Neuartige im Konstruktionsprozess Innovation. Schließlich wird es schwerfallen, grundsätzlich neue Elemente zu generieren, die es nicht zuvor in anderer Konstruktionseinbindung bereits gab. In der Kunst, der Literatur, der Philosophie und der Gesellschaftslehre müssen sich alle "neuen" Strömungen die Frage nach ihrem eigentlichen Innovationsgehalt gefallen lassen.

Neueinbindung in veränderte Konstellationen und andere Akzentsetzungen stellen wesentliche Neuheiten in einer Konstruktion dar. Schließlich kann der Konstruktivismus selbst seinen Neuwert auf diese Weise nachweisen, ein Erfordernis, das wir in seiner konkreten didaktischen Einbindung als wesentlich erkennen werden.

Die Betonung des Prozesses des Konstruierens selber und die kritische Beleuchtung der einzelnen Konstruktionsschritte verleiht dem Begriff der Objektivität neue Bedeutung.

- Wird durch Rekonstruktion der Konstruktionsprozess nachvollziehbar gemacht,

- kann er auf Grund dessen mit anderen Konstruktionen vergleichbar gemacht werden,

- kann schließlich das Ergebnis kommunikativ und in der Konfrontation mit der Umwelt auf "Eignung", auf Nützlichkeit (Viabilität (↑)) untersucht werden,

  - so können hieraus Kriterien für Objektivität abgeleitet werden. Diese muss dann nicht über eine Entsprechung mit einer angenommenen objektiven Welt eingeführt werden.

Im Konstruktivismus kann nicht vom Konstruktionsprozess selbst abgesehen werden. Die "*Objektivität*" der daraus abgeleiteten Aussagen zur Umwelt wird an verschiedenen Kriterien festgemacht, die Prozess und Ergebnis der Konstruktion gleichmaßen miteinbeziehen.

Wie kann Konstruktivismus als Erkenntnistheorie didaktisch relevant werden?

Die Frage, wie wir prinzipiell zu Wissen gelangen und was von der Welt überhaupt wissbar und erkennbar ist, aber auch die Art und Weise des Erkennensprozesses und dessen Planbarkeit müssen für die Didaktik von großer Bedeutung sein. Hier geht es ebenfalls - wie im wissenschaftlichen Wissensakquisitionsprozess - um Methoden der Wissens- und Fähigkeitserlangung, allerdings auf verschiedenen Niveaus. Die Manier unseres

Lernens und Denkens, nicht zuletzt aber auch die Art, Wissen zu vermitteln, sind von der intuitiven Auffassung unseres Erkenntnisbezuges zur Welt geprägt.

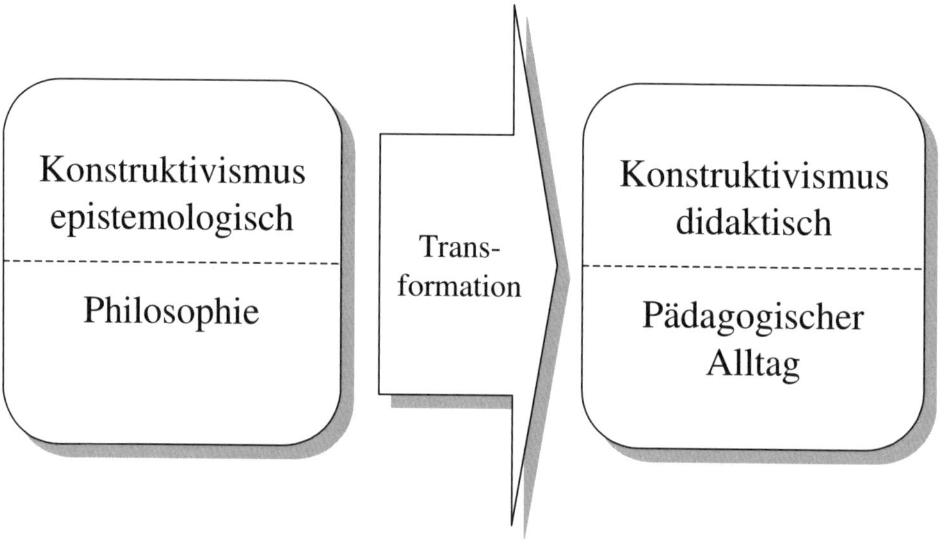

Konstruktivismus stellt ursprünglich eine philosophische Richtung dar, er kennzeichnet eine epistemologische (↑) Position. Soll Konstruktivismus auf den pädagogischen Alltag übertragen werden, so muss eine Transformation erfolgen. Konstruktivismus ändert dabei zum Teil seine Gestalt.

Ein kritisches Hinterfragen unserer intuitiven Erkenntniseinstellung ist wesentliche Voraussetzung einer angemessenen, anpassungsfähigen Didaktik. In der kritischen Reflexion können wir uns bewusst werden,

- dass unsere oft über lange Zeit eingeschliffenen Vorstellungen von Dingen und Zusammenhängen nicht immer die naheliegendsten und schon gar nicht die einzig möglichen sein müssen,
- dass als "*wissenschaftlich bewiesen*" Etikettiertes kein endgültiges Wahrheitswissen darstellt,
- dass auch bei scheinbarer Übereinstimmung in der Kommunikation das Gegenüber keinesfalls das gleiche Muster im Kopf erzeugt haben muss wie wir selbst.

Das Verinnerlicht-Haben von wesentlichen konstruktivistischen Haltungen wird sich also im gesamten didaktischen und pädagogischen Verhalten und in der Einstellung zu den Lernenden niederschlagen.

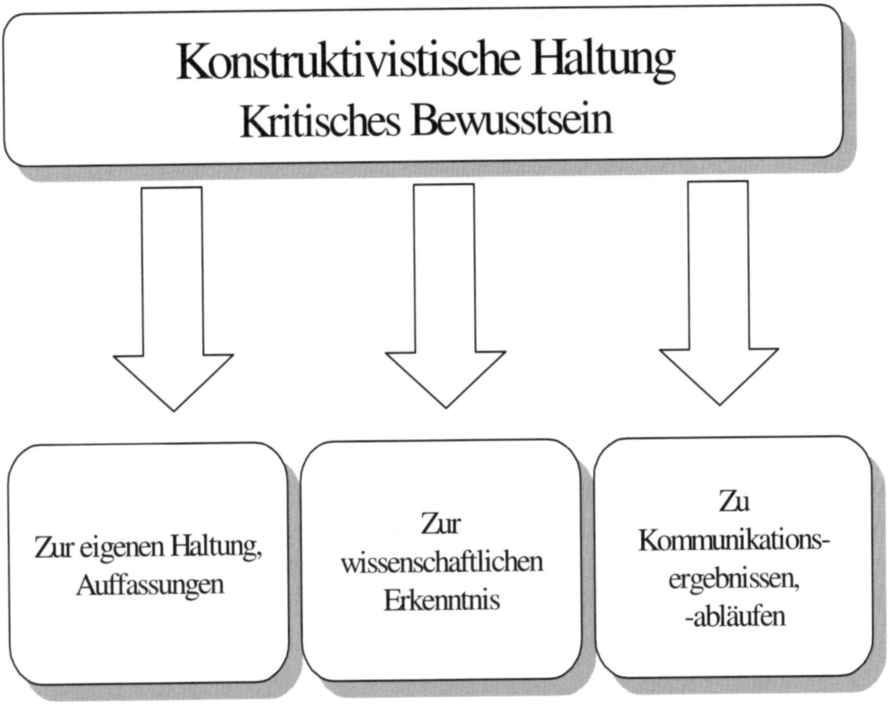

Konstruktivismus ist mehr als nur eine didaktisch-methodische Position: Er drückt sich auch in einer kritischen Haltung aus, die sich durch den gesamten didaktischen Alltag zieht.

In der Didaktik als einer praktischen Wissenschaft muss sich dies zwangsläufig in konkreten Maßnahmen und Handlungen manifestieren. Da nun der Konstruktivismus als philosophische Haltung, die keine Ideologie und nicht kanonisch sein möchte, eine gewisse Allgemeinheit stets behalten wird, erfolgt die Transponierung einer konstruktivistischen Einstellung auf konkrete didaktische Maßnahmen nicht zwangsläufig logisch.

Es bleibt interpretativer Spielraum. Mehr noch: Viele als konstruktivistische Ableitungen ausgewiesene didaktische Maßnahmen können auch anderen philosophischen oder z.B. auch lerntheoretischen Haltungen entwachsen sein. Teilweise können sie auch ohne jegliche theoretische Fundierung -

"aus dem Bauch heraus" - oder induktiv auf Grundlage eigener Erfahrungen entstehen.

Eine konstruktivistische Perspektive von (Sach-)Unterricht nimmt daher - wie sollte sie dies auch? - keinesfalls für sich in Anspruch, einen völlig neuen, nie dagewesenen didaktischen Ansatz darzustellen, der mit konventionellen Didaktiken bricht und von diesen klar unterscheidbar ist.

Wir werden im Folgenden viele konstruktivistische Tendenzen in der Didaktik zurückfinden, die bereits von anderen, etwa reformpädagogischen Ansätzen her bekannt sind.

Es geht darum, bei den einzelnen, konkreten Maßnahmen, die sich auf verschiedene theoretische Hintergründe rekurrieren lassen, jeweils das konstruktivistische Element aufzuzeigen.

Mitunter können gleiche Maßnahmen auch mit unterschiedlicher Akzentsetzung erfolgen, die konstruktivistische Grundhaltung eines Lehrers wird sich vielfach auch im Detail bei der Anwendung verschiedener, etablierter Lernformen zeigen können.

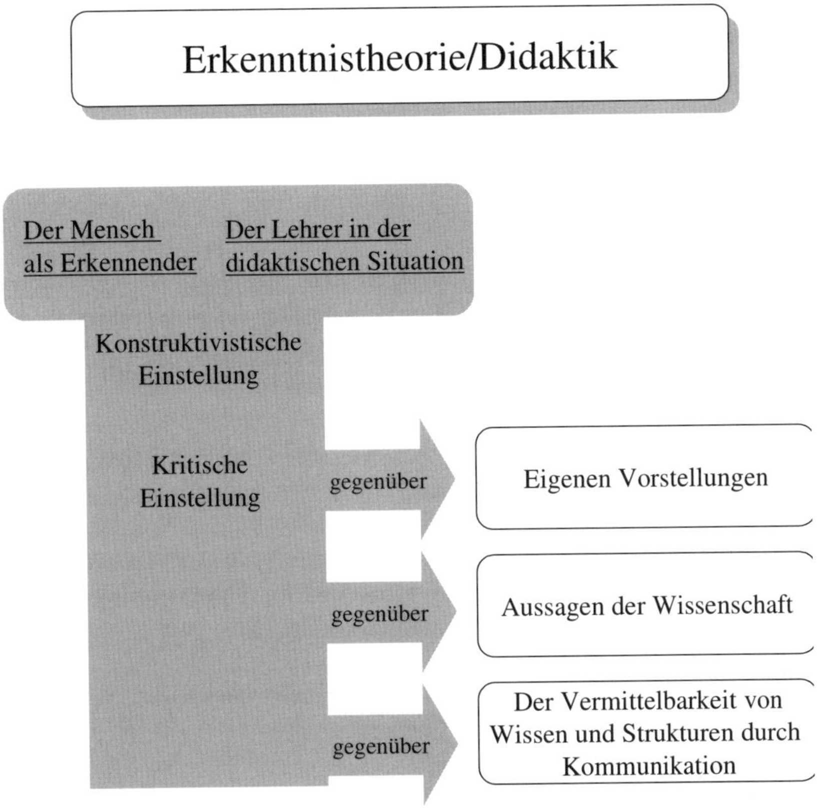

Wenn eine erkenntnistheoretische Haltung in der pädagogischen Praxis konsequent umgesetzt wird, so geht dies mit einer kritischen Einstellung bei Positionen einher, die vielfach nicht hinterfragt werden. Konstruktivismus äußert sich vor allem in einer Haltung und wird so didaktisch relevant.

Dabei bieten sich freilich einige Unterrichtsmethoden mehr als andere für eine konstruktivistisch orientierte Didaktik an. Das genuin Konstruktivistische daran kann sich dabei insbesondere in der konsequenten Einbeziehung der entsprechenden erkenntnistheoretischen Positionen in der Wissensvermittlung widerspiegeln.

Was sind die wesentlichen Kennzeichen einer konstruktivistisch orientierten Didaktik?

Bei den im Folgenden aufgeführten Elemente einer konstruktivistisch orientierten Didaktik soll jeweils das konstruktivistische Element nachgewiesen werden. Dass sich Haltungen und Massnahmen dabei auch anders begründen lassen, tut ihrer Charakterisierung als konstruktivistisch keinen Abbruch.

Einstellungen

1. Das Lernen des Schülers wird als ein **eigenständiger Konstruktionsvorgang** aufgefasst.

2. Wesentlich ist dabei vor allem die Einstellung, dass es bei Wissensvermittlungsprozessen **nicht zu Eins-zu-Eins-Übertragungen** von Wissensitems in die Köpfe der Schüler kommt.

Eine konstruktivistisch orientierte Didaktik geht davon aus, dass eine Eins-zu-eins-Übertragung von Wissen nicht möglich ist. Auch wenn es unserer Intuition vielfach widersprechen mag: Wir können nicht davon ausgehen, dass das Bild, das wir von einer Sache (hier: einer Blume) im Kopf haben, auch bei einem noch so sorgfältigen "*Vermittlungsprozess*" in derselben Weise im Kopf der Zuhörer entsteht. Der hier abgebildete "*Lehrvorgang*" ist also nicht möglich.

3. Dies bedingt, dass die einzelnen Teilnehmer an einem Lernprozess danach **nicht über dasselbe Wissen** und **über dasselbe Wissen nicht in gleicher Weise** verfügen. Diese Asymmetrien im Übertragungsprozess müssen nicht auf Missverständnissen beruhen.

4. Wenngleich die Konstruktionsweise der Einzelnen prinzipiell nicht planbar und nur vom jeweiligen Individuum selbst durchzuführen ist, kann beim Vorliegen einer **ähnlichen Lernumgebung** erwartet werden, dass in etwa **ähnliche Konstruktionen** das Ergenbis sein werden.

Konstruktivistische Orientierung in der Didaktik heißt: Davon ausgehen, dass in den Köpfen der Schüler stets andere Bilder eines thematisierten Unterrichtsgegenstandes (hier: einer Blume) entstehen, als es im Kopf des Lehrers existiert. Die konstruktivistische Lernumgebung hat dabei einen wesentlichen Einfluss darauf, in welcher Weise die Lernenden konstruieren.

5. Die zu vermittelnden Lerninhalte, auch wenn es sich um **wissenschaftliche Erkenntnisse** handeln sollte, werden ebenfalls **als Konstruktion** - oft als von vielen Individuen erzeugte - aufgefasst. Da es sich um keine letzten Wahrheiten handelt, verbietet sich auf der einen Seite eine dogmatische Vermittlung mit einer entsprechenden Lernzielausrichtung, auf der anderen Seite muss transparent gemacht werden, wie das zu vermittelnde Wissen entstanden ist.

Elemente einer konstruktivistischen Didaktik

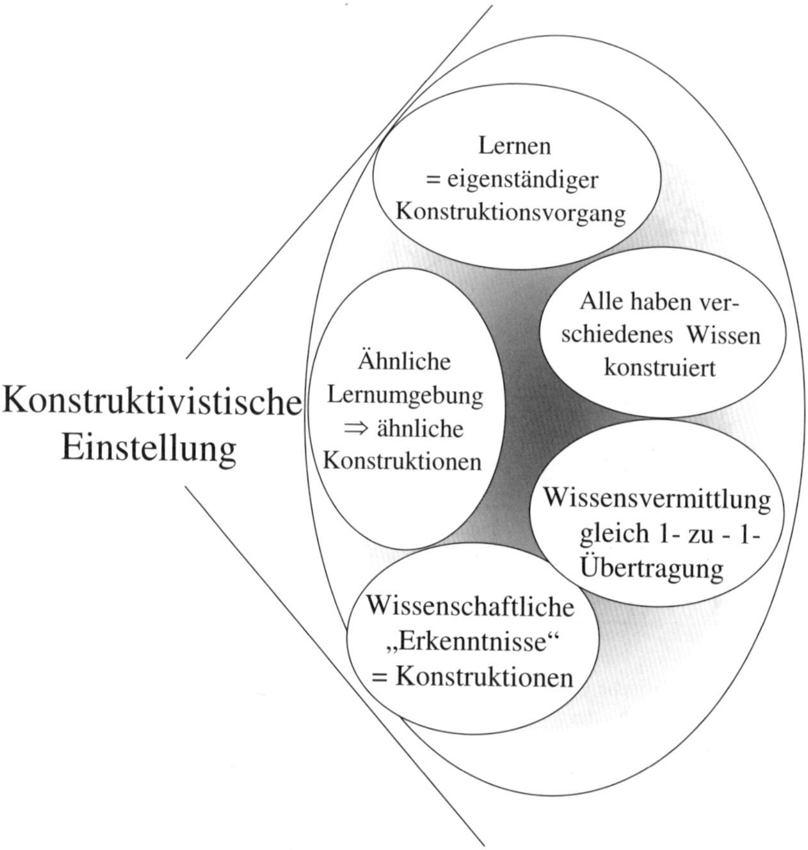

Eine konstruktivistische Didaktik wird nicht zuletzt durch eine entsprechende Einstellung charakterisiert. Aus einer solchen Einstellung leiten sich dann auch konkrete didaktische Maßnahmen ab.

Diese Einstellungen, die direkte Übertragungen konstruktivistischer Erkenntnistheorie auf konkrete Didaktik darstellen, können sich en detail im gesamten Unterricht widerspiegeln, sie sind nicht auf bestimmte Unterrichtsformen beschränkt. Obwohl sich die Umsetzung solcher

Einstellungen nicht auf konkrete didaktische Maßnahmen reduzieren lässt, gibt es doch einige konkrete Umsetzungen, die eine deutlich konstruktivistische Handschrift tragen.

Konkrete Maßnahmen

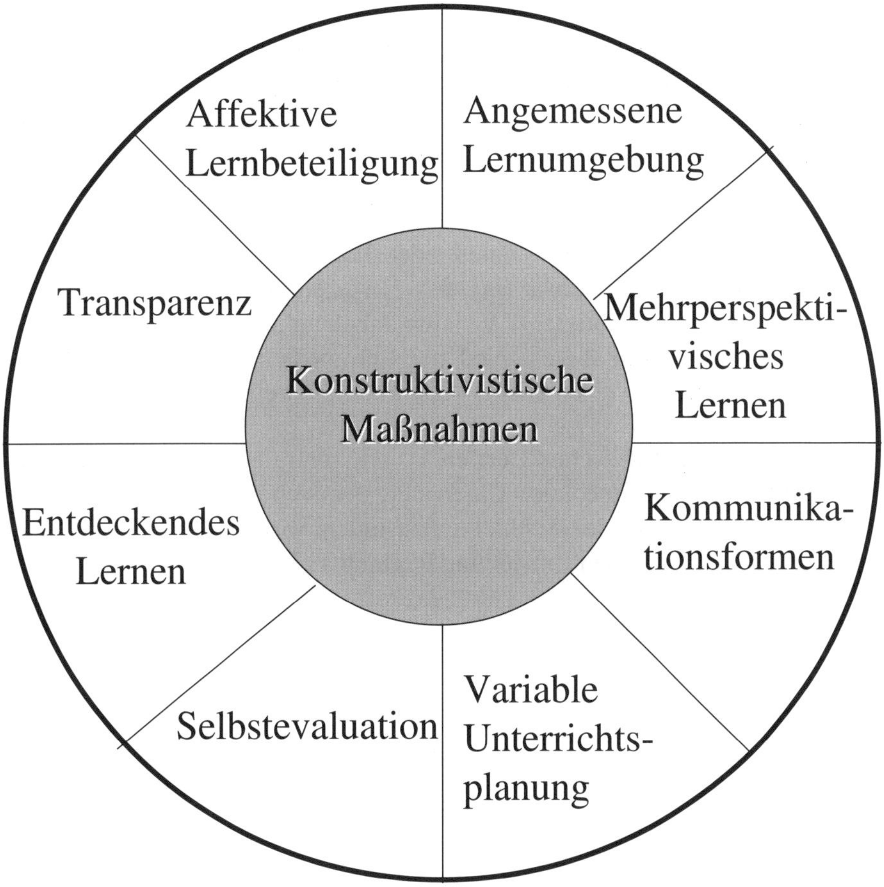

1. Die Lernumwelt trägt wesentlich zur (Wissens-) Konstruktion bei. Als wesentliche Aufgabe kommt dabei dem Lehrer die Schaffung einer

angemessenen Entourage zu, die angetan ist, die Schüler zur Konstruktion ihrer Welten anzuregen.

Auch die Richtung und Geartetheit der Konstruktion ist von der jeweiligen Umwelt abhängig. Typische Maßnahme könnte dabei die Exkursion in eine Umgebung sein, die viele Elemente des behandelten Sachthemas aufweist.

2. Das eigenständige Konstruieren durch jeden Einzelnen legt die Unterschiedlichkeit in der Geschwindigkeit, der Richtung und den jeweils gewählten Bereichen nahe. Daher muss ganz **individuell** auf jeden Schüler und dessen spezifische Konstruktionsmanier eingegangen werden.

Da nun die Bedürfnisse eines jeden Einzelnen recht unterschiedlich ausfallen können, etwa was das Lernmedium und die gerade zur Konstruktion benötigten Bausteine anbelangt, muss der Lehrende ein ganzes Spektrum an verschiedenen Lernmedien auf unterschiedlichen Niveaus und in verschiedener Ausrichtung bereithalten.

Mehrperspektivisches Lernen ist ein zentrales konstruktivistisches Anliegen. Multimedialer Unterricht, der sich schwingungsfähig auf die Bedürfnisse der Schüler einzustellen vermag, trägt somit einer konstruktivistischen Einstellung Rechnung.

Mehrperspektivisch im Rahmen einer konstruktivistischen Didaktik bezieht sich sowohl auf die verschiedenen Sinneskanäle, über die der Lernende mit seiner Umwelt konfrontiert wird, als auch auf die verschiedenen Lernebenen. Ein angemessener Zugang zur Umwelt muss in diesem Sinne stets auf verschiedenen Ebenen erfolgen.

3. Konstruktivismus ist nicht solipsistisch. Das heißt, der Mensch ist nicht auf sich allein gestellt, er konstruiert nicht nur für sich selbst Welten und Bilder von Welten. Er hat auch die Möglichkeit, in den

Diskurs mit anderen Individuen einzutreten und dabei neue, intersubjektive Welten zu schaffen.

In der **Kommunikation** erfolgt eine stete Konfrontation mit den Welten anderer und den Phänomenen der Umwelt. Eine konstruktivistisch ausgerichtete Didaktik betont den kommunikativen, interaktiven Aspekt und führt so die individuellen Konstruktionen einer steten Prüfung auf Bewährung in der Umwelt zu. Sie schafft Foren der **kommunikativen Begegnung**, innerhalb derer das behandelte Thema selbst sowie auch Methode und Unterrichtsgang diskutiert werden. Neben der Prüfung der eigenen Konstruktionen stehen die weitere Anregung anderer durch diesen Vergleich und die Neukonstruktion neuer intersubjektiver Welten im Mittelpunkt.

4. Eine konstruktivistische Didaktik ist durch eine **eingeschränkte Planbarkeit** gekennzeichnet. Unterricht muss sich schwingungsfähig sowohl auf die aktuellen Lern- (Konstruktions-) Bedürfnisse der Einzelnen einstellen als auch idiomatisch Richtungswechsel, wie sie sich dialogisch oder gruppendynamisch durch intersubjektive Konstruktionen ergeben, berücksichtigen. Das Lernen ist also stets auch konstruktions- und im Besonderen interessengeleitet, mikro- und makrodidaktische Curriculumkonzeption muss dieser Variabilität Rechung tragen.

5. Hiermit in engem Zusammenhang steht die veränderte Operationalisierbarkeit des Lernstoffes. Zum Einen sind Lernziele nicht mehr so distinkt zu formulieren wie in einer konventionellen Didaktik. Zum anderen hat ein Lehrer am Ende einer Unterrichtsreihe mit vielen verschiedenen Konstruktionen und entsprechend divergenten Sichtweisen bei seinen Schülern zu rechnen.

   Diese lassen sich von einem konstruktivistischen Standpunkt aus in ihrer Berechtigung nicht auf Grundlage von Deckungsgleichheit mit der Konstruktion des Lehrers oder einer gesellschaftlichen Perspektive messen. Die Messbarkeit von Leistungen muss nicht völlig entfallen, muss sich jedoch an anderen Kriterien orientieren, die die Konstruktionsvielfalt von verschiedenen Individuen berücksichtigt. Es kommt dabei einer konstruktivistischen Haltung entgegen, wenn zum Teil durch **Selbstevaluation** der Schüler eine Operationalisierbarkeit von Unterrichtsstoff erreicht wird.

6. Die Eigenständigkeit des Konstruktionsvorganges findet im **entdeckenden Lernen** ihr didaktisches Korrelat. Entdeckendes Lernen ist durch das hohe Maß an Selbststeuerung durch den Lernenden bestimmt, der sich interessengesteuert und nach Maßgabe seiner eigenen Konstruktionsbedürfnisse Teile seiner Umwelt zugänglich macht.

7. Der Schüler schafft seine Konstrukte auf Grundlage der ihm dargebotenen, verschiedenen Lernangebote. Für eine adäquate Einordung des Wissens ist es für ihn wichtig, dass tradiertes Wissen, wie es als Ergebnis von Wissenschaft vermittelt wird, in seiner Entstehung transparant gemacht wird.

   Zur **Transparenz** gehören sowohl die Darstellung der Methodik als auch die der Vorläufigkeit, die vielen Theorien anhaftet. Da der Lernende als im Konstruieren eigenständig ernst genommen wird, müssen auch didaktische Maßnahmen intentional und methodisch transparent gemacht werden.

8. Damit im Zusammenhang steht der im Konstruktivismus verankerte Begründungsanspruch von Wissen. Da reine Wahrheitssuche als Begründungskriterium für Wissenserlangung nicht ausreicht und oft auch überhaupt Rationalität als Konstruktionsmotivation zu kurz zielt, tritt eine **affektive Beteiligung als wesentlicher Lernaspekt** entscheidend hinzu. Weiter unten wird gezeigt werden, dass einer affektiven Tönung lerntheoretisch durch hirnphysiologische Befunde eine entscheidende Rolle nachgewiesen werden kann.

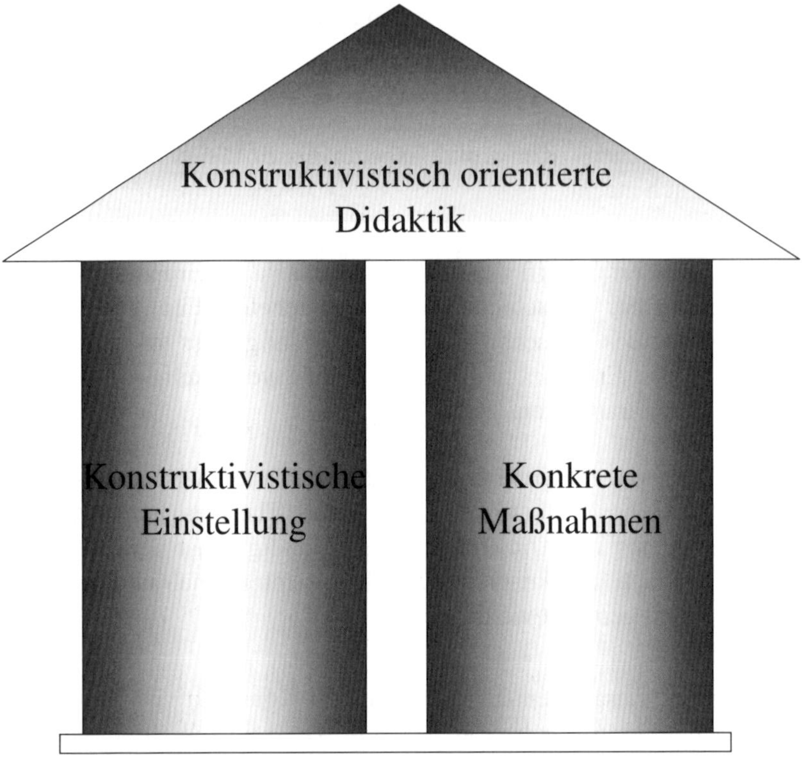

Zusammen mit einer konstruktivistischen Einstellung machen konkrete Maßnahmen eine konstruktivistisch orientierte Didaktik aus.

Die didaktische Relevanz von Konstruktivismus am Beispiel von Jean Piaget

Eine konstruktivistische Grundhaltung schlägt sich in ihrer didaktischen Umsetzung vielfach zu Buche. Der Versuch einer solchen Transponierung ist kein grundsätzlich neues Unterfangen. Im Werk des prominenten Schweizer Pädagogen Jean Piaget (↑), der sich selbst auch als Erkenntnisphilosoph auffasste, kommt es zu einer Anwendung zentraler konstruktivistischer Einstellungen auf lerntheoretisch-psychologischer sowie auch pädagogischer Ebene.

Piaget bezeichnet seine Haltung als **genetische Erkenntnistheorie**. Wesentliches konstruktivistisches Element darin ist die Betonung der biologischen Voraussetzungen für Erkenntnis und die Fokussierung auf die Bedingungen des jeweiligen Individuums für Erkenntnis. In diesem Sinne ist auch wesentlich zu betonen, dass Piaget als Konstruktivist sich zentral mit der **menschlichen Kognition und deren Abhängigkeiten** und **nicht** etwa mit der **Realität** selbst beschäftigt.

Zentrales Postulat Piagets ist der **Parallelismus kognitiver Erkennensfähigkeit und Operationen mit biologisch-psychologischen Entwicklungsstadien**. Diese Betonung rückt den menschlichen Verstand in einen neuen Zusammenhang, er ist nicht mehr - wie noch bei Kant - als formales Vernunftwerkzeug mit apriorischen Kategorien aufzufassen.

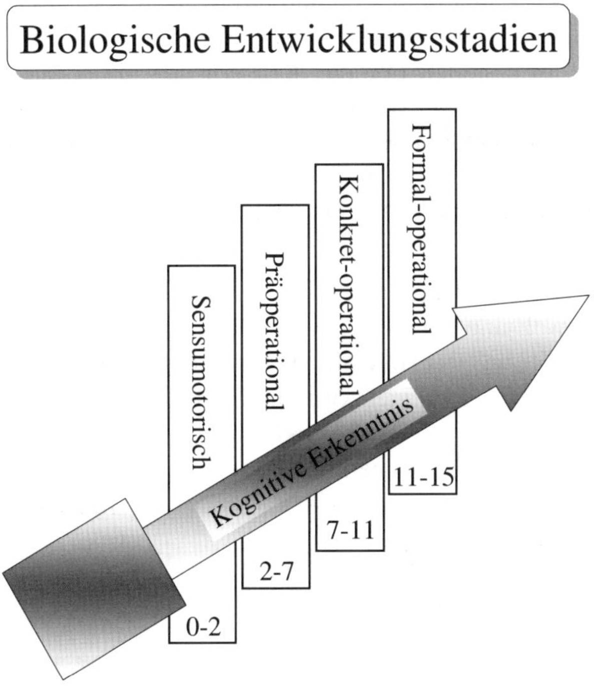

Bei Piaget hängt die Möglichkeit kognitiver Erkenntnis wesentlich von der jeweiligen biologischen Entwicklungsstufe ab. Erkenntnis ist bei Piaget also nicht länger (wie z.B. bei Platon und zum Teil noch bei Kant) durch ein unabhängiges, reines "Vernunftinstrument" zu leisten. Sie ist vielmehr stets an die jeweilige biologische Bedingungen gekoppelt. Die Betonung dieses Zusammenhanges lässt Piaget auch für heutige Konstruktivisten attraktiv erscheinen.

Viele der von Piaget entwickelten didaktischen und entwicklungspsychologischen Konsequenzen lassen sich ohne weiteres einer modernen, konstruktivistisch orientierten Didaktik zuordnen:

1. Die von Piaget unterstellte **epistemische Neugier** des Lernenden, die als dessen interner Antrieb zum Erforschen und Verstehen der Umwelt dient, fügt sich nahtlos in die Vorstellung eines zur Konstruktion angeregten Individuums ein, das autonom innere Repräsentationen seiner Umwelt schafft. Der "*Erkenntnisantrieb*" geht dabei vom konstruierenden Individuum aus.

2. Piaget betont die **praktische Handlung als wesentliche Erkenntnisdimension**. Er unterteilt Erkenntnisgewinn in *schèmes figuratifs* (↑) und *schèmes operatoires* (↑). Die *schèmes figuratifs* entstammen einem expositionellen Lernen, der Lernende macht sich durch reine Anschauung ein Bild von einem Teil seiner Umwelt. Die schèmes operatoires werden von Piaget als die höheren Lernformen dargestellt, ihnen liegt eine aktiv handelnde Beschäftigung mit der Umwelt zugrunde (Vergleiche: Entdeckendes Lernen).

3. Lernen wird bei Piaget als aktive Anpassung eines Individuums an seine Umwelt angesehen. Es kann dabei, je nach den Anforderungen der Umwelt an das mit ihr konfrontierte Individuum, zu einer **Assimilation** (↑) (einer weiteren Differenzierung bestehender Strukturen) oder einer **Akkomodation** (↑) (einer Schaffung neuer, interner Strukturen) kommen.

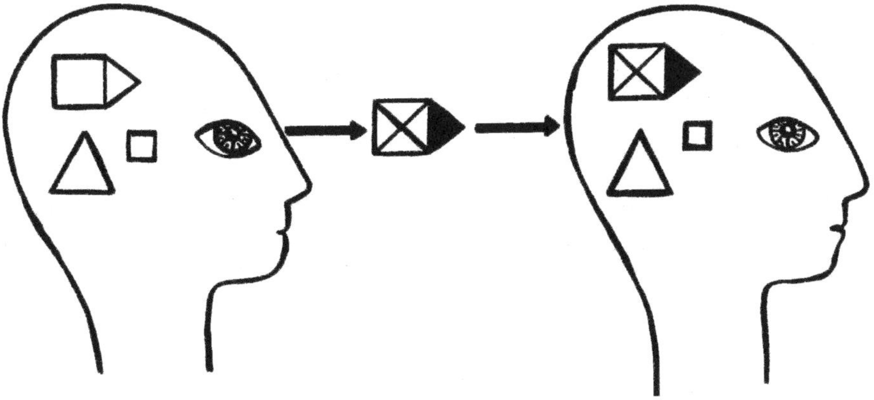

Assimilation

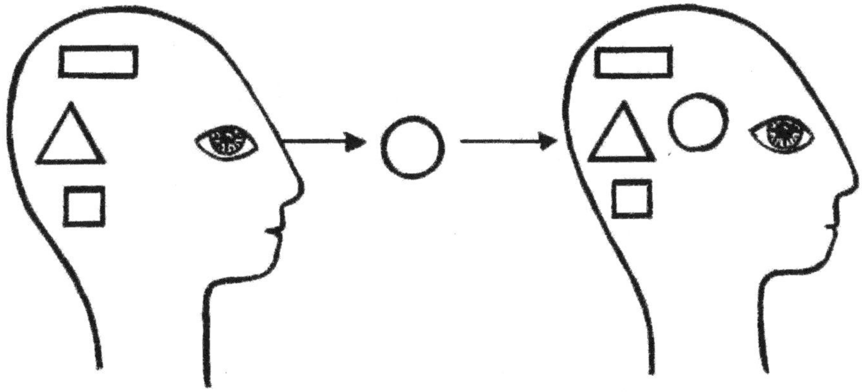

Akkomodation

Bei der Assimilation führt die Konfrontation mit einem Phänomen der Umwelt zur Veränderung (Angleichung) einer bereits bestehenden kognitiven Struktur; bei der Akkomodation kommt es zur Bildung einer völlig neuen Struktur, da das Phänomen in alte Strukturen nicht eingeordnet werden konnte.

Das Erfordernis des Lehrers, den Lernenden eine **zur Neukonstruktion anregende Lernumgebung** zu schaffen, kann sich an den Piagetschen Anpassungskategorien orientieren.

Die Rolle Piagets als prominenter Pädagoge mit einer konstruktivistischen Grundhaltung ist zentral für die moderne Schulpädagogik. Einige entwicklungspsychologische Ansätze Piagets, etwa die Einteilung der individuellen kognitiven Entwicklung in Phasen, müssen unter modernen psychologischen Aspekten relativiert werden.

Eine konstruktivistische Haltung muss sich auch an moderner Naturwissenschaft, namentlich neurobiologischen und hirnphysiologischen Erkenntnissen, messen lassen können.

Inwieweit lässt sich Konstruktivismus durch moderne neurobiologische Ansätze unterstützen?

Konstruktivismus ist eng verbunden mit dem Namen des chilenische Neurobiologe Maturana (↑), eines der Väter des Konstruktivismus. Auch moderne Neurobiologie und nicht zuletzt die seit Ebbinghaus sich stets ausdifferenzierende experimentelle Psychologie warten mit Ergebnissen auf, die als empirische Korrelate konstruktivistischer Lernhaltungen aufzufassen sind.

1. Lernen geht mit neuronalen Neuverknüpfungen einher, es müssen also aktive Prozesse im lernenden Gehirn stattfinden. Die Art und Geschwindigkeit dieser Neuverknüpfungen ist von vielen, auch individuellen Faktoren abhängig. Damit wird deutlich, dass eine **direkte Übertragung von Lernitems**, wie sie uns intuitiv noch stets nahezuliegen scheinen, **nicht möglich** ist.

2. Die zentrale Idee des Konstruktivismus des selbstständig konstruierenden Individuums wird durch diese Tatsache gestützt. Mehr noch: Es lässt sich auf verschiedenen Ebenen eine **neuronale Selbstorganisation** nachweisen. Ganz im Piagetschen Sinne kann gezeigt werden, dass das Gehirn ungeordnete Sinneseindrücke aus der Umwelt zu Mustern organisiert und dieser Musterbildungsprozess zur Orientierung und zum Überleben schlechterdings notwendig ist.

3. Diese Musterbildungstendenz scheint dem Gehirn inhärent zu sein, gerade die (räumliche) Organisation unmittelbarer Sinnesreize erfolgt

unwillkürlich. Dies korrespondiert hervorragend mit der Piagetschen Idee eines steten Äquilibrierungs- respektive Adaptationsbemühens des Menschen in Bezug auf seine Umwelt. Die in einer konstruktivistischen Didaktik vertraute Idee eines aktiven Lernvorganges durch die Exponierung oder besser **Konfrontation mit einer "konstruktiven" Lernumgebung** ist ohne weiteres in ein solches Modell einzufügen.

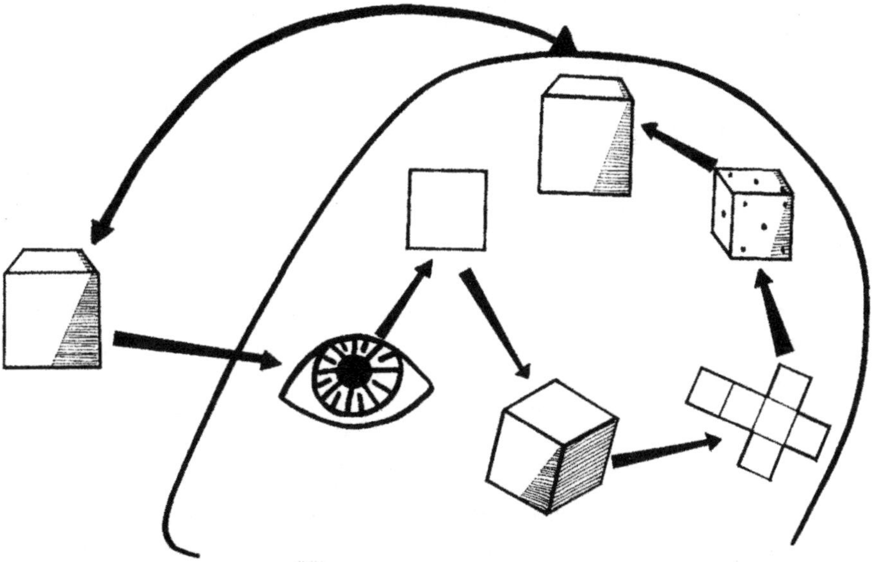

Die Sinneseindrücke von einem Gegenstand unserer Umwelt, die dem Gehirn durch entsprechende Sinneseindrücke weitervermittelt werden, werden zunächst in einem sinneskanalspezifischen Ultrakurzzeitgedächtnis zwischengespeichert. Dann erfolgt ein komplexer Interpretationsvorgang des Wahrgenommenen durch das Gehirn. Was vom Individuum bewusst als Eindruck wahrgenommen wird, ist also bereits das Resultat eines mehrstufigen Interpretationsprozesses. Dieses kann mit der Umwelt konfrontiert und auf diese Weise auf seine Eignung überprüft werden.

Die im Konstruktivismus vorausgesetzte Abhängigkeit des Erkenntnisvorganges von neurologischen Bedingtheiten, die ja einen direkten (ontologischen) Zugang zur Realität verbietet, kann neurobiologisch ebenfalls unterstrichen werden: Bevor Sinneseindrücke in Gedächtnisstrukturen gespeichert werden (etwa einem "*Kurzzeitgedächtnis*"), erfolgt eine Speicherung und Transformation, die sinneskanal-spezifisch ist (Das

"Echogedächtnis" (akustisch) unterscheidet sich vom ikonischen Ultrakurzzeitgedächtnis (optisch)). **Die Interpretation von Sinneseindrücken erfolgt mithin unbewusst und ohne Zutun "*vernünftiger*", kognitiver Strukturen**.

Die von Piaget (↑) vollzogene Unterscheidung in figuratives und operationales Denken (oder Repräsentieren der Umwelt, vergleiche Piagets *schèmes figuratifs* (↑) und *schèmes operatoires* (↑)) findet ein hirnphysiologisches Korrelat: Es bestehen starke Hinweise darauf, dass **deklaratives Wissen** (das Wissen über Dinge und Zusammenhänge ("Rom ist die Hauptstadt von Italien")) anders entsteht und **anders gespeichert** wird als **prozedurales Wissen** (die Fähigkeit, Auto zu fahren). Bei bestimmten Hirnläsionen, die zu Amnesien führen, gehen wesentliche deklarative Wissensitems verloren, während prozedurales Wissen erhalten bleibt. Die generische Andersartigkeit beider Wissensarten findet ihr Pendant im Konstruktivismus.

Konstruktivistische Didaktik betont die **affektive Komponente von Lernen**; nicht zuletzt im Rahmen des Begründungsanspruchs von Wissensakquisition nimmt die emotionale Tönung einer praktischen Lernhandlung eine wichtige Rolle ein.

Hirnanatomisch findet auch dieser Aspekt Korrespondenz: Die Speicherung von Wissen ist wesentlich abhängig von der Art und Weise des Lernvorganges dahingehend, dass die **affektive Beteiligung** zu einer **anderen Speicherung** des jeweiligen Wissens führt: Die starke Involviertheit des Limbischen Systems (das allgemein stark beim Entstehen von Emotionen beteiligt ist) bei emotional begleitetem Denken führt zu einer besseren Merkbarkeit der derart gespeicherten Inhalte.

Die Erinnerungsstruktur eines anders als "emotional" (der Ausdruck "emotional" ist in der Psychologie bis heute ein umstrittener, hier kann er am besten in seiner umgangssprachlichen Bedeutung verstanden werden) motivierten Lernens ist eine andere als die limbische. So erfolgt die Speicherung von solchen Lerninhalten, die intellektuellen Neuwert aufweisen, eher in hypothalamischen Strukturen. Es scheint ein verstehensmäßiges Durchdringen des Problems vorauszusetzen.

Das Gehirn: Gegensatzpaare

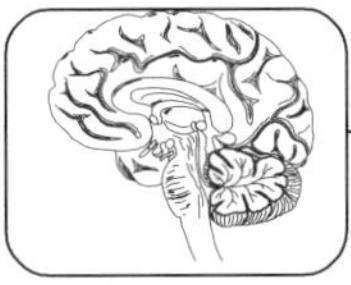

Nicht affektives Lernen

Lernen mit affektiver Beteiligung

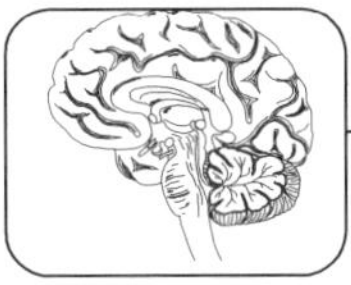

Deklaratives Wissen

Prozedurales Wissen

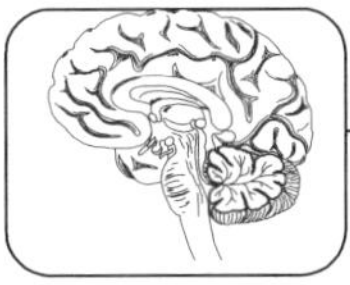

Erste Verarbeitung optischer Sinneseindrücke

Erste Verarbeitung akustischer Sinneseindrücke

Die moderne Neurobiologie betont die Unterschiedlichkeit verschiedener neuronaler Prozesse. Diese Unterschiedungen spielen für eine konstruktivistische Haltung eine entscheidende Rolle und unterstreichen die Abhängigkeit unseres Erkenntniszuganges zur Umwelt von sinnesphysiologischen und allgemein neurologischen Bedingtheiten.

Die Komplexität hirnphysiologischer Vorgänge

Das Bild, das moderne Neurowissenschaften uns von der anatomischen und funktionalen Komplexität des Gehirns vermitteln, ergänzt vorzüglich das vom Konstruktivismus entworfene kognitive Konzept eines hochplastischen und anpassungsfähigen Systems, dessen besondere Leistung in der steten und schnell erfolgenden Anpassung an Anforderungen aus unserer Umwelt besteht. Der Komplexität der geleisteten Reaktionen steht ein komplexes

System "*Gehirn*" gegenüber, das keinesfalls auf einfache Input-Output-Mechanismen oder klare Hierarchien reduziert werden kann.

Diese Komplexität, deren schrittweises Verstehen der Kognitionsforschung mehr und mehr Einblicke in den Prozess des "Erkennens" unserer Umwelt, das Verarbeiten von Eindrücken und das "Abspeichern von Informationen" gewährt, soll im Folgenden kurz verdeutlicht werden:

- Die Repräsentation komplexer kognitiver Funktionen erfolgt durch komplexe Netzwerkstrukturen und nicht etwa durch einfache Eingabe-Ausgabe-Verschaltungen. Das Gehirn kann also nicht als einfache Maschine betrachtet werden, die auf Signale von außen in einfacher Weise eine Reaktion generiert. Entsprechend sind Reaktionen auf Außenreize auch nicht einfach zu berechnen und vorauszusagen, sämtliche Annahmen einfacher Muster im Gehirn werden dessen Komplexität nicht gerecht und kommen zu verkürzten Schlüssen.

- Es liegt keine einfache Hierarchie im Gehirn vor: Höhere und weniger komplexe Hirnzentren kontrollieren einander gegenseitig, die Kontrollhierarchie weist nicht eindeutig in eine Richtung. Man spricht von "cross talk", es kommt zwischen den verschiedenen Hirnzentren zu einem Informationsaustausch in beide Richtungen (bidirektionale Information).

- Diese gegenseitige Kontrolle von verschiedenen Hirnzentren gilt vor allem auch für die Aufnahme und Verarbeitung von Informationen, die von Sinnesorganen an das Gehirn weitergegeben werden. Einerseits wirken sich bereits vorhandene Strukturen unmittelbar auf die Verarbeitung neuer Informationen aus, andererseits führen diese zu einer Modulation von vorliegenden Strukturen im Gehirn.

Gerade dieser letzte Aspekt findet sich im Konstruktivismus wieder: Was Piaget mit Assimilitation (↑) und Akkomodation (↑) bezeichnet, was bei ihm letztlich der (kogitiven) Anpassung des Individuums an seine Umwelt im Sinne eines Ausgleichs mit dieser dient, findet hier sein neurologisches Korrelat.

Auch die von vielen Konstruktivisten betonte autopoietische Funktion des Gehirns setzt eine entsprechende und nun auf neurologischer Ebene empirisch beschriebene Komplexität des Gehirns voraus, die sich unter anderem in einem hohen Vernetzungsgrad und vielfältigen Kontrollmechanismen zwischen den verschiedenen Hirnzentren manifestiert.

Moderne neurokognitive Erkenntnisse sprechen dafür, dass die bei der Aufnahme von Informationen von außen beschriebene Modulation und Interpretation durch unterschiedliche Module im Gehirn in ähnlicher Weise auch für die "Erinnerung" von Informationen gilt: Werden diese also erinnert, so geht dies mit einer komplexen Einbeziehung vieler Hirnregionen einher. Die autopoietische Funktion des Gehirns manifestiert sich also auch auf dieser Ebene und rechtfertigt weiter die kritische Einstellung des Konstruktivismus hinsichtlich "eindeutiger" und "sicherer" Auffassungen über unsere Umwelt und unsere Erinnerungen.

Relativierung von Konstruierbarkeit durch empirische Erkenntnisse

Wenn im Konstruktivismus von einer prinzipiellen Andersartigkeit der Konstruktionen bei jedem einzelnen ausgegangen wird, so wird dies zumindest zum Teil dadurch relativiert, dass auf neurophysiologischer Ebene Lernvorgänge nach grundsätzlich gleichen Mustern ablaufen.

Die Instanzen, die für vergleichbare Lernvorgänge verantwortlich sind, entsprechen einander auch interindividuell. Dennoch können wir natürlich letztlich nicht bestimmen, inwieweit sich die ähnlichen Strukturen - zumal auf Erlebensniveau - entsprechen.

Aufgrund der bewusst teilweise nicht steuerbaren neuronalen Interpretationsvorgänge bewegen sich die Konstruktionsmöglichkeit von Menschen innerhalb bestimmter Grenzen. Dies wird vor allem auch dadurch unterstützt, dass viele Aufnahme- und Lernleistungen des Gehirns an bestimmte Entwicklungsphasen (die Verhaltensbiologie würde hier von präge-sensitiven Phasen sprechen) gebunden sind. Wenn man dies auch heute nicht auf die von Piaget (↑) vorgeschlagenen Entwicklungsphasen beschränken kann, so wird doch die von Piaget angeregte Bindung von Erkenntnis- und Lernmöglichkeiten an bestimmte Entwicklungsphasen lerntheoretisch bestätigt.

Anders als bei Piaget, bei dem mit zunehmendem Alter und wachsender Differenzierung die kognitiven Möglichkeiten entsprechend ansteigen, muss allerdings auch gesehen werden, dass nach Verstreichen bestimmter Entwicklungsstadien das Erlernen vieler Strukturen und Prozeduren nur noch erschwert möglich ist.

Der Mensch konstruiert also nicht nur nach seinen eigenen Regeln, sondern unterliegt auch psychologischen und neurophysiologischen Gesetzen.

Die Grenzen der Konstruierbarkeit

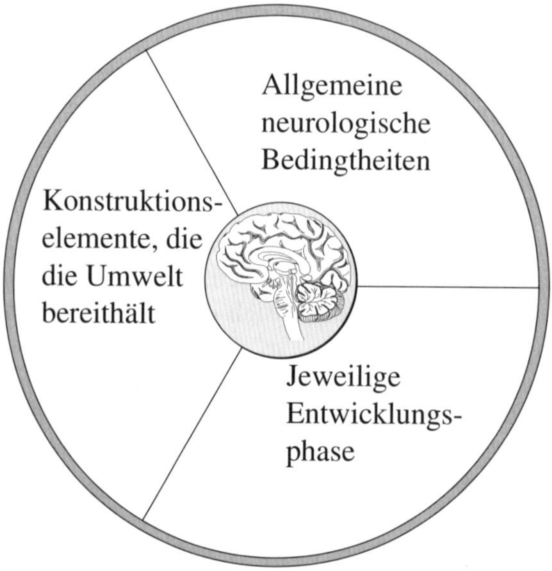

Genauso wie der Zugang zu unserer Umwelt, unterliegt auch die Konstruierbarkeit bestimmten Grenzen. Diese sind uns oft ebensowenig bewusst wie die Grenzen unserer Erkenntnis.

Didaktik durch die konstruktivistische Brille gesehen - Das Erfordernis eines neuen Denkens

Eine konstruktivistische Sichtweise ist anstrengend. Insbesondere gilt dies für die Applizierung einer konstruktivistischen Haltung auf die Didaktik. Aber auch im Alltag und nicht zuletzt im wissenschaftlichen Alltag ist es anstrengend, eine konstruktivistische Haltung konsequent einzunehmen. Dies hat auch damit zu tun, dass wir intuitiv einer positivistisch-empiriziśtischen (↑) Weltsicht zuneigen.

- Wer würde nicht den Gegenständen seiner unmittelbaren, tagtäglichen Umgebung Realität unterstellen wollen?
- Was liegt näher als anzunehmen, dass die Dinge um uns herum unabhängig von uns in der vorgefundenen Weise existieren?
- Wer würde nicht stets unterstellen, dass in einer Kommunikation, zumal einer solchen, die wir als gelungen betrachten, die von uns dargestellten Inhalte in entsprechender Form beim Gegenüber ankommen, besonders, wenn dieser uns Verständnis signalisiert?

Die intuitive Einnahme konstruktivistischer Haltungen fällt in didaktischen Situationen ebenfalls nicht leicht:

- Wer neigt nicht dazu, seine eigenen Interessen auch für andere als interessant anzunehmen?
- Welcher Lehrer unterstellt nicht intuitiv, dass seine Schüler seine Sichtweise im Wesentlichen übernommen haben, zumal wenn sie bei der Leistungsüberprüfung übereinstimmende Ergebnisse liefern?
- Wer lässt im Schulalltag schon eine weitere neben der wissenschaftlich etablierten Sichtweise zu, auch wenn jene dem Kriterium der Nützlichkeit genügt?

Wir sehen also, dass wir auf eine positivistische Sichtweise trainiert sind. Dies hat nicht zuletzt damit zu tun, dass in den Wissenschaften, namentlich den Naturwissenschaften lange Zeit eine positivistische Weltsicht *state of the art* war. Die erkenntnistheoretische Grundposition wurde nicht hinterfragt.

Unsere erkenntnistheoretische Weltsicht, auch wenn (oder gerade weil) sie vielfach intuitiv und ohne entsprechende theoretische Fundierung erfolgt, prägt unsere Einstellungen und Handlungen in allen Belangen. Die Übernahme einer neuartigen, im Grunde genommen radikalen neuen Haltung unserer Beziehungen zur Welt, wie sie im Konstruktivismus vorgestellt wird, lässt mithin unerwartete neue Perspektiven auf vielen Ebenen, zumal auf didaktischem Terrain erwarten.

Viele Einzelaspekte des Konstruktivismus finden bei näherer Betrachtung unsere Zustimmung. Vor allem dann, wenn Konstruktivismus sehr konkret handlungsorientiert appliziert wird, haben wir den Eindruck, als handle es sich lediglich um eine neue Benennung moderner, im allgemeinen Sinne pädagogischer Konzepte, die wir teilweise aus anderen (philosophischen) Schulen, teilweise als Ergebnis eigener Erfahrungen eigentlich längst schon kennen.

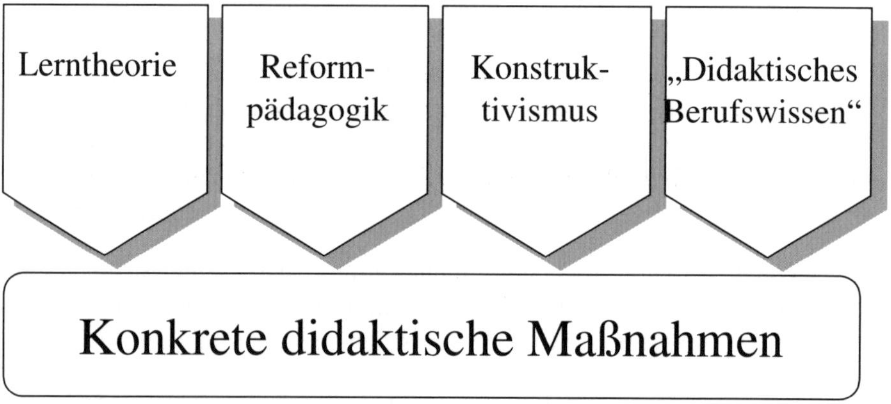

Eine konkrete Maßnahme kann - je nach Einstellung und Hintergrund - durch unterschiedliche Theorien und Haltungen begründet werden. Auch wenn etwa Reformpädagogik und Konstruktivismus zu ähnlichen methodischen Entscheidungen tendieren, so haben beide doch grundsätzlich ein anderes Anliegen.

Konstruktivismus ist etwas Neues. Und es lohnt sich, ihn zuzulassen. Es lohnt sich ebenfalls, ihn konsequent umzusetzen. Konstruktivismus ist eine Haltung; eine Einstellung, die allenthalben Anwendung finden kann. Eine konstruktivistisch geprägte Didaktik ist erkennbar. Sie unterscheidet sich von einer nicht konstruktivistisch ausgerichteten in vielen kleinen Einzelentscheidungen und ist keinesfalls auf bestimmte Unterrichtsformen beschränkt.

Daher wird der Konstruktivismus auch wesentlich verkürzt, wenn man versucht, ihn auf einige methodische Entscheidungen zu reduzieren. Mit anderen Worten: Man kommt nicht umhin, sich auch die wesentlichen grundsätzlichen Aussagen des Konstruktivismus klar zu machen und zu verinnerlichen. Letzteres kostet, wie schon gesagt, oftmals einen nicht unerheblichen Aufwand.

Stets aufs Neue muss man sich von vertrauten, reflexhaften Einstellungen lösen und sich immer wieder den Konstruktionscharakter von Modellen, Theorien, Einstellungen und Aussagen bewusst machen.

Dieses Buch möchte eine solche konstruktivistische Perspektive eröffnen. Es soll eine Synthese gelingen, ein Zusammenwachsen von theoretischer Grundlage des Konstruktivismus und dessen Applikation auf verschiedenen, konkreten didaktischen Praxisfeldern.

Dabei soll vor allem gelingen, das eigentlich Neue in der Haltung zum Sachthema und zu den Lernenden deutlich zu machen.

Das Buch versteht sich als eine Einladung, eine neue Grundhaltung auszuprobieren und die Didaktik, die zu vermittelnden Sachthemen - zumindest versuchsweise - durch eine konstruktivistische Brille zu betrachten.

Was ist neu an konstruktivistischer Didaktik?

Neuwert von konstruktivis-tisch orientierter Didaktik

- Eine neue philosophische Fundierung.
- Integration von Elementen bestehender Didaktiken.
- Anpassung bestehender didaktischer Elemente an veränderte Umstände.

Der affektive Aspekt von Pädagogik

Die Sicht durch die konstruktivistische Brille führt uns immer wieder zur eigenständigen Konstruktion der Lernenden. Wenn eine konstruktivistisch orientierte Pädagogik fordert, ein konstruktionsanregendes, ein "*konstruktives*" Lernsetting zu schaffen, so führt dies unmittelbar zur Frage nach der Motivation für Konstruktionstätigkeit.

- Nach Piaget (↑) ging es um das Bestreben des Einzelnen nach Äquilibrierung mit seiner Umwelt, eine Voraussetzung für das Überleben des Individuums. Piaget versteht dies auf einer kognitiven Ebene, Äquilibrierung ist das kognitive Pendant zur phylogenetischen Anpassung an die Umwelt, die auf evolutionärer Ebene stattfindet. Auch die "epistemische Neugier" ist kognitionsinhärent.
- Kant würde mit dem Streben der Vernunft nach einer universellen Kategorisierung der Welt antworten.
- Platon würde diese Motivation letzlich der unsterblichen Seele zuschreiben, die nach Schau der ewigen Ideen strebt. Die Seele als der Teil in uns, der wie die Ideen selbst der Welt des Unvergänglichen und Vollkommenen angehört, ist aufgrund dieser Geartetheit auch in der Lage, wahre Erkenntnis zu erlangen.

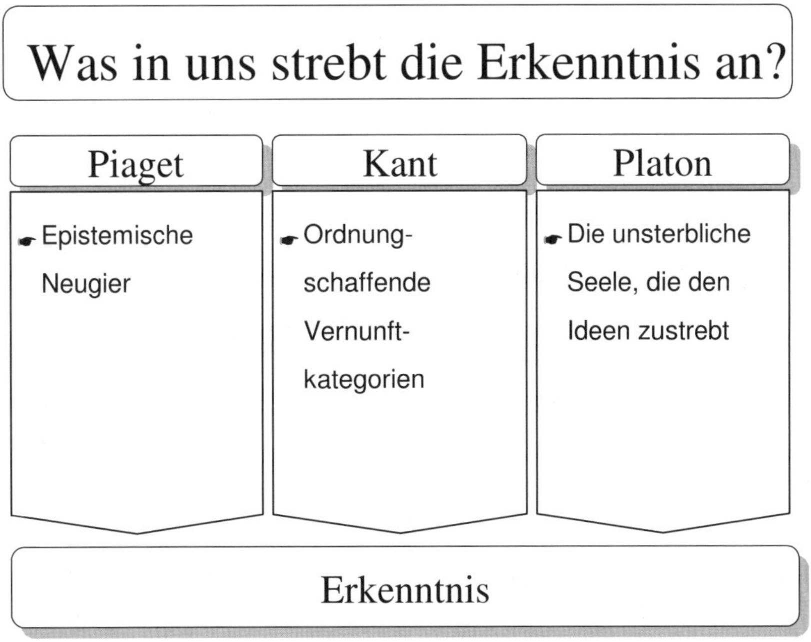

Die Frage, was in uns die Erkenntnis anstrebt, ist ein zentrales Anliegen der Erkenntnisphilosophie. Verschiedene Philosophen kamen zu sehr unterschiedlichen Antworten. Für Piagets konstruktivistische Haltung ist es typisch, dass bei ihm die epistemische Neugier letzlich nicht vom (biologisch bedingten) Streben nach Ausgleich mit der Umwelt entkoppelt werden kann.

Konstruktivismus kann hier weiter gehen. Wenn **Multiperspektivität** von Lernen affektive und psychomotorische Aspekte mit einbezieht und wenn der **konstruktivistische Begründungsanspruch** von Konstruktionen dem Menschen motivational gerecht werden will, so ist eine Einbeziehung der affektiven Lernkomponenten in eine konstruktivistische Perspektive von Didaktik unverzichtbar:

- Affektive Aspekte von Lernen werden vielfach im Rahmen einer konventionellen Didaktik in ihrer Bedeutung unterschätzt. Erfolg und "Nachhaltigkeit" von Lernen sind wesentlich abhängig von der emotionalen Tönung des Lernprozesses (Vergleichen Sie in diesem Zusammenhang mit dem Abschnitt "*Inwieweit lässt sich Konstruktivismus durch moderne neurobiologische Ansätze unterstützen*?").

- Die Legitimierung des jeweiligen Lerninhalts im Rahmen von schulischem Unterricht kann ebenfalls nicht von affektiven Aspekten absehen. Will der konstruktivistisch orientierte Lehrer den von ihm vorgestellten beziehungsweise angeregten Konstruktionsprozess legitimieren, so tut er gut daran, affektive Komponenten mit einzubeziehen.

Wo gibt es konstruktivistische Elemente in der Reformpädagogik?

Auch wenn mittlerweile der Konstruktivismus sich als philosophische und etwa auch didaktische Haltung formiert hat, so muss deutlich sein, dass einige unterrichtliche sowie sozialformspezifische Methoden bereits aus anderen Haltungen heraus formuliert wurden.

Das jeweils dahinter stehende Anliegen entsprach dabei vielfach der im Konstruktivismus formulierten Haltung. Insbesondere der Reformpädagogik (↑) entstammen viele Unterrichtsformen und methodische Ansätze, die für sich in Anspruch nehmen können, auch eine grundsätzlich konstruktivistische Haltung widerzuspiegeln.

Ähnlich wie unter "*Konstruktivismus*" eine Vielzahl verwandter philosophischer Positionen subsumiert wird, stellt auch "*Reformpädagogik*" einen Oberbegriff für eine Fülle verschiedener Pädagogiken dar, die im wesentlichen eine Grundposition zum Unterricht und zur Pädagogik allgemein einnehmen.

Dabei kann die Reformpädagogik auch als Gegenbewegung und Reaktion auf seinerzeit bestehende etablierte pädagogische und schulunterrichtliche Praktiken verstanden werden, die es grundlegend zu reformieren galt.

Die vielen verschiedenen pädagogischen Ansätze haben dabei ihrerseits verschiedene Akzente gesetzt. Namen wie die von Peter Petersen, Célistin Freinet, Hugo Gaudig, Maria Montessori, aber auch Rudolf Steiner sind mit den von ihnen propagierten pädagogischen Haltungen und Methoden verbunden.

Trotz aller Unterschiedlichkeiten haben all diese Ansätze doch auch wesentliche Gemeinsamkeiten, die bis heute der Pädagogik ihren Stempel aufgedrückt haben und die sich nahtlos in eine Didaktik einreihen lässt, die sich als konstruktivistisch bezeichnet.

- Im Mittelpunkt steht bei allen die **Schülerzentriertheit**. Diese geht vielfach mit einer Betonung der Selbstständigkeit der Schüler und deren Mitbestimmung einher.

- Eine **Mündigmachung der Schüler** und deren Bild als prinzipiell Gleichberechtigte (was zunächst eine soziale Haltung widerspiegelt) und die **Fokussierung der jeweiligen Lernbedürfnisse** der Schüler lassen sich unmittelbar mit dem Einbeziehen der eigenständigen Konstruktionstätigkeit eines jeden Menschen verbinden.

Ob es die mehr emanzipatorische Akzentuierung der Reformpädagogen ist oder die epistemologische Haltung der Konstruktivisten, die dem lernenden Individuum Wahrheitsfähigkeit in seiner eigenen Konstruktion der Welt zubilligt: Der grundsätzliche Perspektivenwechsel, der den Lernenden mit seinen spezifischen, individuellen und zu respektierenden Bedürfnissen in den Mittelpunkt stellt und dem Lehrenden die Rolle eines diesen Lernvorgang Begleitenden zuweist, ist direkte Konsequenz aus beidem.

Die didaktische Schnittmenge

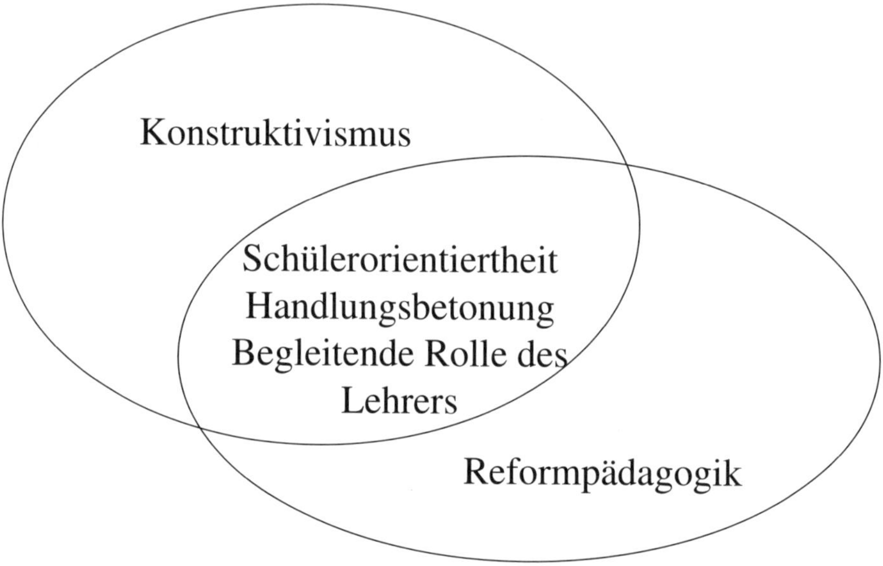

Wesentliche Elemente, die auch von didaktischer Relevanz sind, haben Konstruktivismus und Reformpädagogik gemeinsam.

Wenn Gaudig den Begegnungscharakter von Unterricht betont, so findet dies Entsprechung in der kommunikativen Konstruktion intersubjektiver Welten, wie sie vom Konstruktivismus betont wird.

Und so nimmt es auch nicht Wunder, wenn die von Seiten der Reformpädagogen etablierten neuen Unterrichtsformen auch von einer konstruktivistisch orientierten Didaktik tendenziell favorisiert werden, bieten sie doch mehr Möglichkeiten als konventionelle Unterrichtsformen, um den daraus erwachsenden Ansprüchen an eine unterrichtliche Begegnung zu genügen.

Vielfach steht bei den reformpädagogischen Unterrichtsformen das Schaffen einer adäquaten Lernumgebung (eines konstruktivistischen Lernsettings) und die Anregung der Schüler zur eigenständigen und interaktiven Konstruktion, wie der Konstruktivist sagen würde, im Vordergrund.

Eine weitere wesentliche Übereinstimmung herrscht auch dahingehend, dass Handlungsorientierung wesentliches didaktisches Kriterium zu sein hat.

Wenn der Handlung, dem aktiv tätigen Konfrontieren des Schülers mit der Umwelt, ein wesentlicher Stellenwert eingeräumt wird, so hat dies sowohl eine deutliche lebensweltliche Bewandtnis, wie sie bei der Reformpädagogik im Mittelpunkt steht, sowie auch den erkenntnistheoretischen Hintergrund, dass Handlung als wesentliche Erkenntnisvoraussetzung und -dimension anerkannt wird.

Damit sollen eine konstruktivistische und eine reformpädagogische Haltung nicht gleichgestellt werden. Es soll auf die Gemeinsamkeiten und die Übereinstimmung in den didaktischen Konsequenzen aufmerksam gemacht werden.

Es darf aber nicht verkannt werden: Konstruktivismus und Reformpädagogik sind wesentlich verschieden, sie kommen mit gänzlich anderen Anliegen daher, der eine als erkenntnisphilosophischer Ansatz mit didaktischer Applikation, die andere als (schul-)pädagogische Strömung, der soziale- und nicht zuletzt politische Neuerungen zentrale Anliegen waren.

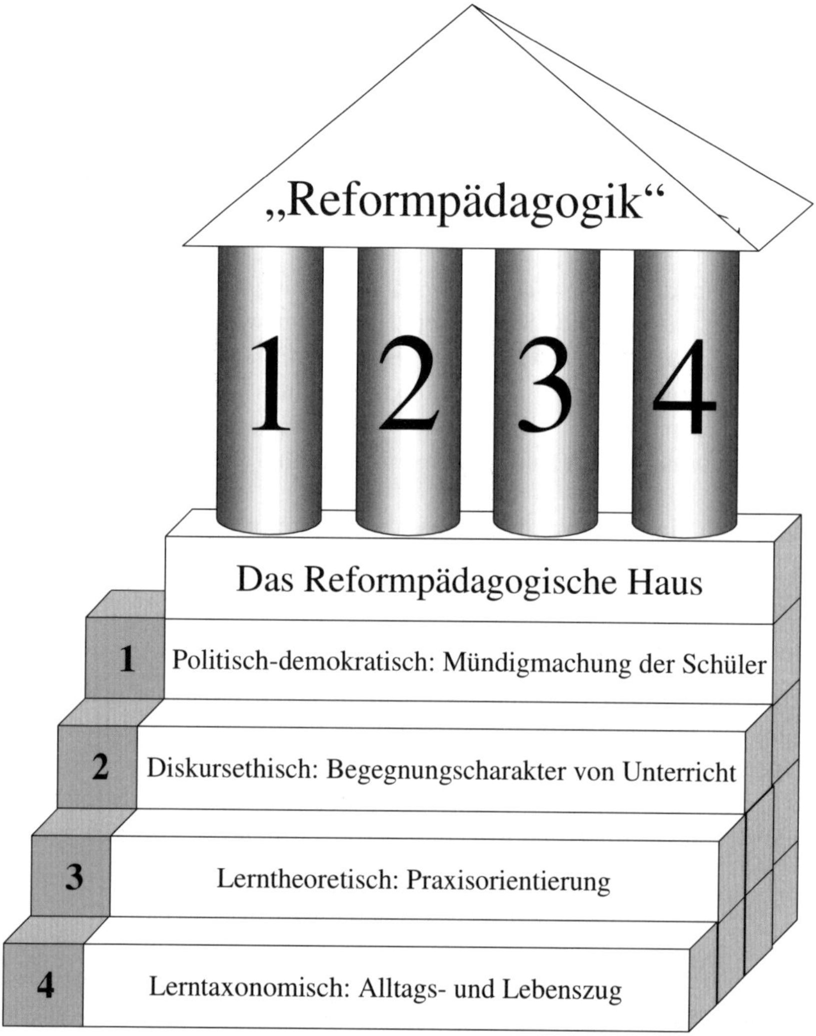

Auch die Reformpädagogik vereinigt - wie der Konstruktivismus - unter ihrem Dach viele verschiedene Strömungen und Ansätze. Im Gegensatz zum Konstruktivismus ist die politisch-emanzipatorische Komponente wesentliches Element in der Reformpädagogik.

Im Folgenden wollen wir einige Unterrichtsformen, besonders der Reformpädagogen etablierten und favorisierten, daraufhin untersuchen, inwieweit sie sich für eine konstruktivistisch orientierte Didaktik zur Umsetzung von deren inhaltlichen sowie methodischen Anliegen eignen.

Inwieweit kommen verschiedene Unterrichtsformen einer konstruktivistisch orientierten Didaktik entgegen?

Gerade in der Grundschuldidaktik haben sich viele verschiedene Unterrichtsformen etabliert, die sich auf reformpädagogische Ansätze zurückführen lassen. Auch wenn es sich um mehr oder weniger gängige methodische Konzepte handelt, die sich lange im unterrichtlichen Alltag bewährt haben und nicht nur in der Grundschulpädagogik einen festen Stellenwert einnehmen, werden unter den verschiedenen Bezeichnungen teilweise recht unterschiedliche Elemente subsumiert; sowohl von Seiten der Unterrichtstheoretiker als auch im Schulalltag werden die Akzente unterschiedlich gesetzt.

Wenn nun die einzelnen schulischen Unterrichts- und Sozialformen aus einer konstruktivistischen Perspektive betrachtet werden, so sollen dabei vor allem die prominentesten Aspekte jeweils auf ihre Kompatibilität mit einer konstruktivistischen Haltung abgeklopft werden. Der Anspruch einer vollständigen Darstellung der verschiedenen Unterrichtsformen soll dabei nicht erfüllt werden.

Freiarbeit

Die Freiarbeit fasst einen großen Bereich von verschiedenen Lern- und Organisationsformen zusammen. Wesentliches Kriterium dabei ist das Überlassen wesentlicher Entscheidungen an den Schüler, was die Art und Weise des Vorgehens betrifft, oder anders gesagt die Ungelenktheit des Lernvorganges. Dem Lehrer sind auch im Rahmen der Freiarbeit verschiedene Gestaltungs- und Richtungsmöglichkeiten gegeben, doch ist der Verzicht auf eine unmittelbare Führung oder Begleitung des Lernvorganges selbst wesentliches Charakteristikum der Freiarbeit.

Es liegt unmittelbar auf der Hand, dass der Auffassung, der Lehrende nehme selbst die Konstruktion des zu Erlernenden vor, durch den Rückzug aus der Lernhandlung selbst Rechung getragen wird.

Der Lernende ist in der Freiarbeit - ganz nach konstruktivistischem Konzept - bemündigt, wesentliche Entscheidungen selbst zu treffen. Reihenfolge und Geschwindigkeit des Konstruktionsvorganges, aber auch dessen Richtung und zum Teil die Evaluation seines Erfolges, bleiben autonom dem Schüler anheimgestellt. Inwieweit weitere konstruktivistische Aspekte in die Freiarbeit mit einbezogen werden, hängt nicht zuletzt von deren konkreter organisatorischer Einbindung ab.

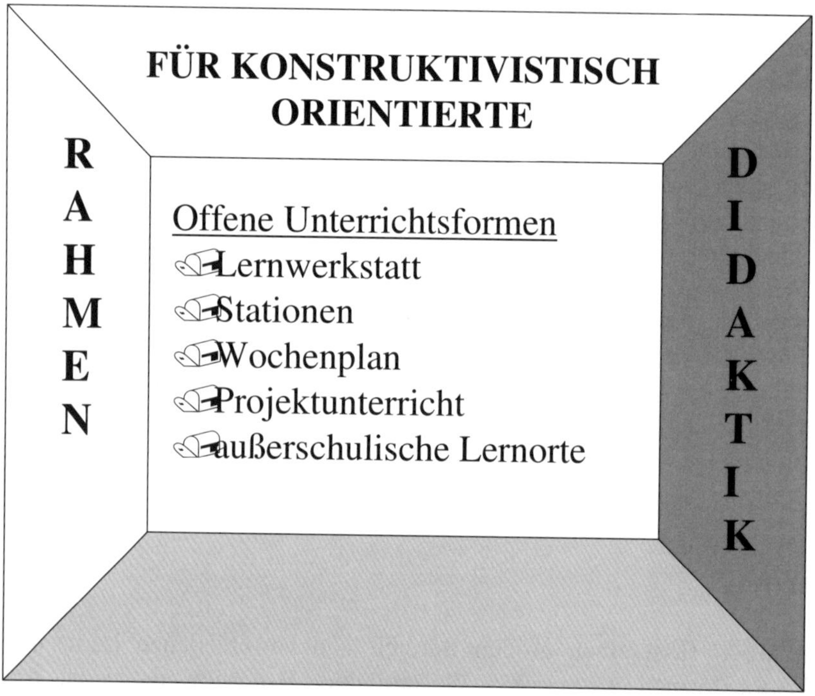

Die freiarbeitlichen Unterrichtsformen stellen für die Umsetzung einer konstruktivistisch orientierten Didaktik einen recht günstigen Rahmen dar.

Lernwerkstatt

Freiarbeit wird oftmals in den Rahmen einer Lernwerkstatt eingebunden. Eine Lernwerkstatt stellt unter konstruktivistischen Gesichtspunkten eine bewusst geschaffene, zur Konstruktion anregende Lernentourage dar. Der Lernende wählt gemäß seinen jeweiligen Konstruktionsbedürfnissen die Elemente aus der Lernwerkstatt aus, derer er gerade bedarf. Die Gestaltung der Werkstatt wirkt somit wesentlich auf den Konstruktionsvorgang beim

Lernenden ein, da ja die Bausteine zur Konstruktion bereitgestellt werden können.

Der Name "*Lernwerkstatt*" deutet bereits auf ein wesentliches weiteres konstruktivistisches Element hin: Den Handlungsaspekt, die Anerkennung der Erkenntnisdimension von praktischer Handlung. Wenn eine Lernwerkstatt wirklich konstruktivistisch ausgerichtet ist, so kann sie dazu angetan sein, dem Lernenden auf vielen Ebenen ("vielperspektivisch") in handelnder Auseinandersetzung mit themenbezogenen Elementen seiner Umwelt, mit dieser in einer Weise konfrontiert zu werden, die - konstruktivistisch gesprochen - zum Erreichen von Viabilität (↑) zwingt.

Das führt zwangsläufig zu geeigneten Konstruktionsvorgängen. In der Sprache Piagets (↑) ausgedrückt: Das Individuum wird in der Konfrontation mit der Umwelt zu einer Äquilibrierungsleistung gezwungen, was ein kognitives "Überlebenserfordernis" darstellt. Bei entsprechender Konstruktionsumgebung - je nachdem wie die Lernwerkstatt konzipiert ist - kann dies auch zu Akkomodationsleistungen des Lernenden anregen. In der Sprache Kants: In der Lernwerkstatt an sich seiende Dinge affizieren das Individuum über dessen Sinne, woraufhin dieses mit Kategorisierungs- und Interpretationstätigkeiten beginnt.

Konstruktivistische Didaktik ist nicht beliebig. Auch die Konstruktionen der in der Lernwerkstatt tätigen Schüler sind nicht jeder Richtungsnahme oder Operationalisierbarkeit entzogen. Bei jeder Lernwerkstatt kann ein Pflichtteil festgelegt werden, der durchgeführt werden muss. Auch über die mediale Auswahl hat man bei der Einrichtung einer Lernwerkstatt die Möglichkeit der Einflussnahme auf den Konstruktionsvorgang.

Und wieder kann man davon ausgehen, dass Schüler, die in einem ähnlichen Lernsetting mit einem Thema konfrontiert wurden, auch vielfach auf eine vergleichbare Weise konstruiert haben. Schüler können auf Grundlage ihrer gemeinsamen Konstruktionsumgebung leicht in einen konstruktiven Diskurs eintreten.

Stationenlernen

Als eine Spezifizierung des Lernens in einer Lernwerkstatt bietet sich vielfach eine weitere externe Festlegung der Arbeitsweise der Schüler an:

Es werden bestimmte Stationen eingerichtet, wobei bei einigen deren Bearbeitung wieder obligat sein kann. Weitere Möglichkeiten einer Einflussnahme auf den Konstruktionsvorgang, aber auch zu dessen Einschränkung, bietet die Festlegung einer bestimmten Reihenfolge, in der die Stationen bearbeitet werden müssen.

Unter einem konstruktivistischen Gesichtspunkt stellen derartige Spezifizierungen natürlich zunächst Restringierungen des freien Konstruktionsgebahrens der Lernenden dar. Der Anspruch einer radikal konstruktivistisch ausgerichteten Didaktik an weitgehend freie Selbstbestimmung hinsichtlich des Lernvorganges, die entscheidend von der jeweiligen Interessenlage, der intrinsischen Konstruktionsmotivation des Individuums bestimmt ist, kann mit solchen Ablaufsvorgaben kollidieren.

Stationenlernen ist deshalb nicht unkonstruktivistisch, da je nach sich ergebendem Konstruktionsbedürfnis der Lernenden der Grad an Vorgabe respektive Lernfreiheit auch ad hoc eine Regulierung erfolgen kann. Es ist Entscheidungsfreiheit einer konstruktivistisch ausgerichteten Didaktik, welche Aspekte des Konstruktivismus jeweils in den Vordergrund gerückt werden. Schließlich kann sich in der Gestaltung der einzelnen Stationen ganz wesenlich eine konstruktivistische Haltung widerspiegeln, nicht zuletzt in der Multimedialität des Lernangebotes und der Flexibilität der Aufgabenstellungen.

Wochenplan

Eine Spezifizierung der jeweiligen Freiheitsgrade anderer Art wird im Wochenplan verwirklicht. Auch hier kann beträchtliche Variabilität in der Vorgabenbeschränkung der einzelnen Aufgaben bestehen. Beim Wochenplan liegt unter einer konstruktivistischen Perspektive der wesentliche Akzent auf der Selbstbestimmung betreffs Gestaltung und Tempo des Lernvorgangs selbst. Die dem Schüler überlassene, respektive übertragene Eigenverantwortlichkeit in der Erreichung festgelegter (oder - konstruktivistischer: verabredeter) Ziele entspricht der konstruktivistischen Unterstellung einer eigentätigen und dem Individuum obliegenden Konstruktion.

Auch hier bietet die individuelle Ausgestaltung des Wochenplans Möglichkeiten der Manifestierung einer konstruktivistischen Haltung, etwa bezüglich der Festlegung des Pflicht- und freiwilligen Teils des Wochenplans, nicht zuletzt aber auch in der Festsetzung von still-, dialogischen und gruppendiskursiven Teilen des Wochenplans.

Projektunterricht

Unter den auf Freiarbeit basierenden Unterrichtsformen bietet in der unterrichtlichen Praxis vielfach der Projektunterricht das weitaus größte Maß an Selbstbestimmung der Lernenden. Stellt die Lernwerkstatt noch die Bausteine zur Konstruktion bereit und nimmt noch vielfach die Akquirierung des erforderlichen Materials vorweg, so liegen beim Projektunterricht - zumal beim konsequent konstruktivistisch ausgerichteten - auch solche Verantwortlichkeiten auf Seiten der Schüler.

Von der thematischen Spezifizierung, die nicht mehr auf vorhandenes Material beschränkt ist, über die Bestimmung eines konstruktionsadäquaten Lernsettings bis hin zur variablen Festlegung des Vorgangs im einzelnen, übernehmen die Lernenden Verantwortung für ihren eigenen Konstruktionsvorgang. Dessen Konstruktionscharakter tritt auch durch die Zielorientierung des Projektunterrichts deutlich zu Tage. Mehr als beim Wochenplan wird hier Ergebnisorientierung in den Mittelpunkt gestellt. Projektunterricht heißt vielfach auch: Gemeinsam konstruieren, hier kann es verstärkt zum Aufbau intersubjektiver Welten kommen.

Dabei ist natürlich stets abzuwägen, inwieweit dabei den individuellen Konstruktionsbedürfnissen auf dem jeweiligen Themengebiet Genüge getan wird.

Unterrichtsgang

Im Hinblick auf die didaktischen Auslegungen des Konstruktivismus steht die Wahl eines geeigneten Settings im Mittelpunkt. Dieses hält die wesentlichen Bausteine in themengerechter Form bereit und regt durch seine ganze Beschaffenheit, durch die Konfrontation des Individuums mit verschiedenen themenspezifischen Gegebenheiten zu probaten Konstruktionsvorgängen an.

Die Organisationsform Unterrichtsgang betont die Settingadäquanz des Lernvorganges und nicht, wie die anderen bislang vorgestellten Unterrichtsformen, die Selbstständigkeit im Konstruktionsvorgang.

Gelenktes Unterrichtsgespräch

Bislang haben wir solche Unterrichtsformen mit konstruktivistischen Ansprüchen konfrontiert, die mehr oder weniger direkt reformpädagogischen Hintergrund hatten. Die letztlich frontalunterrichtliche Sozialform, die dem gelenkten Unterrichtsgespräch zu Grunde liegt, lässt dieses sicherlich nicht angemessen erscheinen, in einem Atemzuge mit klassischen reformpädagogischen Konzepten genannt zu werden.

Der Name "**Gelenktes** Unterrichtsgespräch" wirkt zudem einerseits antithetisch zur emanzipatorischen Schülerorientiertheit der Reformpädagogik (↑) und anderseits nicht konform mit der Einstellung einer vom Lernenden eigengesetzlich erfolgenden Konstruierung von Welten. Warum dennoch auch das gelenkte Unterrichtsgespräch auf konstruktivistische Prägbarkeit und allgemeine Geeignetheit untersucht werden soll, ergibt sich in erster Linie aus der Tatsache, dass sie auch heute noch die bei weitem am häufigsten applizierte Unterrichtsform in der Schule ist.

Sogar in Schulen mit reformpädagogischer Tradition und bei bewusstem Bemühen um Schülereinbindung wird das vom Lehrer gelenkte Unterrichtsgespräch, mit all seinen Variationen, einen wesentlichen, wenn nicht den überragenden Platz einnehmen.

Dies hat nicht nur damit zu tun, dass oftmals der extendierte Einsatz freierer Unterrichtsformen an mangelnder Praktikabilität scheitert (vielfach erfordern sie in ganz erheblichem Maße Engagement und Zeitaufwand seitens des Lehrers und bedeuten gesteigerten Materialaufwand); ein gelenktes Unterrichtsgespräch stellt sich angesichts der jeweiligen Anforderungen an den Unterricht oftmals als die Unterrichtsmethode der Wahl dar.

Da sich Konstruktivismus in der Didaktik in einer Haltung widerspiegelt, die sich in vielen kleinen Situationen und Entscheidungen manifestiert und da eine konstruktivistisch orientierte Didaktik - will sie konsequent sein - sich nicht auf ihr genehme Unterrichtsformen beschränken kann, lohnt es also, Möglichkeiten aufzuspüren für konstruktivistische Didaktik auch im Rahmen eines gelenkten Unterrichtsgesprächs.

- Die Lenkung des Lehrers kann eine Hinführung sein, zu einer neuen Perspektive, zum kritischen Hinterfragen der von Seiten der Schüler eingenommenen Positionen.

- Dies kann einhergehen mit dem Aufwerfen von Problemstellungen, die einen kognitiven oder affektiven Konflikt beinhalten. Auch in der Gruppe, bewusst von außen angestoßen kann es zu Neukonstruktionen bei Schülern kommen.

- Gerade in der Situation des Frontalunterrichts kann das Bewusstsein, dass trotz der gerichteten und einheitlichen Lernsituation jeder Schüler eigenständig und mithin anders konstruiert, sehr wichtig sein.

- Die Lenkung muss nicht auf ein bereits bestehendes, vom Lehrer vorgegebenes Konstrukt hinauslaufen. Lenkung kann auch sensibles Wahrnehmen der Konstruktionsbedürfnisse sowie Vorlieben der Schüler beinhalten, sie kann ebenfalls Lenkung zu neuer Konstruktion bedeuten.

- Schließlich bedeutet Lenkung eines Unterrichts nicht Ausklammerung von praxiologischen Aspekten, von inhaltlicher und methodischer Transparentmachung, von der Wahl eines angemessenen Lernsettings und sicherlich nicht von kommunikativ-kollektiver Konstruktion.

Konstruktivistische Einstellung in gelenkten Unterrichtsgesprächen

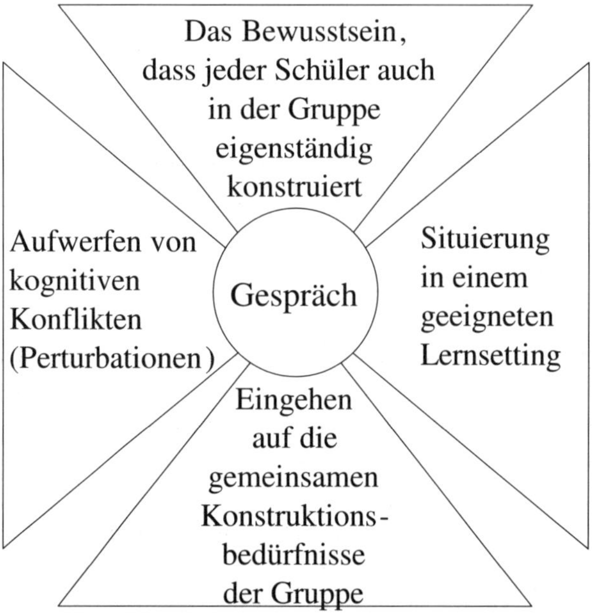

Auch wenn das gelenkte Unterrichtsgespräch nicht zu den klassischen Unterrichtsformen zählt, die sich für eine konstruktivistisch orientierte Didaktik anbieten, kann sich eine konstruktivistische Haltung durchaus in der Führung eines gelenkten Unterrichtsgesprächs wiederfinden.

KONSTRUKTIVISTISCHE DIDAKTIK - WAS MUSS DER LEHRER KÖNNEN UND LEISTEN?

„Für die Katz
Wenn der Hufschmied den Gaul beschlägt,
wenn sich der Truthahn im Traum bewegt,
wenn die Mutter das Essen aufträgt,
wenn der Großvater Brennholz sägt,
wenn der Wind um die Ecke fegt,
wenn sich im Schober das Liebespaar regt,
wenn das Fräulein die Wäsche legt-
stets meint die Katze, man wollt mit ihr
spielen!

Wie der Katze geht`s vielen.“

Erich Kästner

Von Seiten der Gegner einer konstruktivistischen Didaktik wird bisweilen das Argument vorgebracht, der Lehrer könne sich hier leicht aus seiner pädagogischen Verantwortung davonstehlen, mit dem Hinweis, dass der Lernvorgang schließlich im Wesentlichen der Konstruktion des Schülers obliege und im Ergebnis eine solche Didaktik relativ beliebig sei.

Wir haben bereits an mehreren Stellen darauf verwiesen, dass eine konstruktivistische Haltung recht anstrengend sein kann. Sie ist es bestimmt in der Didaktik. Mehr als das: Über das Engagement hinaus bringt sie einige weitere Anforderungen an den Lehrer mit sich.

Die Frage, von wem man überhaupt konstruktivistische Didaktik erwarten kann, ist nicht zuletzt auch eine Frage der Persönlichkeit des betreffenden Lehrers. Wir wollen hier der Frage nachgehen, inwieweit sich die Erfordernisse an einen Lehrer konkretisieren lassen, der eine konstruktivistische Perspektive von Unterricht umsetzen möchte. Es wird sich herausstellen, dass diese Erfordernisse weitreichend und anspruchsvoll sind.

Der konstruktivistische Lehrer muss Unsicherheit ertragen können.

Eine konstruktivistische Didaktik ist von einer dahinterstehenden Einstellung geprägt. Diese Einstellung bringt ein erhebliches Maß an Unsicherheit mit sich:

- **Unsicherheit hinsichtlich der eigenen Ansichten und Überzeugungen**:

Diese sind nicht mehr als eigene Konstruktionen und haben nichts mit "Wahrheit" zu tun. Diese Bescheidenheit hinsichtlich eigener Konstruktionen muss sich im Unterricht niederschlagen. Diese Unsicherheit setzt sich auch dann fort, wenn eine Konstruktion sich in bestimmten Situationen bewährt hat.

- **Unsicherheit gegenüber dem Ergebnis von Vermittlungsprozessen und allgemein Kommunikation:**

Als konstruktivistischer Lehrer können Sie nie sicher davon ausgehen, dass das beim anderen "angekommen" ist, was Sie ihm zu vermitteln beabsichtigten.

    - Sogar wenn die Kommunikation über den Lernstoff funktioniert und Sie auf keine Widersprüche stoßen,
    - sogar wenn bei den Leistungsüberprüfungen die Schüler das verlangte Sachverständnis zu demostrieren vermögen,
        - **Sie haben keine Möglichkeit, wirklich zu wissen, in welcher Weise ihre Schüler für sich konstruiert haben.**

Viele Lehrer finden gerade für den Unterricht eine solche Unsicherheit unerträglich. Sie wollen Gewissheit über ihre didaktischen Leistungen haben.

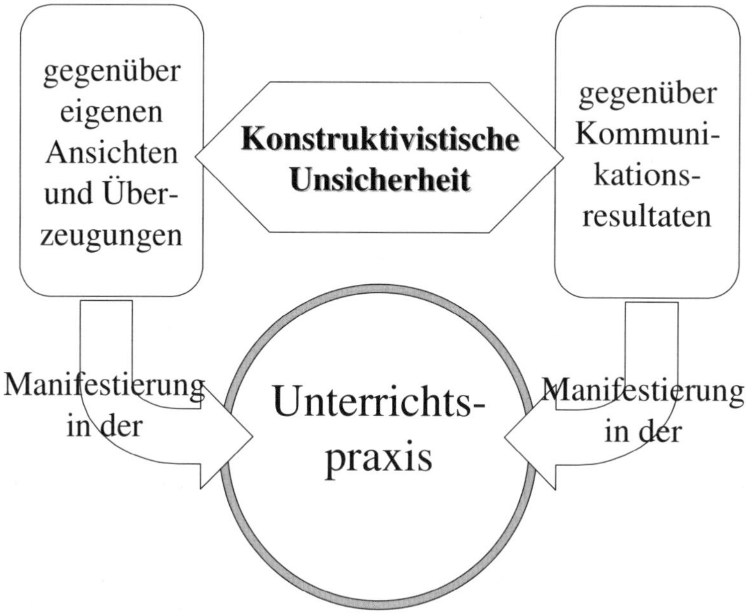

Wesentlichen Ausdruck findet eine konstruktivistisch orientierte Didaktik auch in einer gewissen "Unsicherheit" gegenüber seinen eigenen Überzeugungen die hinterfragt werden, und hinsichtlich von Kommunikation, deren Unwägbarkeit im Konstruktivismus betont wird.

Der konstruktivistische Lehrer muss häufige Umstrukturierungen und Neukonzeptionen ertragen können.

In vielen konventionellen didaktischen Konzeptionen ist Unterricht sehr genau planbar. Dies bezieht sich sowohl auf die Curriculumplanung als auf die Planung einzelner Unterrichtsreihen und -stunden. Eine solche Planbarkeit vermittelt Struktur, und diese gibt Sicherheit. Erstaunlich viele Menschen benötigen feste Strukturen zur Orientierung. Strukturen helfen über situative Unsicherheiten hinweg.

Eine konstruktivistische Didaktik bietet vielen Menschen nicht die festen Strukturen, die sie erwarten. Da hier weder hinsichtlich des Curriculums noch der Einzelstunden der Verlauf vorausgesagt werden kann, kommt es immer wieder zu Umstrukturierungen. Je nachdem wie der Unterricht verläuft und wie die Konstruktionsprozesse der Schüler vonstatten gehen, kann es erforderlich sein, Pläne und Konzepte zu ändern und erneut zu planen.

Konstruktivistische Didaktik erfordert ein hohes Maß an Planungsflexibilität und struktureller Schwingungsfähigkeit. Dies überfordert viele, die sich ihren eigenen Planungen unterordnen.

Das Erfordernis ständiger Neukonzeptionen, im Großen wie im Kleinen, ist anstrengend und es bedeutet nicht den Verzicht auf Planung. Es bedeutet aber eine andere Planung. Sie muss sich anpassen können, und sie muss weit genug sein für Variationen.

Der konstruktivistische Lehrer muss Widersprüchlichkeit und Unvereinbarkeit unaufgelöst stehen lassen können.

Intuitiv denken Menschen immer wieder empirizistisch (↑). Wir unterstellen die Existenz einer Wahrheit, und oft genug auch, dass wir dieser nahe seien. Kommt es in einer Diskussion, etwa in einem Unterrichtsgespräch, zur Konfrontation verschiedener Standpunkte, so wollen wir diese solange einander konfrontieren, bis sich der richtige, der "wahre" dieser Standpunkte als solcher herausstellt.

Auch in unserer Diskussionsführung neigen wir oft zu unbewusst unkonstruktivistischen Haltungen. Der Lehrer in einer konstruktivistischen Didaktik muss in seiner Haltung die Möglichkeit einander gegensätzlicher Konstruktionen der Schüler verinnerlicht haben.

Als Konstruktivist muss er diese Haltungen nebeneinander stehen lassen können. Verschiedene Schüler werden unterschiedliche Arten haben zu konstruieren, und in einem Unterrichtsgespräch, aber auch in ihrer Umwelt können diese Haltungen gleichermaßen zum Erfolg führen. Die scheinbare Widersprüchlichkeit, die die Schüler oder der Lehrer bei der Konfrontation empfinden, rührt von unserer Erwartung der einen Wahrheit.

Der Lehrer muss also im Stande sein, von einer solchen Wahrheitsidee auch in didaktischen Situationen abzusehen. Er muss im Stande sein, den Schülern zu vermitteln, dass verschiedene, auf den ersten Blick unvereinbare Standpunkte nebeneinander bestehen können.

Das Ertragen von Paradoxien rüttelt ebenfalls an einem intuitiven Bestreben nach Sicherheit. Hier kann der Lehrer zeigen, inwieweit er tatsächlich Konstruktivismus konsequent umzusetzen sowie einzusetzen bereit und im Stande ist.

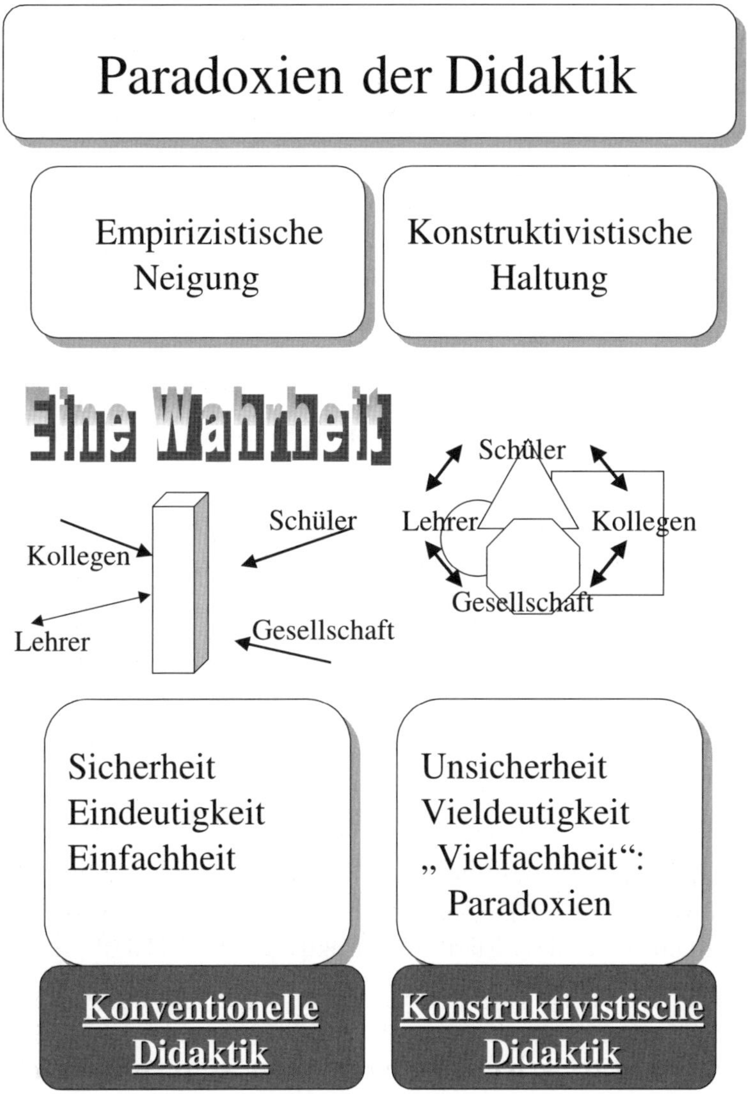

Die Umsetzung einer konstruktivistischen Didaktik bringt auf verschiedenen Gebieten Widersprüchlichkeit und Unsicherheit mit sich. Der Lehrer muss diese zu ertragen und gegebenenfalls didaktisch umzusetzen bereit sein.

Der konstruktivistische Lehrer muss mehrere Rollen einnehmen und zwischen diesen „*switchen*“ können.

Im Kapitel "*Konstruktivimus konkret: So setzen Sie Konstruktivimus im Unterricht um*" (S. 140) werden verschiedene Rollen für einen Lehrer dargestellt, wie sie sich aus einer konsequent verstandenen konstruktivistischen Didaktik ergeben. Die Rolle des Lehrers im Unterricht ist nicht mehr so eindeutig festgelegt wie in einigen konservativen didaktischen Entwürfen.

Das bringt ein weiteres Erfordernis für den konstruktivistisch orientierten Lehrer mit sich. Er muss zwischen diesen Rollen wechseln können. Und dies bringt einen weiteren Verlust an vertrauter Struktur und Sicherheit mit sich.

- Der Lehrer tritt als Coach auf: Er muss Situationen meistern können, die konkret durch unverhergesehene Konstruktionsrichtungen seiner Schüler entstanden sind.

- Er tritt als Begleiter von Lernprozessen auf, für die er ebenfalls Verantwortung trägt. Diese bereits im Rahmen von Reformpädagogik (↑)(Hugo Gaudig) prominente Idee des Lehrers als Begleiters der ihm Anvertrauten gewinnt vor dem Hintergrund einer konstruktivistischen Didaktik eine neue Bedeutung.

- Der Lehrer tritt als Gestalter der jeweiligen Lernumgebung auf. Er ist verantwortlich für die angemessene Entourage, innerhalb derer die Schüler in adäquater Weise konstruieren können.

Konstruktivistische Didaktik heißt also, sich bezüglich seiner Rolle zu den Schülern verändern zu können. Die jeweiligen Erfordernisse in einem solchen Rahmen variieren stark. Konstruktivistische Didaktik bezieht eben auch personelle Aspekte mit ein.

Der konstruktivistische Lehrer muss sich selbst stets neu entwerfen können.

Konstruktivistische Didaktik bezieht affektive und somit interpersonelle Aspekte deutlich mit ein. In welcher Rolle der Lehrer den Schülern entgegentritt, ist ebenso wenig zu vernachlässigen wie die Frage, wie der Lehrer seine Schüler sieht.

Auch die Selbstkonzeption eines Menschen ist eine Konstruktion. Sie hängt sowohl vom Konstruktionsgebahren des Betreffenden ab als auch von der Umwelt. Selbstentwürfe von Menschen sind nicht zuletzt Ergebnis von Kommunikation. Und das Bild des Schülers von sich selbst im Lernprozess wird nicht unwesentlich von der Kommunikation mit dem Lehrer beeinflusst.

- Nimmt der Lehrer den Schüler als Konstruktionspartner ernst?
- Kann der Lehrer sich an den richtigen Stellen auch zurücknehmen?
- Hinterfragt der Lehrer seine eigenen Haltungen kritisch und macht deren Konstruktionscharakter deutlich?

Konstruktivistische Didaktik ist nicht konsequent, wenn sie bei der Person des Lehrers und dessen Selbstentwurf aufhört.

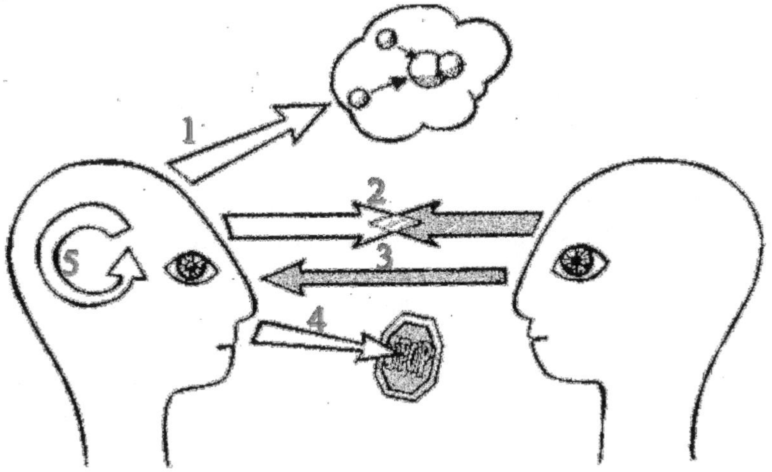

In der Kommunikation mit dem Schüler erlegt eine konstruktivische Einstellung dem Lehrer ein hohes Maß an Bewusstmachung des Kommunikationsprozesses auf: So sollte er sich stets fragen:

1: Macht der Lehrer den Konstruktionscharakter seiner eigenen Haltungen deutlich?
2: Nimmt der Lehrer den Schüler als Konstruktionspartner ernst?
3: Wie sieht der Schüler den Lehrer?
4: Kann der Lehrer sich an den richtigen Stellen zurücknehmen?
5: Hinterfragt der Lehrer seine eigenen Haltungen?

Der konstruktivistische Lehrer muss improvisieren können.

Durch ihre Unvorhersehbarkeit führt konstruktivistische Didaktik oftmals in Situationen, die nicht vorhersehbar und nicht planbar sind. Der Lehrer muss in besonderer Weise auf das "*Handling*" von solchen Situationen eingestellt sein.

Situationen, in denen improvisiert werden muss, tragen vielfach zu einer weiteren Verunsicherung bei. Als Konstruktivist lässt man bewusst solche Situationen zu. Auch wenn kein "*Skript*" zur Bewältigung der Situation vorhanden ist, sollte dies einen Lehrer, der Konstruktivismus konsequent verinnerlicht hat, nicht wirklich verunsichern.

Der konstruktivistische Lehrer muss mit der harschen Kritik seiner unkonstruktivistischen Umgebung leben können.

Je nach Ihrer Umgebung kann eine konstruktivistische Orientierung im Unterricht Ihnen viel Kritik und Unverständnis einbringen:

- Wenn Sie vielfach Methoden sowie Unterrichtsformen einsetzen, die sich für die Umsetzung konstruktivistischer Ideen besonders eignen, kann dies auf Unverständnis von methodisch konservativ ausgerichteten Didaktikern stoßen.

- Auf den ersten Blick könnten Ihre Unterrichtsplanung und Ihr Unterrichtsverlauf sich das polemische Urteil von Unstrukturiertheit einhandeln. Wenn Sie die oben dargestellten improvisierten Unterrichtssituationen bewusst zulassen, so könnte man Ihnen das als didaktischen Kontrollverlust auslegen.

- Wenn Sie sich als Konstruktivist "outen", so kann Ihnen das den Unwillen von Gegnern des Konstruktivismus selbst und von Gegnern einer konstruktivistischen Didaktik einhandeln. Wie schon vielfach betont wurde: Konstruktivismus ist vor allem in Hinblick auf seine didaktische Umsetzung heftig umstritten.

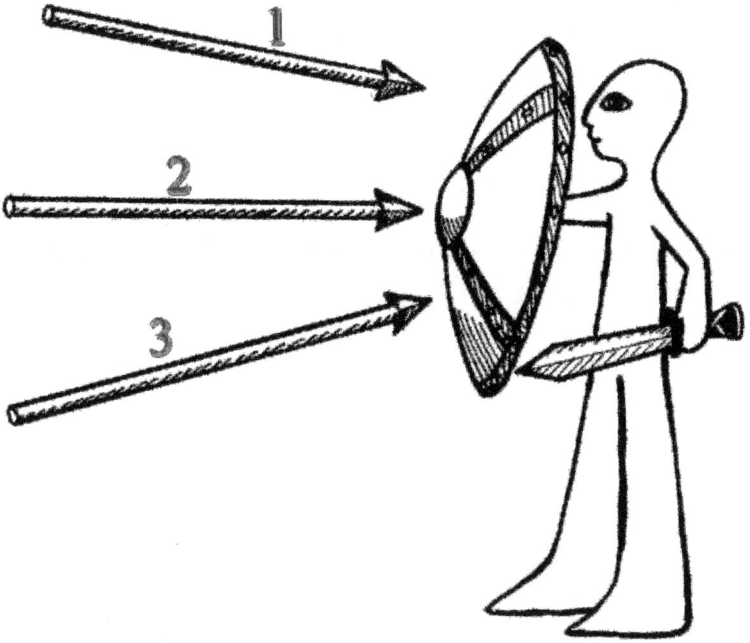

Wer Konstruktivismus in der pädagogischen Praxis umsetzt, kann unter Umständen in eine Verteidigungsposition kommen. Er muss sich auf verschiedenen Ebenen der Kritik seiner Umgebung stellen:

1: Methodischer Kritik
2: Struktureller Kritik
3: Erkenntnisphilosophischer Kritik

Eine gewisse Hartnäckigkeit und ein dickes Fell kommen einer konstruktivistischen Didaktik also durchaus zugute.

Der konstruktivistische Lehrer muss sich mit einem hohen Maß an Anstrengung und Engagement im Unterrichtsalltag anfreunden.

Die Umsetzung von Konstruktivismus im Unterricht erfordert auf verschiedenen Ebenen einen hohen Aufwand.

Das Bereiten einer angemessenen Lernumgebung bringt oft einen nicht unerheblichen zeitlichen und organisatorischen Arbeitsaufwand mit sich. Zudem müssen viele "*Settings*", etwa Lernwerkstätten, auch unterhalten und erneuert werden. Die Vorbereitung auf den Unterricht muss sehr breit erfolgen. Da der Verlauf nicht en detail geplant werden kann, muss die Vorbereitung auch verschiedene Richtungen einbeziehen und dem Lehrer Handlungsoptionen offen halten.

Im Unterricht selbst muss der Lehrer mit den Konstruktionsentwürfen von vielen Individuen jonglieren und sie konfrontieren können. Das Umdisponieren selbst und das stete Hinterfragen eigener Vorstellungen und Planungen erfordert mitunter einen erheblichen Kraftaufwand, vor allem für den darin Ungeübten.

Die Umsetzung einer konstruktivistisch orientierten Didaktik ist mit einem erheblichen Maß an Anstrengung auf verschiedenen Gebieten verbunden. Konstruktivistische Didaktik erfordert ein erhebliches Maß an Engagement.

Der konstruktivistische Lehrer wird auch außerhalb von didaktischen Situationen seine konstruktivistische Haltung nicht einfach abstreifen können.

- Wer im Unterricht als Konstruktivist auftritt,

- wer in der didaktischen Situation eine entsprechende Haltung einnimmt,

- wer also konstruktivistische Haltungen für sich angenommen hat,

  - **der kann nicht einfach von diesen absehen und den Rest des Tages als Empirizist durchs Leben schreiten.**

Die skeptische, zum steten Hinterfragen auffordernde Haltung des Konstruktivisten wird auch im Alltag fortdauern. Diese Konsequenz muss immerhin mit berücksichtigt werden. So sehr man auch davon profitiert, zunächst kann auch dieser Umstand Aufwand und Gewöhnungsarbeit bedeuten.

Fassen wir zusammen:

- Konstruktivistische Didaktik stellt einen längeren Prozess dar.
- Sie beinhaltet einen hohen Anspruch,
- an Zeit, Arbeit und Engagement.

Man muss sich für sie entscheiden, sie bewusst in sein didaktisches Repertoire aufnehmen, oder - noch weitergehend - sein Repertoire nach konstruktivistischen Gesichtspunkten ausrichten.

An konstruktivistische Didaktik muss man sich gewöhnen. Dies gilt auch für eine konstruktivistische Denkweise im Alltag.

Es kann einigen Aufwand kosten, bis man sich eine konstruktivistische Haltung konsequent für den Alltag erschlossen hat. Bedenken Sie, dass diese konstruktivistische Perspektive in Konkurrenz steht mit vielen Jahren nicht konstruktivistischen Denkens in der eigenen Biographie und mit jahrhundertelanger Kultur- und Wissenschaftsgeschichte, die deutlich nicht konstruktivistisch war.

DER UNKONSTRUKTIVISTISCHE SCHULALLTAG - ODER: WO KONSTRUKTIVISMUS AM HÄUFIGSTEN AUSGEBREMST WIRD

„Jeder Lehrer weiß, daß zahllose Kinder nicht in der Lage sind, auf die richtige Art zu sehen. Sie sind so sehr mit sich selbst beschäftigt, dass sie nichts und niemanden wirklich „sehen“. Solche Kinder sind nicht in der Lage, das Sichtbare richtig zu verarbeiten.“

Alfred Adler

Wenn Sachunterricht konstruktivistisch angegangen wird, so geschieht dies immer auch im normalen, alltäglichen Unterrichtskontext. Hiervon kann eine konstruktivistische Didaktik nicht absehen.

Es geht in diesem Buch nicht um die Schaffung einer konstruktivistischen Unterrichtsvision für die Zukunft, die erst an den bestehenden didaktischen Rahmenbedingungen rütteln muss, um überhaupt umgesetzt werden zu können,

sondern um das Aufzeigen einer konstruktivistischen Perspektive von (Sach-) Unterricht, die alltäglich unter den gegebenen Umständen zu realisieren ist.

Es geht auch nicht um die Ablösung bewährter, konventioneller Unterrichtsmethoden,

sondern um deren Ergänzung um eine weitere, attraktive Alternative.

- **Wo befinden sich die wesentlichen Hinderungsfaktoren für die Umsetzung von Konstruktivismus im Unterricht?**

- **Welche unterrichtlichen Organisationsformen sind im Einzelnen einer konstruktivistischen Perspektive von Unterricht im Wege?**

- **Welche alltäglichen Einstellungen bringen die meisten Schwierigkeiten bei der konkreten Umsetzung von Konstruktivismus mit sich?**

Sich diese Fragen zu beantworten ist wichtig. Man muss sich diesen Problemen dann stellen, wenn es um die konkrete Implementierung konstruktivistischer Ideen im Unterricht geht.

Zum einen kommt es darauf an, sich diese Hinderungsfaktoren bewusst zu machen, zum anderen kann eine Beantwortung dieser Fragen unter Umständen zu einer Änderung ungünstiger Rahmenbedingungen führen.

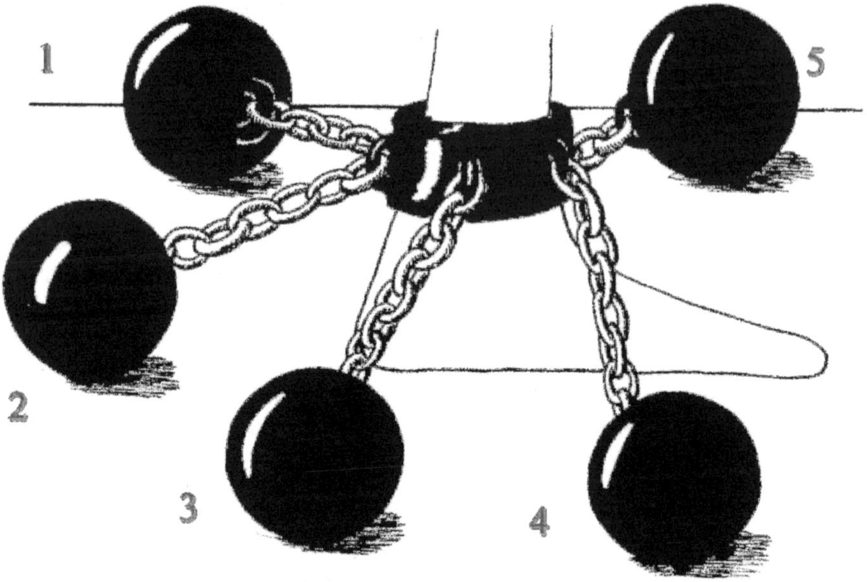

Die Umsetzung einer konstruktivistisch orientierten Didaktik im schulischen Alltag kann vielfach erschwert werden. Die "Fußfesseln", die dem Lehrer dabei am häufigsten angelegt werden, entstammen vor allem folgenden Bereichen:

1: Fächertrennung
2: Organisatorische Starrheit
3: Unangemessene Lehrerausbildung
4: Die "unkonstruktivistischen" Einstellungen in den betreffenden Fachwissenschaften
5: Mangelndes Engagement der Umgebung

Die Fächertrennung

Wenn man die verschiedenen Schulformen daraufhin abklopft, bei welcher am ehesten Unterrichtsformen praktiziert werden, die einer Umsetzung konstruktivistischer Didaktik zuträglich sind, so wird der Unterricht der Primarstufe, namentlich der Sachunterricht, am weitaus meisten von diesen Unterrichtsformen bereithalten. Es fällt auf, dass sich beim Übergang von der Primarstufe in die Sekundarstufe I ein deutlicher Wechsel im Einsatz der Unterrichtsformen abzeichnet.

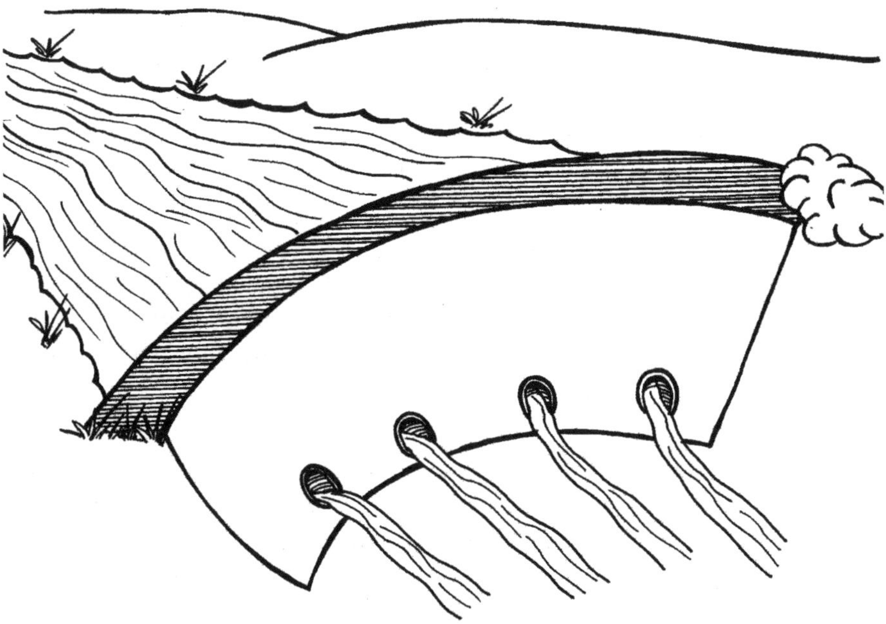

Der Übergang vom Sachunterricht der Grundschule in den Fachunterricht der weiterführenden Schulen der Sekundarstufe I stellt vielfach eine künstliche Aufsplitterung der thematischen Geschlossenheit des Sachunterrichts in viele Unterthemen dar, die durch den Fächerkanon der weiterführenden Schulen vorgegeben sind. Dies gleicht der Zergliederung eines großen Stromes in viele kleine Abflüsse, wie sie durch eine Staumauer erreicht wird.

Vieles in einer konstruktivistischen Didaktik spricht dafür, diese bei den Schülern einzusetzen,

- die bereits ein hohes Maß an Selbständigkeit aufzubringen im Stande sind,
- die bereits in der Lage sind, sich eigenständig untereinander zu organisieren,
- die intellektuell auch die Ideen von Konstruktivismus teilweise nachvollziehen können.

Dennoch findet sich derzeit der Unterricht mit der deutlichsten konstruktivistischen Ausprägung im Rahmen des Sachunterrichts in der Grundschule. Was fördert hier die didaktische Umsetzung von Konstruktivismus? Warum ist es gerade die Grundschule, die ihn zulässt? Und was ist es, das in der Sekundarstufe in ihrer jetzigen Organisationsform konstruktivistische Methodik schwer werden lässt?

- Im Sachunterricht der Grundschule werden **mehrere wissenschaftliche Disziplinen in einem Fach** behandelt. Die Themenvarianz und -flexibilität einer konstruktivistischen Unterrichtsführung erfordern eine fachliche Breite, um den Konstruktionstendenzen der Lernenden gerecht zu werden.

- Dadurch, dass auf diese Weise **größere Unterrichtsblöcke** entstehen und ein Lehrer ohne Absprache mit seinen Kollegen autonom Stunden umlegen und zu **thematischen Clustern** vereinigen kann, werden überhaupt erst eine Reihe methodischer Möglichkeiten eröffnet, die Konstruktivismus fördern können. Dies gilt etwa für Unterrichtsformen wie Lernwerkstatt, Exkursionen, Wochenplan und ähnliches.

- An Grundschulen wurden in der Vergangenheit mutiger als an anderen Schulformen moderne methodische Umstellungen vorgenommen. Es wurde - im guten Sinne - experimentiert. Unterrichtlicher Alltag, nicht zuletzt hinsichtlich der verwandten Methoden, ist immer auch Folge und Funktion der **pädagogischen Kultur** in einer Institution.

Die Bedeutung von Konstruktivismus im Sachunterricht

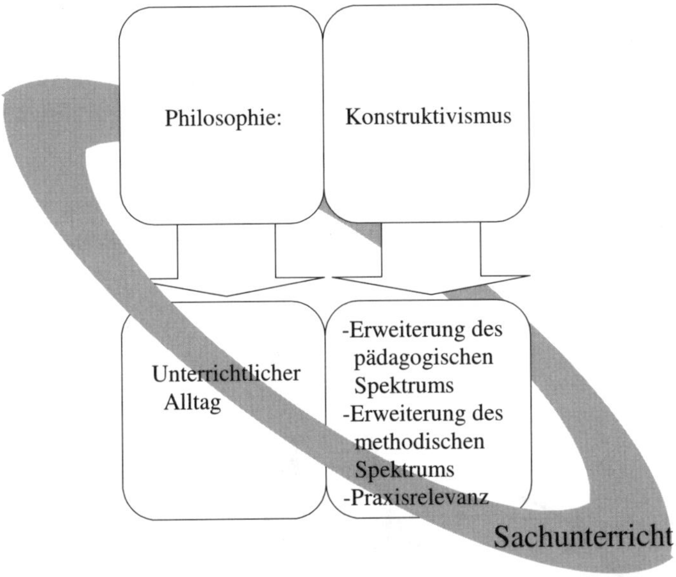

Wenn die Philosophie "Konstruktivismus" im unterrichtlichen Alltag relevant wird, so geht dies mit wesentlichen Konsequenzen für die pädagogische Praxis einher. Im Sachunterricht der Grundschulen wurden konstruktivistische Tendenzen bislang schneller und konsequenter als in anderen Schulformen didaktisch umgesetzt.

Wir können also ohne Weiteres die Fächerteilung an weiterführenden Schulen als einen Hinderungsfaktor für konstruktivistische Didaktik ausmachen.

- Der Unterricht eines Vormittags ist vielfach in **kleine Blöcke** aufgeteilt, denen feste, enge Sachthemen zugewiesen werden.

- Die **Reihenfolge der Stunden** ist zumeist Folge von stundenplanorganisatorischen Bedingtheiten. Den jeweiligen Konstruktionsbedürfnissen und Interessen der Lernenden trägt diese Organisationsform sicherlich nicht Rechnung.

- Die **Fächeraufteilung** ist eine willkürliche. Sie erwächst zum Teil aus organisatorischen, teilweise aus historischen Bedingtheiten. Sie spiegelt nicht zuletzt Starrheit und Grabenkämpfe innerhalb der einzelnen Fachwissenschaften wider.
- Dadurch werden viele **Themen** in einer Weise gebrochen und gespalten, die den Lernenden vielfach nicht nachvollziehbar sein kann. Schüler nehmen Themen, deren Abhängigkeiten und Grenzen in erster Linie so wahr, wie sie sich ihnen im Alltag präsentieren.
- Keinesfalls macht das themenbezogene Interesse der Schüler oder auch deren Konstruktionsneigung dort halt, wo **willkürliche currikuläre Fachgrenzen** diesem Streben Einhalt gebieten.
- Unter diesen Aspekten kann man sicherlich etwa die derzeitige **Einteilung der Naturwissenschaften** in Physik, Chemie, Biologie und Geographie (soweit es den naturwissenschaftlichen Aspekt von Geographie anbelangt) kritisch hinterfragen.

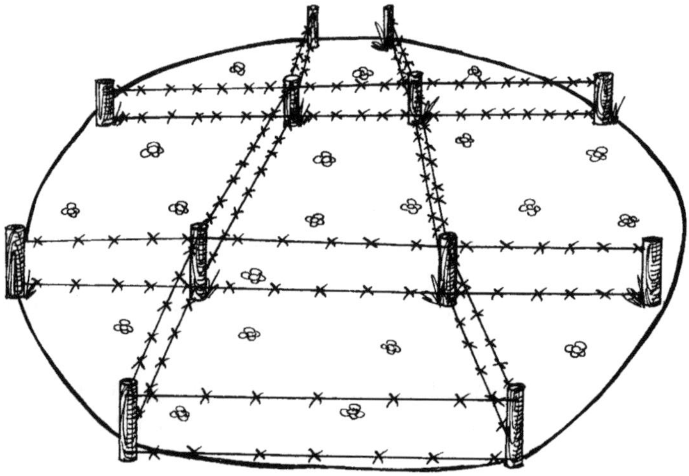

Im unterrichtlichen Alltag wird oftmals ein Thema künstlich in viele verschiedene Sektoren zergliedert, wie sie von den jeweiligen Einzelfächern vorgegeben sind. Ein Thema geschlossen konstruktivistisch abzugrasen ist auf diese Weise oftmals nicht möglich. Die Grenzen zwischen zwei Fächern im schulischen Fächerkanon sind teilweise so willkürlich gezogen wie der Stacheldraht, der eine Weide zerteilt.

In Hinblick auf den in Fächern organisierten Unterricht muss in allgemeiner Weise die Frage aufgeworfen werden:

Welche Rolle wird den einzelnen Fachwissenschaften und welche dem Thema beim Lernprozesse zugewiesen? Wer dient wem?

In einer konstruktivistischen Didaktik steht der Lernende im Mittelpunkt. **Er aber ist am Thema und nicht primär am Fach interessiert**.

Die Fragen des Lernenden ergeben sich aus der Themenstellung, und der Lernende bedient sich einzelner ihm geeignet erscheinender Elemente einer Fachwissenschaft. Aber letztlich geschieht dies mit dem Ziel, die aus dem Thema entstehenden Fragen für sich befriedigend beantworten zu können.

Eine Umkehrung dieser Hierarchie erfolgt vielfach im Fachunterricht: Der Meister ist hier das Fach, und ihm dient das Thema als Beispiel für eine Anwendung der Fachwissenschaft. Unterrichtsziel ist, den Lernenden an das Fach heranzuführen, ihn die Regeln und Gesetze des Faches übernehmen zu lassen.

Eine solche Didaktik steht vielfach im Gegensatz zum individuellen Konstruktionsinteresse des Schülers, dem nach wie vor an einer Lösung der thematischen Fragen gelegen ist und der nicht mit dem Anspruch in den Lernprozess eintrat, ein Schulfach beherrschen zu wollen.

Die Starrheit in der Unterrichtsorganisation

Konstruktivistische Ausrichtung in der Didaktik kann nicht von der Lernumgebung absehen. Aber auch andere Organisationsparameter, wie etwa die Zeit, die zur Beschäftigung mit einem Thema zur Verfügung steht, oder die Medien, die genutzt werden können, sind wesentlich für die Umsetzung einer konstruktivistischen Perspektive von Unterricht.

Vielfach sind die organisatorischen Rahmenbedingungen in der Institution Schule starr. Sie sind oft für Konstruktivismus mit seinen starken Ausschlägen und seinem hohen Erfordernis an schneller Anpassung zu rigide.

- Das Umlegen von Stunden gestaltet sich vielfach sehr kompliziert, auch wenn es sich nach thematischen Aspekten unmittelbar anbietet.

- Vielfach können nicht schnell oder gar nicht die für eine Behandlung optimalen Medien (Internet, Bibliothek, etc.) zur Verfügung gestellt werden.

- Exkursionen sind oft nur schwer zu organisieren, zumal, wenn sie sich spontan im Rahmen einer thematischen Behandlung ergeben (finanzielle Beschränkungen, Genehmigungsschwierigkeiten, Transportmittel, etc.)

- Auch mit Bezug auf Raumverteilungen oder -umlegungen und der Anschaffung von Equipment für die Räume bestehen oft organisatorische Trägheit und Starrheit.

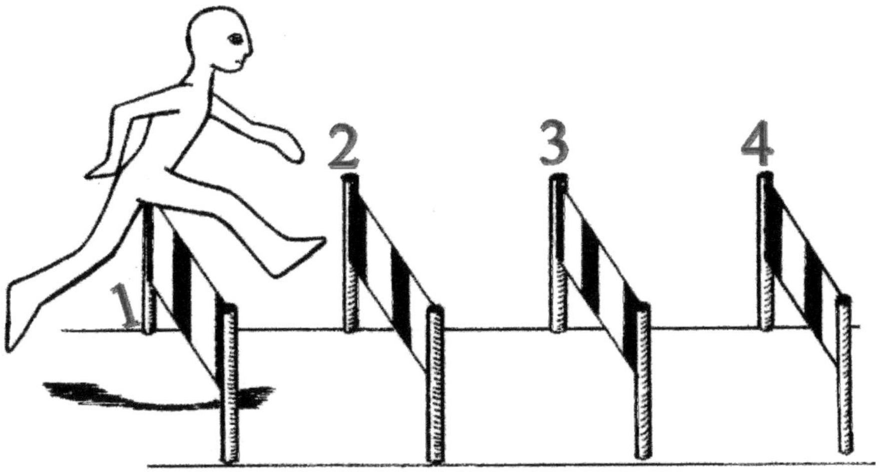

Wer heute in der alltäglichen Unterrichtspraxis Konstruktivismus umsetzen möchte, muss dabei oft erhebliche Hürden überwinden:

1: Stundenplantechnische Bedingtheiten erschweren das Umsetzen einer konstruktivistisch orientierten Didaktik mit den entsprechenden angemessenen Unterrichtsformen.
2: Medienverfügbarkeit, die unter dem Anspruch von mehrperspektivischem Lernen eine wesentliche Rolle spielt, ist oftmals nur unzureichend gewährleistet.
3: Die Organisation und Genehmigung von Exkursionen und Unterrichtsgängen gestaltet sich oft als lästige Hürde im konstruktivistischen Unterrichtsverlauf.
4: Auch ein so trivial erscheinender organisatorischer Parameter wie die Raumverteilung, kann einer Umsetzung konstruktivistischer Orientierung in der Didaktik im Wege stehen, verlangt diese doch auch nicht selten eine gewisse Flexibilität.

Inwieweit sich diese Punkte als Hürden erweisen, hängt nicht zuletzt von der jeweiligen Schulform und der konkreten kollegialen Einbindung des betreffenden Lehrers ab.

Die Ausbildung der Lehrer

Die Fächertrennung in der Sekundarstufe beeinflusst wesentlich die Ausbildung der Lehrer an den Universitäten und in den Seminaren. Normalerweise werden Lehrer für ihre Fächer (meistens zwei) ausgebildet, und vielfach sind diese beiden Fächer thematisch nicht verwandt.

Es nimmt daher auch nicht wunder, wenn bei der Behandlung eines Faches die Interessen der Lernenden, in einem konstruktivistisch orientierten Unterricht, bald die Grenzen des Fachwissens des Lehrers überschreiten.

Dies hat weniger mit der Tiefe der Fachkenntnisse als mit deren Breite zu tun.

Ein Beispiel:

Die Behandlung des Themas "*Wasser*" etwa kann leicht Interesse an allen möglichen Aspekten des Themas wecken. Wenn nun der unterrichtende Lehrer z.B. Chemiker ist, ist ihm wahrscheinlich im Laufe seiner Ausbildung die thematische Grenze des Faches Chemie immer wieder vor Augen geführt worden. Wenn nun noch sein zweites Fach Sozialwissenschaften ist, so bringt ihn ein thematischer Exkurs zu biologischen Fragestellungen, wie er sich den Schülern unter Umständen schnell aufdrängt, gegebenenfalls schnell ans Ende seines Improvisationsgeschicks.

Man kann von diesem Lehrer auch nicht erwarten, dass er die Schüler zum Weiterkonstruieren auf den biologischen Sektor des Themas Wasser einlädt.

- Zum einen wird er sich nicht selbst in eine didaktische Bredouille bringen.

- zum anderen hat er die thematischen Grenzen im Laufe seiner Ausbildung internalisiert. Er sieht unter Umständen die biologischen Aspekte als "nicht mehr dem Thema zugehörig".

Eine Ausbildung, die von den Möglichkeiten des betreffenden Lehrers eine konstruktivistische Didaktik optimal vorbereitet, muss also zum einen die themenbezogenen Interessen von Lernenden berücksichtigen und zum anderen dazu befähigen, auch auf fachverwandten Gebieten Kompetenz zu erlangen.

Fächerverbindende sowie fächerübergreifende Aspekte sind im Kanon der Lehrerausbildung unter diesem Blickwinkel erneut zu würdigen.

Es ist interessant, die Lehrerausbildungen für die Primarstufe und die Sekundarstufe unter diesem Aspekt zu vergleichen. Die Sachkundeausbildung eines Grundschullehrers, der sich für diese Richtung entschieden hat, umfasst in der Tat gleich mehrere Fächer, wie sie im Rahmen der Ausbildung für die Sekundarstufe I angeboten werden.

Damit soll nichts über die Qualität der Ausbildung im Einzelnen oder den Tiefgang der Behandlung der einzelnen Themen gesagt sein. Fächergrenzen, wie sie den Schülern ab Klasse 5 (in den meisten Bundesländern) vorgeführt werden, werden jedenfalls dem Grundschullehrer in der Ausbildung nicht nahegelegt.

Hier könnte man sich allenfalls fragen, wie gut ein Lehrer auf naturwissenschaftlichem Feld konstruktivistische Didaktik umsetzen kann, wenn er sich im Studium auf Geisteswissenschaften kapriziert hat.

Die Denkweise in den zu vermittelnden Wissenschaften

Der Lehrer als Wissensvermittler tritt den Schülern gegenüber immer auch als Vertreter seines Faches auf. Für sie verkörpert er dieses Fach und er wirbt auch um ihr Interesse dafür.

Eine konstruktivistische Perspektive von Unterricht fällt umso schwerer, je weniger die Fachwissenschaft eine solche Perspektive teilt und je weniger konstruktivistische Ansätze in der entsprechenden Wissenschaft verwurzelt sind.

- Viele Wissenschaften sind von ihrer ganzen Anlage her **empirizistisch** (↑). Sie sind letzlich noch immer auf Wahrheitssuche und verkünden stolz in regelmäßigen Abständen, dass sie nun endlich letzte Beweise für ihre Annahmen erbracht hätten.

- Darüber hinaus haben Wissenschaften als Motiv das Entdecken oder **Annähern an eine empirische Wahrheit**. Es muss nicht verwundern, dass in vielen Fächern die Lehrer Schwierigkeiten haben, einen Alltagsbezug ihrer Fächer (die in der Fachwissenschaft nach akademischen Zielvorstellungen betrieben werden) aufzuweisen. Das bringt sie aus konstruktivistischer Perspektive in einen Begründungsnotstand gegenüber den Schülern.

Legitimierung von Wissenschaft

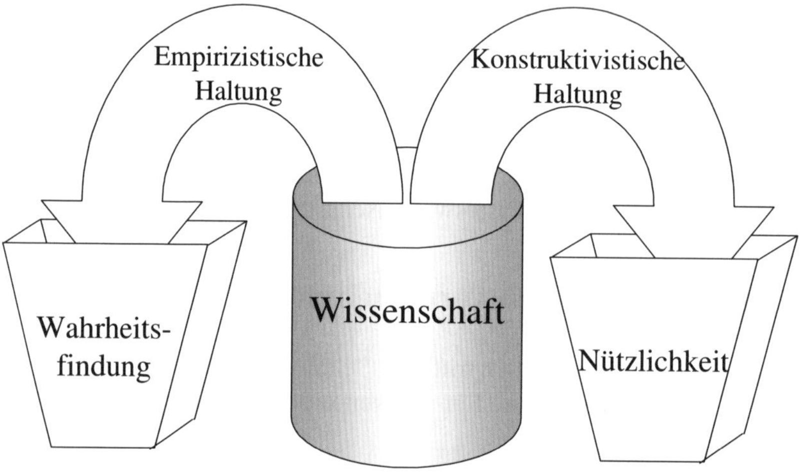

Hinsichtlich der Legitimierung von Wissenschaft und von deren Zielsetzung stehen sich eine konstruktivistische und eine empirizistische Haltung konträr gegenüber: Während diese letztlich Wahrheitsfindung anstrebt, ist für jene Nützlichkeit in einem weiteren Sinne (Vergleichen Sie "Viabilität" (↑)) letztlich die Legitimierung von wissenschaftlicher Erkenntnis.

Für die Fächer, wie sie in der Sekundarstufe benannt werden, fällt in diesem Zusammenhang auf, dass es sich vielfach um solche Fächer handelt, in denen der Anteil an Grundlagenforschung an den Universitäten besonders hoch ist. Dies gilt vor allem für die Naturwissenschaften. Wer sich an der Universität in Biologie, Chemie oder Physik als Fachwissenschaftler spezialisiert, wird in erster Linie naturwissenschaftliche Grundlagen untersuchen, die oftmals erst viel später einer konkreten Anwendung zugeführt werden.

Man muss sich fragen, inwieweit diese Wissenschaften in ihrem Selbstbild konstruktivistische Züge aufweisen. Die Aspekte der Biologie, die für viele namhafte Konstruktivisten Ausgang ihrer Philosophie waren, sind bezeichnenderweise vor allem Neurobiologie und Anthropologie.

Lebensnahe Themen der Schüler, wie etwa medizinische oder psychologische, werden teilweise marginal im konventionellen Fächerkanon behandelt. Dabei ist von ihrer Anlage her die Medizin eine Wissenschaft, die unausgesprochen schon lange konstruktivistische Tendenzen zeigt.

Vielfach sind die genauen physiologischen Hintergründe einer erfolgreichen Behandlungsmethode nicht bekannt. Dieses "Wahrheitsmanko" ist für den Mediziner normal.

Und schließlich zeugt das Motto "*Wer heilt, hat Recht*" von einer zutiefst

konstruktivistischen Haltung.

Vielfach begreifen sich die Fachwissenschaften als "entdeckende Wissenschaften" und stellen sich auch als solche dar: Sie spüren eine vorhandene (empirische) Welt mit immer feineren Methoden auf und entlocken ihr Geheimnisse.

Konstruktivistischer (naturwissenschaftlicher) Unterricht stellt dem das Bild einer "erfindenden" Wissenschaft gegenüber, die ihre Kreativität nutzt zum Entwickeln neuer Konstruktionen, die der "Erklärung" und Nutzbarmachung von (Natur-)phänomenen dienen.

Mangelndes Engagement

Dass eine konstruktivistische Didaktik aufwendig ist, fällt bald auf. Dieser Mehraufwand bezieht sich auf

- die Gestaltung der Lernumgebung (Aufbau und Unterhalt von Lernwerkstätten, Organisation von Exkursionen, Zugänglichkeit zu Medien, etc.),

- die Vorbereitung von Unterrichtsstunden, die auf Grund der verschiedenen Möglichkeiten innerhalb des Konstruktionsinteresses breiter ausfallen muss,

- die Durchführung der Unterrichtsstunden selbst, die ein höheres Maß an Improvisation und Planungsänderung erfordert.

Im Schulalltag ist dieser Mehraufwand oftmals ein Hinderungsgrund für eine konstruktivistische Didaktik.

Vielfach erfordert die Umsetzung einer konstruktivistischen Didaktik die Einbeziehung von Kollegen, sei es aus organisatorischen Gründen, sei es, um in anderen Unterrichtsstunden durch Kollegen ein Thema wieder aufgreifen zu können.

KONSTRUKTIVISMUS UND BIOLOGIE

"Der Mensch ist das einzige Geschöpf, dem es erlaubt ist zu scheitern. Wenn eine Ameise scheitert, ist sie tot."

Madeleine L´engle (in: Mihaly Csikszentmihalyi: *Kreativität*, Seite 366)

Von den einzelnen Fächern steht die Biologie in einem besonders engen Verhältnis zum Konstruktivismus. Dies hat verschiedene Gründe, und es lohnt sich, den Gründen für dieses Verhältnis einmal nachzugehen: Zum einen macht es einige wesentliche Charakteristika des Konstruktivismus deutlich, zum anderen birgt es entscheidende Konsequenzen für die Didaktik des Sachunterrichts und des Biologieunterrichts.

Konstruktivismus und Biologie - eine historische Verbindung

Die Entwicklung des Konstruktivismus ist an die Biologie oder - allgemeiner gesagt - die Entwicklung von biologisch relevanten wissenschaftlichen Disziplinen gekoppelt. Als erkenntnistheoretische Richtung kommt der Konstruktivismus zwangsläufig immer wieder mit der Biologie in Berührung.

Doch waren es besonders führende Vertreter des Konstruktivismus sowie dessen Wegbereiter, die durch ihre wissenschaftliche Ausrichtung dem Konstruktivismus eine stark biologische Perspektive vermittelt haben. Vergleichen Sie in diesem Zusammenhang auch die „Wissenschaftliche ´Herkunft` der Konstruktivisten: Eine Kurzübersicht“ am Ende des Sachregisters in diesem Buch.

Neurobiologie: Eine der Wurzeln des Konstruktivismus

Der chilenische Neurobiologe Maturana wird vielfach als ein Vater des Konstruktivismus gesehen. Indem er die neurobiologischen Bedingtheiten der

Erkenntnis charakterisierte und auf deren Bedeutung hinwies, schuf er wesentiche Grundlagen für eine wissenschaftliche Ausrichtung von Konstruktivismus. Die von ihm vertretene Ablehnung einer ontischen (↑) Erkenntnis, die gleichzeitig die Ablehnung einer empirizistischen (↑) Auffassung bedeutet, ist erst durch den neurobiologischen Ansatz (natur)wissenschaflich fundiert und hatte wesentlichen Einfluss auch auf andere Konstruktivisten. Von daher ist nachzuvollziehen, inwiefern Konstruktivismus gerade auch über die Neurobiologie einen engen Zusammenhang mit der Biologie aufweist.

Evolutionsbiologie: Eine auffallende Parallele mit dem Konstruktivismus

Von Seiten der Erkenntnistheorie wurde immer schon leicht ein Bezug zur Evolutionsbiologie hergestellt. Dies gilt auch für Theorien, die außerhalb des Konstruktivismus liegen. Popper (↑) etwa, dessen Position ja gewiss nicht konstruktivistisch zu nennen ist, nennt seinen Ansatz „*Evolutionäre Erkenntnistheorie*" (↑), wodurch er eine Analogie von wissenschaftlichem Erkenntnisfortschritt zur biologischen Entwicklung andeuten möchte, wie sie in der Evolutionsbiologie angenommen wird.

Auch der Konstruktivismus neigt zu diesem Vergleich: Zahlreiche Konstruktivisten machen auf die Rolle der menschlichen Erkenntnis im Zusammenhang mit der Evolution aufmerksam, auf seine Rolle beim „Überleben", im allgemeinen und in einem evolutionsbiologischen Sinne.

Bei Piaget (↑) konkretisiert sich diese Auffassung in seinem Begriff der Adaptation (↑), der Anpassung des Individuums an seine Umwelt, die mit Hilfe kognitiver Strategien erreicht wird. Diese Anpassung entspricht auf verschiedenen Ebenen der biologischen Anpassung des Menschen in einem evolutionsbiologischen Sinne.

Piaget: Äquilibrierung des Menschen

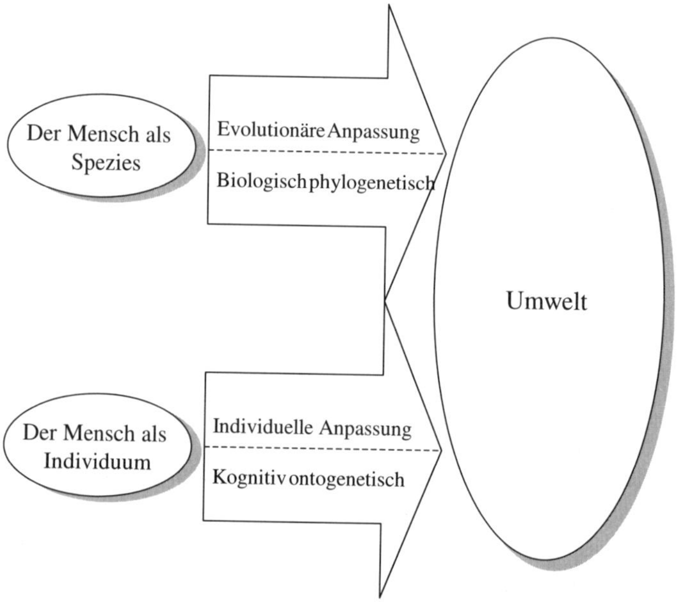

Die Anpassung des Individuums (ontogenetische Anpassung) an die Umwelt erfolgt nach Piaget nicht zuletzt auch durch kognitive Strategien, diese werden an Hand ihrer Umwelttauglichkeit gemessen. Dies weist Gemeinsamkeiten mit der Anpassung der gesamten Spezies Mensch an die Umwelt im Rahmen von Evolution auf. Diese Auffassung Piagets hat allerdings wenig mit Darwinismus zu tun: Auf individueller Ebene kommt es bei schlechter Anpassung nicht zur Selektion im Sinne einer Auslöschung des Individuums, dieses bemüht sich erneut um geeignete (kognitive) Anpassungsstrategien.

Der namhafte Konstruktivist von Glasersfeld (↑), der sich erst vergleichsweise spät der Biologie als Wissenschaft zugewandt hat, greift diese evolutionäre Parallele von Konstruktivismus auf. Der bei ihm zentrale Begriff der Viabilität (↑) wird von von Glasersfeld eng mit evolutionsbiologischer Begrifflichkeit verglichen.

Entwicklungsbiologie

Die Entwicklungsbiologie ist insofern für den Konstruktivisten interessant, als es bei ihr um die Entwicklung des Menschen im Zusammenhang mit kognitiver Entwicklung geht. Die von Piaget untersuchten Zusammenhänge vom Entwicklungsstadium des heranwachsenden Menschen mit seiner Lernfähigkeit und möglichen kognitiven Prozessen ist insofern auch im weiteren Sinne ein entwicklungsbiologischer Ansatz.

Ganz allgemein ist für den Konstruktivismus die biologische Abhängigkeit von Erkenntnisprozessen ein besonderes Anliegen, dies hat neben der neurobiologischen auch eine starke entwicklungsbiologische Komponente.

Vor allem kommt dieser Aspekt dann zum Tragen, wenn es darum geht, konstruktivistische Ansätze auf didaktische Praxis zu übertragen. Didaktik kann nicht von Entwicklungsaspekten absehen, zumal dann nicht, wenn es dabei um eine Einbeziehung individueller Lernbedingungen in die Didaktik gehen soll.

Konstruktivismus und Biologieunterricht - eine vielversprechende Liaison

Die Verbindung von Biologie und Konstruktivismus ist nicht nur aus historischen Gründen und durch die ausgesprochene biologische Orientiertheit bedeutender Konstruktivisten zu erklären. Auch und gerade in seiner didaktischen Anwendung stellt die Biologie für den Konstruktivismus ein dankbares Feld dar.

Im Kapitel "*Konstruktivismus - Vom erkenntnistheoretischen Ansatz zum didaktischen Design*" (Seite 5) wird dargelegt, inwiefern sich bestimmte Unterrichts- und Lernformen besser für eine konstruktivistisch orientierte Didaktik eignen als andere.

Dies gilt gewiss auch für die einzelnen Fächer. Auch wenn sicherlich für alle Fächer gilt, dass sie auf verschiedenste Weise didaktisch angegangen werden können, so eröffnen doch einige Fächer mehr Ansatzpunkte als andere, um bestimmte Einstellungen und methodische Entscheidungen umzusetzen. Dies gilt für die Biologie und eine konstruktivistische Didaktik: Sowohl durch die Thematik als auch die Methodik stellt die Biologie hier ein fruchtbares Gebiet dar.

Dies zeigt sich nicht zuletzt darin, dass das Fach Biologie traditionell bereits viele Elemente aufweist, die in Richtung einer konstruktivistischen Orientierung weisen. Die einzelnen Fächer haben im Laufe der Zeit eine gewisse Kultur entwickelt, die mehr oder weniger fest in der Fachdidaktik verwurzelt ist. Es ist auch aus diesem Grunde leichter als in anderen Fächern, in der Biologie an diese "Tradition" anknüpfend konstruktivistische Elemente didaktisch umzusetzen.

Der Einfluss einer solchen didaktischen Kultur ist nicht zu unterschätzen. Er ist bei den einzelnen Unterrichtsfächern in ähnlicher Weise spürbar wie bei den Schulformen: Auch hier bewirkt eine besondere methodisch-pädagogische Kultur eine Sonderstellung der Grundschulen.

Erfahrungsorientiertheit des Biologieunterrichts

Teil dieser "konstruktivistischen" Tradition im Biologieunterricht ist seine ausgeprägte Orientierung an den Erfahrungen der Schüler. Viel mehr als in den meisten anderen Fächern stellen Beobachtungen und Experimente einen wesentlichen Bestandteil der Biologiedidaktik dar.

Erfahrungsorientiertheit ist kennzeichnend für eine konstruktivistische Orientierung in der Didaktik. Sie ist es vor allem dann, wenn diese Erfahrungen lebensweltlichen- und Alltagsbezug aufweisen.

Biologieunterricht, dessen Themen und zugleich Anschauungs- und experimentelle Objekte Phänomene des Lebenswelt sind, kann sich jederzeit dem konstruktivistischen Anspruch nach Transparenz und Begründung stellen. Der Schüler vollzieht die im Unterricht aufgeworfenen Fragestellungen unmittelbar nach oder ist selbst bereits damit beschäftigt.

Exkurs: Ein Vergleich mit der Chemie

In diesem Zusammenhang ist ein kurzer Vergleich mit der Fachdidaktik eines anderen Faches recht interessant, die ebenfalls durch eine starke experimentelle Ausrichtung gekennzeichnet ist: Die Fachdidaktik der Chemie. Handlungsorientierung und Einbeziehung unmittelbarer sinnlicher Erfahrungen stehen hier sicherlich genauso im Mittelpunkt wie in der Biologie, und insofern bietet sich auch der Chemieunterricht für die Umsetzung einer konstruktivistisch orientierten Didaktik an.

Entscheidender Unterschied zur experimentellen Praxis des Biologieunterrichts ist jedoch der Alltags- und Lebensweltbezug. Auch wenn Alltagsorientierung mittlerweile mehr und mehr von Fachdidaktikern der Chemie eingefordert wird, so weisen die im Chemieunterricht durchgeführten Experimente doch oft einen starken "***Kunstcharakter***" auf:

- Als Stoffe werden vielfach **Chemikalien** eingesetzt, die den Schülern aus dem Alltag nicht bekannt sind.

- Das **experimentelle Design** ist oftmals so gestaltet, dass die Schüler keineswegs von sich aus die Strukturierung durchschauen können. Es wird vorgegeben. Allenfalls im Nachhinein können die Schüler die "*Berechtigung*" einer solchen Anordnung "*einsehen*".

  Im Verlaufe des Unterrichts jedoch begibt sich der Lehrer in einen Begründungsnotstand, ein konsequentes Ausrichten am Schülerinteresse und deren jeweiligen momentanen Neigungen ist hier viel schlechter möglich.

- Die **Fragestellungen** des Chemieunterrichts haben oft wenig bis nichts zu tun mit denen der Schüler. "*Aus welchen chemischen Elementen besteht Ethanol*?", oder: "*Wieviele Neutronen und Protonen hat ein Atom des Elementes Jod*?" sind Fragen, die meist nicht der alltagsbezogenen Neugier der Schüler entstammen.

  Sie zu stellen setzt bereits chemisches Fachwissen voraus, und in dem Alter, in dem Schüler mit diesen Fragen im Chemieunterrricht konfrontiert werden, verfügen sie noch nicht über genügend Übersicht über das Fachwissen, um zu erkennen, dass die Beantwortung solcher

Fragen irgendwann einmal zu interessanten weiteren Fragestellungen führen wird.

- Am Ende des Experiments werden aus den Beobachtungen vielfach "*Deutungen*" abgeleitet, die eindeutige Antworten auf die zuvor gestellten Fragen beinhalten. Schließlich sind die bis zum Ende der Sekundarstufe I gestellten Probleme in der Fachwissenschaft Chemie selbst "*eindeutig*" beantwortet.

  Es gibt im Chemieunterricht keinen Deutungsspielraum bei der Frage, aus welchen Elementen Ethanol besteht, und auch die Frage nach der Zahl der Neutronen und Protonen des Elementes Jod (die ohnedies nicht experimentell gelöst werden kann), wartet mit einer eindeutigen Antwort auf.

Diese Punkte sollen nicht als Kritik an der heutigen Form des Chemieunterrichts aufgefasst werden. Es müssen teilweise Experimente mit Stoffen und in Apparaturen durchgeführt werden, die keinen Lebensweltbezug für die Schüler aufweisen: Nur so können grundlegende Fragen der Chemie im Unterricht auf eine Weise behandelt werden, die den Schülern den Erkenntnisprozess und die naturwissenschaftliche Denkweise in der Chemie nachvollziehbar werden lässt.

Da viele Reaktionen mit Stoffen, die den Schülern aus dem Alltag bekannt sind, sehr kompliziert sind, haben viele "Chemikalien" eine berechtigte Stellung im Chemieunterricht. Der Vergleich mit dem Biologieunterricht soll allerdings zeigen, dass die beiden Fächer aufgrund fachspezifischer Inhalte und Methodiken in unterschiedlicher Weise angetan sind, eine konstruktivistisch orientierte Didaktik umzusetzen.

Ein Beispiel

In den siebten und achten Klassen der Sekundarstufe I steht meist Wasser auf dem Lehrplan der Chemie. Als Lernziel am Ende einer solchen Unterrichtsreihe wird dann vielfach formuliert: "Die Schüler sollen Wasser als Oxid des Wasserstoffs kennenlernen". Dieses Lernziel ist im Rahmen der chemischen Fachdidaktik sehr sinnvoll und sicherlich grundlegend. Doch ergibt es sich meist nicht aus dem, was gerade konkret das Schülerinteresse ist.

Es gibt ein klassisches Experiment, um den Schülern, basierend auf deren Vorkenntnissen, selbst das Vorliegen der Elemente Wasserstoff und Sauerstoff nachvollziehbar zu machen: Man leitet Wasserdampf über zum Glühen erhitztes Magnesiumpulver: Dabei entsteht Magnesiumoxid und Wasserstoffgas. Letzteres kann in Form einer Knallgasprobe nachgewiesen werden, und das entstandene weiße Pulver haben die Schüler meistens im Rahmen einer anderen Unterrichtsreihe als Magnesiumoxid zu erkennen gelernt.

Dieser Versuch stellt eindrucksvoll die Vorgehensweise im Chemieunterricht dar: Die Entstehung der beiden Reaktionsprodukte deutet plausibel auf die Elemente Wasserstoff und Sauerstoff im Wasserdampf hin, und die Schüler haben die Möglichkeit, ohne weitere Vorgaben selbst darauf zu kommen. Sie sind in die Lage versetzt, eigenständig und mit eventueller Hilfestellung des Lehrers die gemachten Beobachtungen vollständig einer Deutung zuzuführen.

Dieses Vorgehen ist insofern auch "*konstruktivistisch*", als konsequent für eine Transparenz des Erkenntnisprozesses gesorgt wird. Die Konstruktion "*Chemisches Weltbild*" wird durch solche Experimente den Schülern nachvollziehbar, "nachkonstruierbar" gemacht.

Dennoch beruhen diese Vorteile eines solchen methodischen Vorgehens auf dem "*künstlichen*" Charakter des Experiments: Dieses weist keinen Alltagsbezug auf, und kein Schüler hatte sich eingangs gefragt, was denn wohl passieren würde, wenn man Wasserdampf "*einfach mal*" über glühendes Magnesium leiten würde. Anders als in der Biologie ist der Didaktiker in der Chemie vielmehr aufgefordert, Kompromisse zwischen lebensweltlichem Bezug und experimentell eindeutigem Vorgehen zu finden.

Der Biologieunterricht hält viele Beispiele für die experimentelle Umsetzung von alltäglichem Erfahrungsbezug bereit: Mikroskopieren und das Präparieren von Objekten aus der Umwelt des Schülers gehören ebenso dazu wie viele experimentelle Zugänge im Rahmen der Humanbiologie, wo Schüler teilweise an sich selbst wesentliche biologische Phänomene erkennen können.

Auch botanische Bestimmungsübungen haben einen höheren Lebensbezug und beantworten eher Fragen, die die Schüler selbst mitgebracht haben, als die Elementanalyse von Wasser.

Schließlich zählt die Biologie zu den Fächern, bei denen Unterrichtsgänge und Exkursionen schon seit langer Zeit einen festen methodischen Platz einnehmen. Diese Unterrichtsformen spielen im Rahmen von konstruktivistisch orientierter Didaktik eine zentrale Rolle.

Biologisches Wissen hat Allgemeinbildungscharakter.

Die Themen der Biologie sind vielfach auch Themen der alltäglichen Lebenswirklichkeit von Schülern. Die Fragen, die die Biologie stellt, sind solche, die sich der Schüler stellt. Die Antworten, Ideen und Konzepte, die die Biologie bereithält, können daher dem Schüler in dessen eigenem Konstruktuieren wesentliche Anregungen geben.

Konstruktionen der Fachwissenschaft Biologie können in Teilen übernommen werden. Schließlich ist das Beherrschen biologischer Theorien und Denkweisen wesentlicher Teil dessen, was wir als “*Allgemeinbildung*” bezeichnen:

- Die Kenntnis **humanbiologischer Vorgänge und Zusammenhänge** hat große (über-)lebenstechnische Relevanz, der **gesundheitserzieherische Aspekt** von Biologie rückt deren Erkenntnisse immer wieder in das öffentliche Interesse.

- Der Allgemeinbildungscharakter von Biologie bezieht sehr stark auch eine **existenzielle Komponente** mit ein: Die Frage unserer Natur als Lebewesen, die zu einem Selbstverständnis führt, das immer auch Feld für individuelle Konstruktionen ist:

- Welche ist unsere phylogenetische (stammesgeschichtliche) Herkunft? Wie kam es zur Entwicklung des heutigen Menschen, und welche Aspekte unserer evolutionären Entwicklung sind heute noch für unser Leben relevant?

- Durch welche Merkmale sind wir als Menschen von anderen Lebewesen abzugrenzen? Wovon also können wir unser Selbstverständnis als Menschen ableiten?

- Was sind die Grundlagen unserer Individualität? Wie kommt es genetisch und entwicklungsbiologisch zur Ausprägung unterschiedlicher Individuen, mit eigenem Bewusstsein und einer Unterscheidbarkeit von allen anderen Individuen?

Diese grundsätzlichen Fragen sind Fragen der Biologie, wofür diese Theorien und Konzepte entwickelt hat und noch stets weiterentwickelt, und dies auf Grundlage naturwissenschaftlicher Erkenntnisse.

- Teil der Biologie ist auch die Sexualität des Menschen, und wesentlicher Akzent des Biologieunterrichts die **Sexualerziehung**. Der Allgemeinbildungscharakter von sexueller Aufklärung und Erziehung ist unmittelbar einsichtig, und wie kaum ein anderes Thema ist dieses dazu angetan, den Schüler zu eigenen Konstruktionsleistungen anzuregen.

In klassischer Weise verleitet das Thema dazu, ein Selbstkonzept zu erstellen, das immer wieder erneut mit der Umwelt des Individuums konfrontiert werden muss: Die Konfrontation des Selbstkonzepts als geschlechtliches Wesen erfordert mehr als andere Themen ein häufiges Umkonstruieren, das Herstellen von Viabilität (↑) mit den alltäglichen Herausforderungen der Umwelt.

Die Biologie hält hier Konzepte und Informationen bereit, auf die der Schüler zurückgreift, um über diesen Teil von Allgemeinbildung in einen Ausgleich mit seiner in ähnlicher Weise konstruierenden Umwelt zu gelangen.

In der Biologie wird der Konstruktionscharakter von Wissenschaft sehr gut deutlich.

Der Gegenstand der Biologie bringt es mit sich, dass auf vielen Gebieten mehrere verschiedene Theorien nebeneinander existieren und es vielfach keine eindeutige “*Lehrmeinung*” gibt. Die Verhaltensbiologie etwa hält eine Fülle konkurrierender Konzepte und Ansätze bereit, und dieser Zweig der Biologie lebt nicht zuletzt von der fruchtbaren Auseinandersetzung der Vertreter der unterschiedlichen Richtungen.

Auch auf dem Gebiet der Evolutionsbiologie gibt es nicht die eine gültige Lehrmeinung, auch hier beanspruchen verschiedene Theorien Gültigkeit und befruchten die Debatte um die Entstehung und Entwicklung von Lebewesen, speziell des Menschen.

Da dies für viele Disziplinen innerhalb der Biologie gilt, vermittelt anspruchsvoller Biologieunterricht immer auch ein vielschichtiges Bild verschiedener Konzepte, zwischen denen sich die Fachwelt noch nicht eindeutig entscheiden konnte.

Dem Schüler wird auf diese Weise gar nicht erst das Bild einer einzigen bestehenden Wahrheit vermittelt, der Konstruktionscharakter der verschiedenen bestehenden und in Konkurrenz zueinander befindlichen Theorien wird dem Lernenden unmittelbar vor Augen geführt.

Es wird dabei ebenfalls deutlich, nach welchen Kriterien die einzelnen Theorien konstruiert wurden: Was soll damit gezeigt werden, welcher Aspekt des ganzen Problems soll durch die jeweilige Theorie herausgestellt werden und an welchen Stellen stößt diese an die Grenzen ihrer Viabilität (↑), sprich: Wo kann sie ihren eigenen Kriterien nicht mehr genügen und gerät in Konflikt mit anderen Theorien oder Beobachtungen?

Im konstruktivistischen Sinne ist es gut, dass der Lernende mit der Vielzahl konkurrierender Ansätze “allein gelassen” wird, dass am Ende die Wissenschaft nicht mit eindeutigen Aussagen als Antworten auf offene Fragen daherkommt und das Vorliegen einer einzigen erkennbaren Wahrheit suggeriert.

Es ist gut, dass auf diese Weise in der Biologie der Lernende zu eigenen Konstruktionen angeregt wird und der Konstruktionscharakter seiner Auffassungen nicht als vorläufig und unwissenschaftlich zu gelten hat.

Im Biologieunterricht wird der bewusste Umgang mit Sprache gefördert.

Im Konstruktivismus spielt die sorgfältige Vermittlung eigener Konstruktionen eine große Rolle: Nur so kann ihre Viabilität (↑) in der Konfrontation mit anderen Konstruktionen (und der Umwelt) überprüft werden, nur so kann es zum Aufbau neuer intersubjektiver Welten über Kommunikation kommen. Ein bewusster und sorgsamer Umgang mit Sprache ist hierfür wichtige Voraussetzung, und dieser nimmt einen wesentlichen Raum im Biologieunterricht ein.

Beschäftigung mit biologischen Themen heißt: Beschäftigung mit der Fachsprache, mit der im Rahmen bestimmter Theorien verwandten Sprache. Dies wird den Schülern schon dann bewusst, wenn sie Beobachtungen von Experimenten protokollieren: Es fällt schwer, Interpretationen zunächst von der Formulierung von Sinneseindrücken zu trennen. Und auch die aus einer Beobachtung zulässigen Schlüsse zu formulieren bedarf eines vorsichtigen und bewussten Sprachumgangs.

Hinzu kommt, dass jede biologische Theorie mit einem Set von eigenen Fachausdrücken daherkommt. “*Selektion*” und “*Fitness*” sind spezifische Fachausdrücke aus der Darwinschen Evolutionstheorie und können in anderen Kontexten andere Bedeutungen haben.

“*Intentionsbewegung*”, “*Übersprungshandlung*”, “*Handlung am Ersatzobjekt*” und “*bedingter Reflex*” sind spezifische Begriffe aus der Verhaltensbiologie. Ihr treffsicherer Umgang erfordert Sachwissen. Vielfach zeigt der richtige Umgang mit der Fachsprache vorhandenes Sachwissen sicher an. Sprache und Inhalt sind in der Biologie nicht voneinander zu trennen. Auch im Konstruktivismus sind der Inhalt einer Konstruktion und ihre kommunikative Vermittlung nicht voneinander zu trennen.

DAS ANTIKONSTRUKTIVISTISCHE KAPITEL - ODER: KONSTRUKTIVISMUS IN DER DEFENSIVE

„`...wie heißt du denn?´

Der Mann sah sie zweifelnd an.

`Das weiß ich nicht. Wieso? Meint ihr, ich sollte einen Namen haben? Es erscheint mir sehr merkwürdig, einem Bündel vager Sinneswahrnehmungen einen Namen zu geben.´...

Der Beherrscher des Universums döste in seinem Sessel vor sich hin. Nach einer Weile spielte er wieder mit dem Bleistift und dem Papier und war entzückt, als er entdeckte, wie man mit dem einen auf dem anderen einen Strich macht. Draußen tönten irgendwelche Geräusche, aber er wußte nicht, ob sie wirklich waren oder nicht. Dann redete er eine Woche lang zu seinem Tisch, um mal zu sehen, wie er reagieren würde.“

Douglas Adams

Ein Buch, das sich mit Konstruktivismus auseinandersetzt und den Versuch unternimmt, eine konstruktivistische Perspektive von Didaktik vorzustellen, kann nicht umhin, antikonstruktivistische Gedanken und Polemik vorzutragen. Das ist es dem kritischen, zumal dem konstruktivismus-kritischen Leser schuldig.

Dieses Kapitel ist einer breiten Konstruktivismuskritik auf verschiedenen Ebenen gewidmet und möchte eine konstruktivistisch orientierte Didaktik damit konfrontieren.

Vergessen wir nie: Konstruktivismus ist nicht mehr als ein Konstrukt, auch und gerade im didaktischen Kontext. Und dieses Konstrukt muss sich bewähren. Daran (in der Terminologie der Konstruktivisten: Der Kritik- beziehungsweise Diskursviabilität) und nur daran wird dieses Konstrukt zu messen sein.

12 Argumente gegen eine konstruktivistisch ausgerichtete Didaktik

Hinsichtlich theoretischer Ableitungen in der Didaktik, sei es als Legitimation, als Fundierung, oder um ein einheitliches "*Theoriedach*" zu schaffen, einen "*Überbau*", unter dem sich verschiedene artverwandte Ansätze und Positionen subsumieren lassen, entbrennen leicht Grundsatzdebatten, die allenthalben auch zu weltanschaulichen Streits und polemischen Grabenkämpfen ausufern.

Konstruktivismus hat sich als Schlagwort in der Didaktik schnell breit gemacht, und so konnte es nicht ausbleiben, dass eine heftige Debatte sich daran entzündete, zumal die Konstruktivisten unter den Didaktikern mit einem hohen Anspruch an Neuwert ihrer Position daherkommen. Konstruktivismus, vor allem in seiner radikalen Formulierung, provoziert: Zur Konfrontation mit konträren Standpunkten, zur teilweisen Übernahme oder auch zur leidenschaftlichen Ablehnung.

Das Leidenschaftliche, die starke emotionale Färbung in der Debatte um den Konstruktivismus fällt auf. Das didaktische Gemüt erregt sich an der Revolutionierung altvertrauter Gedanken und Konzepte, wie es die einen sagen würden, beziehungsweise an der Vermessenheit, mit der eine didaktische Modewelle Innovations- und Geltungsanspruch erhebt, um es mit den Worten der anderen zu sagen.

Wie auch die Positionen im Einzelnen zu werten sind: Eine Vitalisierung der didaktischen Landschaft und ein "Aufmischen" konventioneller Positionen muss man dem Konstruktivismus in jedem Fall zugute halten.

In der Didaktik, nicht zuletzt auch der Schuldidaktik, entbrennen leicht weltanschauliche und leidenschaftliche Grundsatzdebatten der verschiedenen Positionen. Diese werden vielfach polemisch geführt, und wie Marktschreier umwerben die verschiedenen "Schulen" ihre potentiellen "Kunden", die didaktisch wirksamen Multiplikatoren und die Schüler.

Im Folgenden wollen wir die wichtigsten Argumente gegen eine "*konstruktivistische Didaktik*", wie sie immer wieder ins Feld geführt werden, näher betrachten. Der Umgang mit diesen Argumenten soll in konstruktivistischer Weise erfolgen: Es soll also zum einen der **Konstruktionscharakter** der Argumente selbst sowie auch ihrer Beantwortung deutlich werden. Zum anderen soll dem im Konstruktivismus zentralen Begründungsanspruch Rechnung getragen werden: Es muss deutlich werden, **wozu** eine konstruktivistische Haltung dienen soll und **auf welcher Ebene** Konstruktivismus in der Didaktik sinnvoll ist.

1. "*Eine didaktische Haltung, die sich konstruktivistisch nennt, kann nicht aus einer erkenntnistheoretischen Haltung abgeleitet werden.*

Bei der Transformation einer epistemologischen Position in eine didaktische, mit all den daraus folgenden praktischen, methodischen und unterricht-

lichen Konsequenzen geht der wesentliche konstruktivistische Charakter verloren. Dass sich ein Bündel von Methodenpräferenzen und Haltungen auf die Erkenntnistheorie "Konstruktivismus" beruft, ist entsprechend beliebig."

Die konstruktivistische Antwort: Sicher ist der Hinweis berechtigt, dass Konstruktivismus jeweils anderer Gestalt ist, ob er nun eine theoretisch-philosophische Grundhaltung darstellt oder didaktisch relevant wird. Doch dies steht nicht zur Debatte. Gegner einer konstruktivistisch ausgerichteten Didaktik führen hier vielfach Scheingefechte.

Es ist geradezu natürlich und sachinhärent, dass es bei der Applikation einer erkenntnistheoretischen Position auf ein Praxisfeld, wie es die Didaktik deutlich darstellt, zu Verformungen, Verlusten und Ergänzungen kommen muss.

Ein Didaktiker, der sich als Konstruktivist begreift, kann sich diesem Hinweis entspannt stellen, ja sogar liebevoll selbst auf diesen Punkt verweisen. Konstruktivistische Begründungslogik fragt hier erst recht nicht nach Wahrheitsübereinstimmung. In der Konfrontation mit der Praxis, hier der didaktisch-unterrichtlichen, bewährt sich die Konstruktion Konstruktivismus, hier kann sie sich nach selbst konstruierten Kriterien als viabel, als gangbar, brauchbar und fruchtbar erweisen.

Dann kann eine gleichnamige Anwendung auf didaktischem Felde dem erkenntnistheoretischen Konstruktivisten auch nur recht sein. Hier kann sich die Theorie bewähren, hier kann sie überhaupt Relevanz gewinnen.

Gerade eine Erkenntnistheorie wie der Konstruktivismus, bei der Kriterien wie Wahrheitsfindung nicht mehr gelten und die stets anderweitige Begründung einfordert, muss um eine lebensnahe, praxisgerichtete Anwendung ihrer selbst stark bemüht sein.

Schließlich ist die Verbindung von Erkenntnistheorie und Didaktik ja auch nicht wirklich beliebig. Beide Male geht es um die Art und Weise, wie der Mensch zu Wissen (und Handlungsfähigkeit) gelangt und auch um die Frage, was überhaupt erkennbar und leistbar ist.

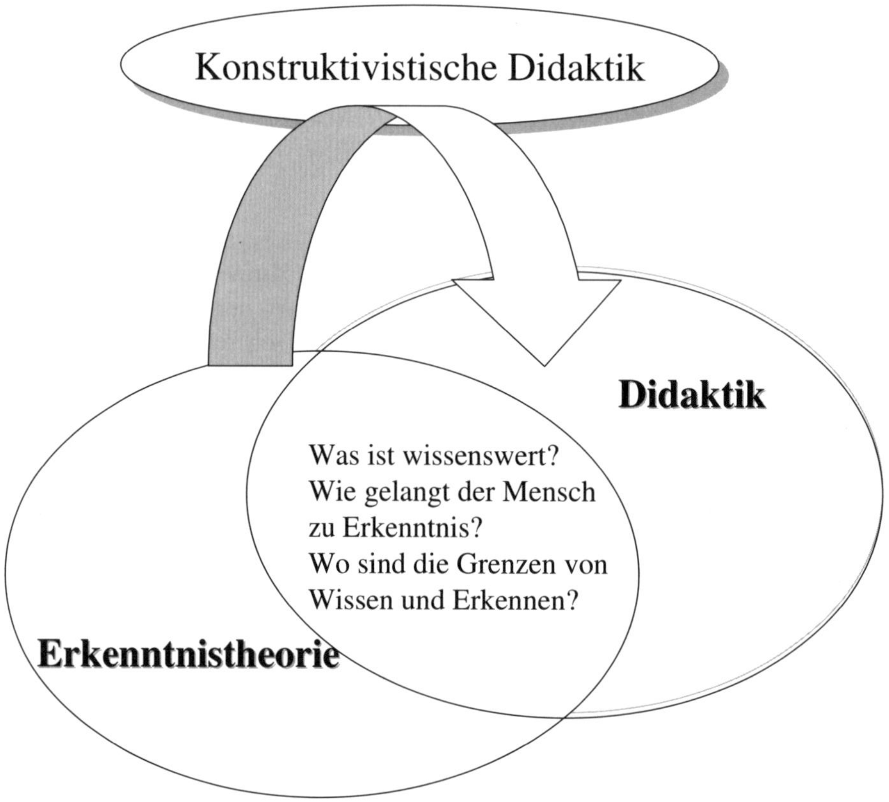

Die Verbindung von Erkenntnistheorie und Didaktik ergibt sich nicht zuletzt aus der Verwandtschaft beider Gebiete, die eine große thematische Schnittmenge aufweisen. Schließlich werden vielfach die gleichen Fragen aufgeworfen.

Es muss somit borniert oder zumindest unkonstruktivistisch anmuten, wenn "*Konstruktivismus*" bewusst auf die Namensgebung einer Erkenntnistheorie beschränkt wird. In diesem Buch wollen wir dafür werben, Konstruktivismus allgemein als Haltung aufzufassen, die sich stets auch in den verschiedensten Handlungsentscheidungen niederschlägt. Man kann daher nur dazu ermutigen, Konstruktivismus auch auf andere Wissenschaften und Praxisfelder anzuwenden und dies dann auch guten Gewissens als konstruktivistisch zu etikettieren.

2. "*Konstruktivismus ist eine Modeströmung, alle möglichen Didaktiken bemühen sich, konstruktivistisch darstellbar zu sein.*“

Eine konstruktivistische Didaktik wird wie andere Modeerscheinungen auch nicht mehr als eine solche sein, die bloße Kennzeichnung einer Haltung mit einem philosophischen Label stellt keine Bereicherung der Didaktik dar."

Die konstruktivistische Antwort: Von der Polemik dieses oft vorgetragenen Arguments abgesehen, stimmt dies natürlich alles. Konstruktivismus ist modern. Dies zu kritisieren und abzulehnen, bleibt jedem selbst überlassen und ist Geschmackssache.

Daraus zugleich Kurzlebigkeit ableiten zu wollen, ist ein gewagter Schluss. Sicherlich ist es richtig, dass der Einfluss des Konstruktivismus auf die Didaktik wesentlich von seinen Protagonisten abhängen wird und davon, wie konsequent und glaubwürdig Didaktik von jenen betrieben wird, die sich konstruktivistisch nennen.

Damit sind wir schon beim letzten Punkt des oben genannten Argumentes: Natürlich stellt eine philosophische Etikettierung noch keine didaktische Bereicherung dar. Dazu, dass konstruktivistische Didaktik weit mehr bedeutet als das, möchte dieses Buch unter anderem beitragen.

3. "*Konstruktivismus ist nicht neu. Alles, was heute als konstruktivistisch gilt, war längst da, es entsprang bereits anderen Didaktiken, wenn nicht dem gesunden Menschenverstand.*"

Die konstruktivistische Antwort: Gewiss kann man sich verschiedene didaktische Konsequenzen des Konstruktivismus als nicht neu konstruieren. Dabei nimmt der Konstruktivismus nicht für sich in Anspruch, all jenes ablehnen zu müssen, was sich bislang in der Didaktik bewährt hat.

Ja, es müsste nachgerade misstrauisch stimmen, wenn bewährte Konzepte sich nicht unter dem weiten Schirm des Konstruktivismus vereinigen ließen. Dieser müsste als Konsequenz direkt noch weiter aufgespannt werden.

Wir wollen dazu einladen, eine konstruktivistische Didaktik als neu zu konstruieren, dazu als hochmodern und dabei von entscheidendem Innovationswert.

- Neu ist, dass sich nun unter einem tragfähigen Theoriedach viele fruchtbare, auch sich divergente didaktische Strömungen und Positionen vereinigen lassen.

- Neu ist, dass dies in Anwendung einer modernen, wissenschaftsrelevanten Erkenntnistheorie geschieht.

- Neu ist schließlich, dass Konstruktivismus als Haltung, die ja aus sich selbst heraus bereits undogmatisch und schwingungsfähig ist, nicht auf bestimmte unterrichtliche Methoden beschränkt bleibt, sondern sich durch die gesamte didaktische Praxis ziehen kann.

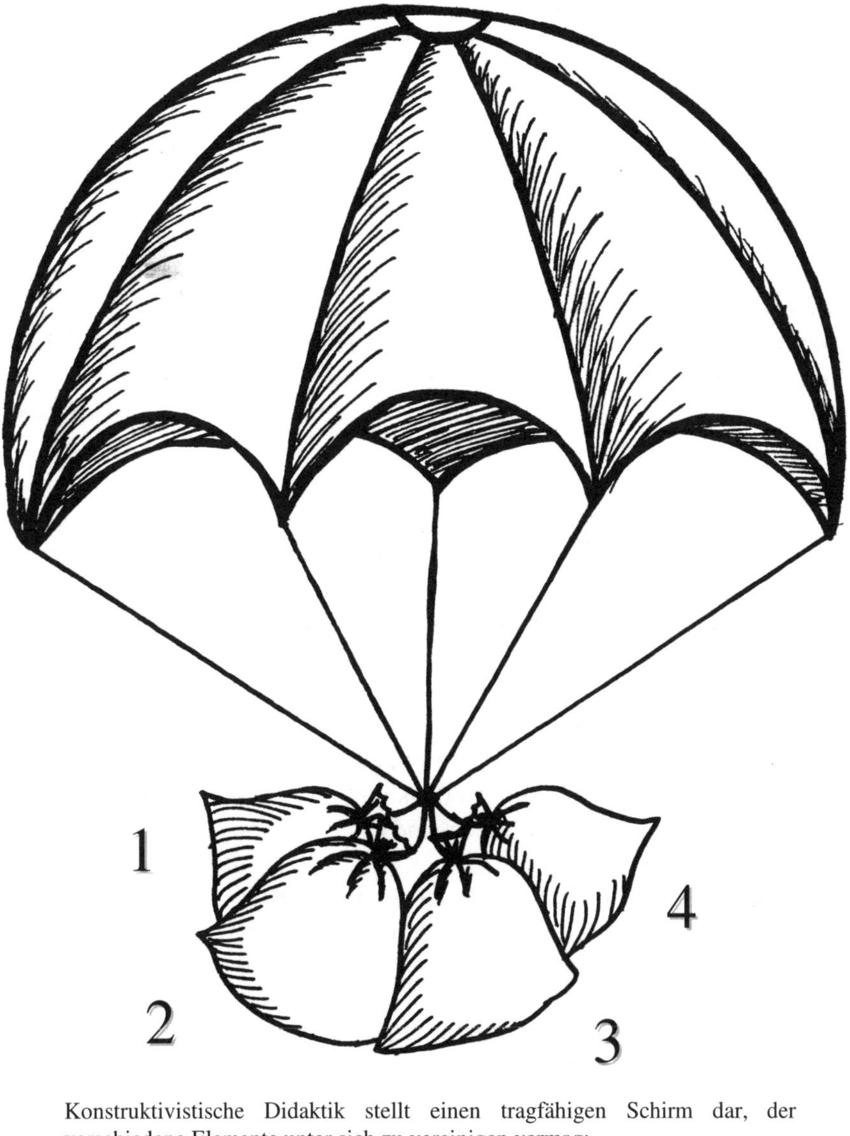

Konstruktivistische Didaktik stellt einen tragfähigen Schirm dar, der verschiedene Elemente unter sich zu vereinigen vermag:

1: Bewährte Didaktiken
2: Moderne Ausrichtungen
3: Methodische Ansätze
4: Inhaltliche Orientierungen

Wenn Neuwert über die Abgrenzung und das Hinter-sich-lassen "*konventioneller*" Positionen definiert wird, kann Konstruktivismus freilich nicht als neuwertig bestehen.

Dazu ist er von seiner Anlage viel zu integrativ. Dazu ziehen sich konstruktivistische Ansätze auch durch zu viele "*alte*" Philosophien und nicht zuletzt die Literatur.

Der Hinweis, etwas sei nicht wirklich neu, wird oft bemüht, um eine Idee zu entzaubern. Wer dies tut, lässt dabei außer Acht, dass Neuartigkeit oft im **Neuarrangement von bekannten Elementen** oder in der bloßen **Neuakzentuierung** besteht. Neu und modern kann es auch sein, Altes wieder aufzugreifen und **auf die eigene Zeit oder veränderte Umstände anzuwenden**.

- Wer wollte abstreiten, dass Quantenphysik und irreversible Thermodynamik Anfang unseres Jahrhunderts etwas wirklich Neues waren, auch wenn Capra (↑) zurecht darauf hinweist, dass z.B. in vielen alten ostasiatischen Philosophien wesentliche Elemente davon bereits vorgedacht waren?

- Wer wollte abstreiten, dass der Kommunismus im 19. Jahrhundert revolutionär (hier sogar in der doppelten Bedeutung des Wortes) war, auch wenn die zentralen Gedanken bereits bei Platon (↑) und im Urchristentum wiederzufinden sind?

- War nicht auch die Renaissance etwas Neues und in ihrer Zeit Revolutionäres, obschon sie bereits im Namen den Hinweis auf ein Wiederaufgreifen enthält?

In der Didaktik ist allein die Erregung, die der Konstruktivismus bei seinen Gegnern auslöste, ein starkes Indiz für seinen Neuwert.

Konstruktivismus als „Überbau“

Konstruktivismus beherbergt als ein Dach, als "*philosophischer*" Überbau, verschiedene pädagogisch-methodische Ansätze. Konstruktivismus verbindet hier. Die Integration verschiedener, moderner unterrichtlicher und allgemein pädagogischer Ansätze ist neu.

4. ***"Eine konstruktivistische Orientierung in der Didaktik macht sich selbst überflüssig: Wenn doch jeder einzelne auf seine eigene Weise konstruiert und im Prinzip nur konstruierend lernt, tut er dies auch bei konventionellem Frontalunterricht und bei expositionellem Lernen. Der philosophische Erkenntnisansatz kann also bei der Frage nach didaktischem Vorgehen außen vor bleiben."***

Die konstruktivistische Antwort: Im Ansatz ist auch dieses Argument nicht von der Hand zu weisen. Allein die Konsequenz ist kritikwürdig. Ein Konstruktivist stimmt damit überein, dass auch in jeder konventionellen Unterrichtsumgebung die Schüler ihr "Wissen" letzlich als Konstruktion entwerfen. Das Gehirn übt seine autopoietische Funktion also in jedem Falle aus.

Allerdings zieht eine konstruktivistische Didaktik daraus ihre Konsequenzen. Und dies zurecht: Es ist eben angesichts der eigenständigen Konstruktionstätigkeit des Gehirns keineswegs beliebig, in welcher Weise und nicht zuletzt in welcher Richtung die Schüler angeregt und inwieweit den jeweiligen Konstruktionsbedürfnissen Rechnung getragen wird.

Sowohl hinsichtlich der Zielsetzung von Unterricht überhaupt als auch im Sinne einer Effizienz bei der didaktischen Umsetzung selbst gesteckter Ziele ist ein Außerachtlassen des Konstruktionscharakters von Wissen also recht fragwürdig und schlägt sich sehr wohl didaktisch nieder.

5. ***"Die Verfechter einer konstruktivistischen Didaktik führen Scheindebatten, wenn sie andere "konventionelle" didaktische Positionen angreifen.*** *Im Grunde genommen stimmen doch heute alle damit überein, dass jeder Schüler auf andere Weise denkt und lernt und dass auf die verschiedenen Schülerbedürfnisse eingegangen werden muss."*

Die konstruktivistische Antwort: Dass didaktische Debatten leidenschaftlich geführt werden und bisweilen Gegenpositionen polemisiert werden, bleibt nicht aus. Man sollte jedoch Konstruktivismus nicht auf einige Schlagwörter und Methoden verkürzen. Eine konstruktivistische Haltung ist weit mehr als die Präferenz für bestimmte Unterrichtsformen, es ist das Akzeptieren einiger didaktischer Grundtugenden.

Wenn das Aufkommen von Konstruktivismus in der Didaktik für eine weitere Schülerorientierung gesorgt hat, ist dies zu begrüßen. Dass eine weitergehende, konsequente Konfrontation mit konstruktivistischen Positionen in der Didaktik keineswegs überflüssig ist, hat unter anderem damit zu tun, dass die Übernahme einer konstruktivistischen Auffassung anstrengend ist und dass wir eigentlich alle intuitiv immer wieder empirizistischen (↑) und rationalistischen Standpunkten zuneigen. Die eigene Haltung schlägt sich zwangsläufig in der täglichen didaktischen Praxis nieder.

6. "***Konstruktivismus ist chic. In der alltäglichen Unterrichtspraxis jedoch sind Praktiker gefragt, und Konstruktivismus ist unpraktikabel:*** *Der Lehrer muss eben oft mehr als dreißig Schüler auf ein Mal unterrichten und kann dabei nicht konstruktivistischen Ansprüchen genügen. Hinzu kommt, dass das Zeit- und Energieinvestment, welches konstruktivis-tische Didaktik erfordert, das zumutbare Maß weit überschreitet.*"

Die konstruktivistische Antwort: Es stimmt, dass Konstruktivismus anstrengend ist und einen erheblichen Aufwand erfordert. Der Anspruch an einen konstruktivistisch ausgerichteten Unterricht bezieht sowohl die Fachkompetenz des Lehrenden als auch methodisch-didaktische Entscheidungen mit ein. Es ist vor allem das Erfordernis, stets auf ein weites Spektrum von Konstruktionsinteressen der Schüler eingehen zu können, wobei der Konstruktivismus von vornherein eine Voraussagbarkeit im Aufkommen dieser Interessen ablehnt.

Die konstruktivistische Orientierung in der Didaktik legt die didaktische Messlatte hoch an. Diesem gesteigerten Anspruch gerecht zu werden erfordert stete Anstrengung und nicht zuletzt methodische Diversität. Mit dem Hinweis auf hohen Zeit- und Energieaufwand, diesen Anspruch abzulehnen ist zynisch. Es ist zugleich entlarvend. Vorstrukturierter Frontalunterricht im alten Stil ist planbar. Er ist planbar betreffs Zeiteinteilung, aber auch hinsichtlich der eintretenden Schülerreaktionen.

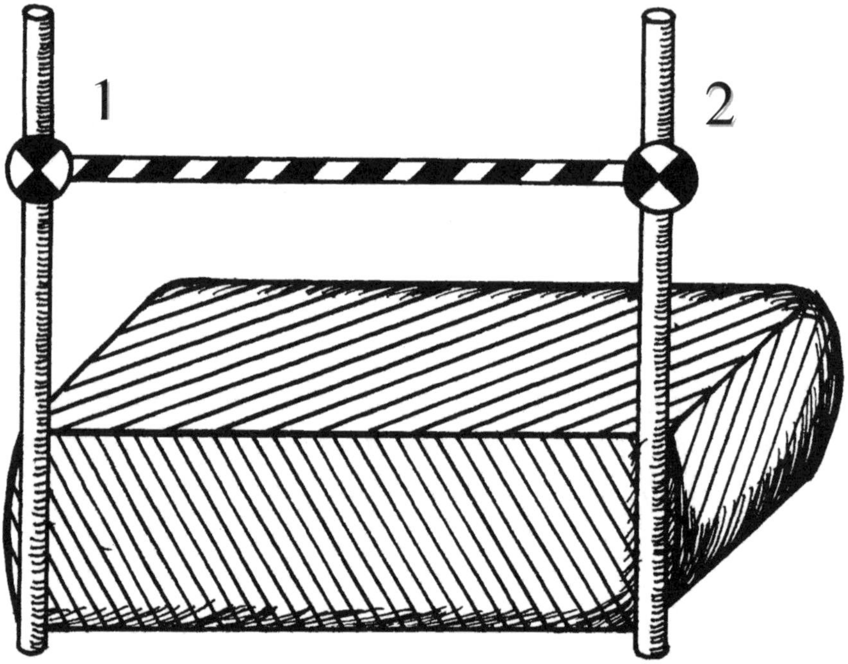

Eine konstruktivistische Orientierung legt die didaktische Messlatte hoch an. Dadurch wird Konstruktivismus in der Schule nicht unpraktikel, seine Umsetzung zu einem anspruchsvollen Unterfangen:

1: Der hohe Zeitaufwand in einer angemessenen Vorbereitung, und
2: die Unvorhersehbarkeit der Konstruktionen der Lernenden

sind die Parameter, die nicht zuletzt die Höhe der zu überquerenden Latte festlegen. Improvisationsvermögen und Engagement des Lehrers vermögen dabei harte didaktische Sprünge aufzufedern und abzufangen.

Konstruktivistische Didaktik beschränkt sich nicht auf bestimmte Unterrichtsformen. Sie manifestiert sich auch im gleichzeitigen Umgang mit dreißig Schülern, und sie ist hier nicht weniger anstrengend als in freiarbeitlichen Unterrichtsformen.

7. "***Es gibt viele Dinge, die schlichtweg gelernt werden müssen. Es macht keinen Sinn, dass Schüler hinsichtlich klarer, bewiesener physikalischer Gegebenheiten und mathematischer Sachzusammenhänge konstruieren und interpretieren. Die Schwerkraft gilt, ob wir sie uns nun konstruieren oder nicht. Und dass 3 + 4 = 7 gilt, ist ebenfalls kein Konstruktionsergebnis der Schüler, sondern muss gelernt werden.***"

Die konstruktivistische Antwort: Dass viele elementare "Begebenheiten" auf jeden Fall einer unterrichtlichen Behandlung würdig sind und ihr sicheres Beherrschen durch die Schüler erforderlich ist, wird auch seitens einer konstruktivistisch orientierten Didaktik nicht in Zweifel gezogen. Jedoch setzt diese auch bei solchen "*sicheren*" Wissens*items* andere didaktische Akzente:

1. Wenn möglich sollte auch hier versucht werden, dem Schüler ein bloßes Auswendiglernen, zumal eines, das nicht motivational vom Schüler mitgetragen wird, zu ersparen. Wenn man dem Schüler Neugier unterstellt und aufgrund seiner Konfrontation mit seiner alltäglichen Umwelt z.B. das Begreifen elementarer physikalischer Zusammenhänge schon eine Frage seines Strebens nach kognitiver Viabilität (↑) ist, kann das Bemühen um ein eigenständiges Konstruktionsbemühen des Schülers dem Verstehen solcher Zusammenhänge nur dienlich sein.

2. Es ist Teil einer wissenschaftskritischen Erziehung, dass auch und gerade bei wenig hinterfragten "*Gegebenheiten*" der eigentliche Konstruktionscharakter deutlich wird, dass auch "Naturgesetze" letztlich als menschliche Konstruktionen im Dienste der Kategorisierung und Verstehbarkeit der Umwelt aufgefasst werden können.

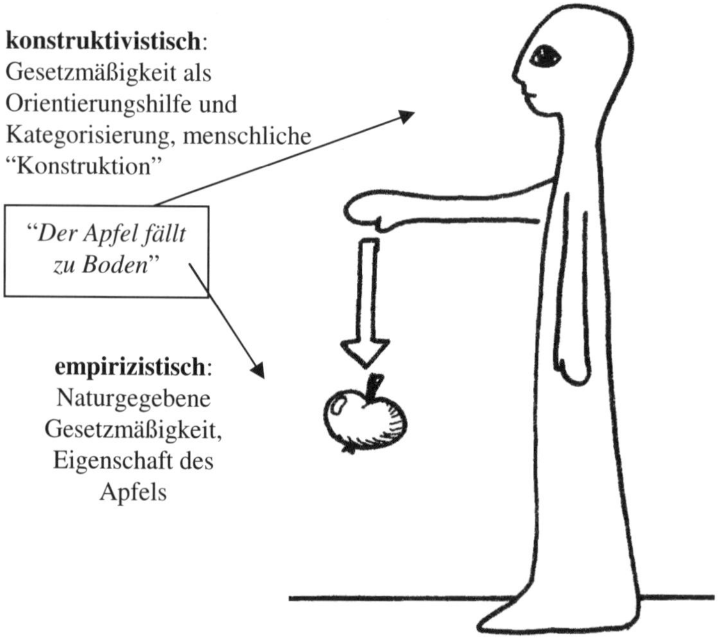

Stets wiederkehrende und reproduzierbar beobachtbare Begebenheiten unserer empirischen Umgebung können aus "Naturgesetzen" abgeleitet werden. Diese wohnen nach konstruktivistischer Auffassung nicht den Dingen inne, um von uns entdeckt zu werden, sondern sind Ordnungs- und Kategorisierungshilfen des Menschen, in diesem Sinne also bewährte (und viabele (↑)) Konstruktionen.

3. Gerade die Mathematik als klassische Geisteswissenschaft weist selbst immer wieder auf ihren eigenen Konstruktionscharakter hin. Dass die Zahlenwelt nicht naturgegeben ist, sondern menschliche Orientierungshilfe, darf auch Teil des mathematischen Anfangsunterrichts sein.

8. "***Konsequent verfolgte konstruktivistische Didaktik ist beliebig. Lehrpläne werden überflüssig, Vorbereitung muss aufgrund mangelnder Planbarkeit auch von Einzelstunden entfallen. Klare didaktische Strukturen, deren viele Schüler doch so dringend bedürfen, lösen sich in nichts auf.***"

Die konstruktivistische Antwort: Es trifft zu, dass Unterricht weniger leicht voraussagbar ist, wenn er sich konstruktivistisch darstellt. Dies kann schon allein deshalb nicht ausbleiben, weil wesentliche thematische Entscheidungen sowie die Reihenfolge der behandelten Gegenstände durch die Lernenden selbst- teils ad hoc - übernommen werden.

Daraus jedoch gleich das Attribut *unstrukturiert* ableiten zu wollen ist polemisch. Wenn eine Eigentümlichkeit des Konstruktivismus herausgegriffen und ins Übertriebene gesteigert wird, so können wir natürlich Verzerrungen und Unseriösität erwarten.

Weder Strukturlosigkeit und vor allem keine Beliebigkeit resultieren aus Konstruktivismus. Es herrschen andere Strukturen. Schließlich sind sie durch andere, nämlich die Betroffenen vorgegeben. Und die Lernenden, um die es schließlich zentral beim Lernprozess geht, empfinden die von ihnen beeinflussten Strukturen als verständlicher als solche, die von anderen konstruiert ihnen vorgegeben werden.

Der Vorwurf der Beliebigkeit unterstellt den Verlust von Kriterien. Im Konstruktivismus aber kann es andere Kriterien geben, gerade wenn das Kriterium des "Was ist wahr?" entfällt. Konstruktivistischer Unterricht erlegt sich selbst ständig einen (methodischen und inhaltlichen) Begründungsanspruch auf.

9. "***Ein konstruktivistisch orientierter Unterricht muss auf Überprüfung der Lernergebnisse verzichten.*** *Schließlich gibt es keine eindeutige Lernzielausrichtung mehr. Nur der Schüler selbst kann wissen, ob er seinen eigenen Konstruktionsansprüchen nachgekommen ist. Am Ende stehen ungeprüfte Einzelkonstrukteure ohne verbindliches Wissen, in einer unkonstruktiven Arbeitswelt.*"

Die konstruktivistische Antwort: Es ist richtig, dass es im Rahmen einer konstruktivistischen Didaktik zu einer Neukonzeption der Evaluation kommt. Abhängig vom Alter der Lernenden und der bearbeiteten Thematik kann teilweise der Lernerfolg durch Selbstevaluation überprüft werden.

Ein partielles Übertragen der Überprüfungsverantwortung auf die Betroffenen selbst muss aber keineswegs zu einer Evaluationsbeliebigkeit führen. Ganz im Gegenteil soll den Lernenden durch die Selbstevaluation die Relevanz ihres Lernvorganges verbindlicher gemacht werden.

Darüber hinaus hinterfragt Konstruktivismus stets erneut die Evaluationkriterien. Da diese verstärkt auch den Spezifika der Lernenden Rechung tragen, erfordert dies oftmals Diversität im Anspruchsprofil einer Evaluation. Auch dies hat nichts mit einer Aufweichung und Beliebigmachung der Evaluation zu tun. Adjustierung von Kriterien ist nicht mit deren Verflachung zu verwechseln.

10. "*Konstruktivistische Didaktik ist zu langsam. Die Schüler haben nicht die Zeit, den jahrtausendelangen Prozess menschlicher Forschung und Entwicklung technischer Fertigkeiten nachzuerfinden. Strukturierte Lernpläne und das Aufarbeiten des Wissens durch den Lehrer dienen einer Beschleunigung des Lernprozesses, Entwicklungen von Jahrhunderten können nur so innerhalb weniger Stunden dem Schüler begreifbar gemacht werden*."

Die konstruktivistische Antwort: Der Umstand, dass beim Vermittlungsprozess von Wissen Abkürzungen und Zusammenfassungen erfolgen müssen, ist nicht von der Hand zu weisen und wird auch nicht im Rahmen einer konstruktivistischen Didaktik bestritten. Eine konstruktivistische Haltung kann sich eben auch bei der zusammenfassenden Vermittlung von Wissen manifestieren, und auch ein nach konstruktivistischer Didaktik Lernender kann in kurzer Zeit umfassende Lernkonstrukte erstellen.

Was aber stets im Fokus eines konstruktivistisch denkenden Didaktikers liegen sollte, ist die ungleich bessere Verarbeitungstiefe bei einem weitgehend selbst gesteuerten Lernprozess, der zum einen den jeweiligen Konstruktionsbedürfnissen des Lernenden entgegenkommt und zum anderen von dessen intrinsischer Motivation getrieben ist sowie - wenn möglich - auch affektive Beteiligung mit beinhaltet.

Es bleibt dem didaktischen Gespür des Lehrers sowie seiner Entscheidungskompetenz überlassen, inwieweit vermehrte Verarbeitungstiefe bei exemplarischem Lernen Einzug in den unterrichtlichen Alltag hält.

Es ist die anspruchsvolle Aufgabe von schulischer Didaktik, in vielen Fächern die Inhalte von vielen hunderten, wenn nicht tausenden Jahren Menschheitsentwicklung innerhalb weniger Schuljahre, mit begrenzter Stundenzahl, zusammenfassen zu müssen. Dabei kommt es zwangsläufig zu Abkürzungen, und nicht jede Entwicklung kann durch die Schüler nach**emp**funden, geschweige denn nach**er**funden werden.

11. ***"Der didaktische Konstruktivismus adoptiert längst dagewesene Standpunkte und verleibt sich diese dann als konstruktivistisch ein.*** *Viele der als konstruktivistisch ausgewiesenen Methoden wurden unter ganz anderen Vorzeichen entwickelt, sie jetzt konstruktivistisch zu nennen, täuscht über den Ursprung didaktischer Haltungen hinweg."*

Die konstruktivistische Antwort: Es trifft in der Tat zu, dass verschiedene in der Didaktik etablierte Methoden und Positionen, die anderen didaktischen "Schulen" und Bewegungen entstammen, in die gleiche Richtung wie der Konstruktivismus zielen und mit diesem hervorragend vereinbar sind.

Es spricht sicherlich nicht gegen ein als weit und tragfähig konzipiertes Theoriegebäude, wenn viele bewährte Strömungen und Methoden sich darin vereinigen lassen.

Das heißt jedoch nicht, dass der Konstruktivismus in der Didaktik sich ihre Urheberschaft anmaßen will; es heißt aber sehr wohl, dass diese didaktischen Ansätze dazu angetan sind, in konstruktivistischer Weise umgesetzt und interpretiert zu werden.

Hier wiederholen wir uns gerne: Konstruktivismus ist nicht die bloße Versammlung ähnlicher, freiunterrichtlicher Methoden, er stellt eine Haltung dar, die konsequenterweise erheblichen didaktischen und persönlichen Aufwand erfordert, die sich auf mehr als nur einige klassische Methoden anwenden lässt.

12. "***Konstruktivismus ist deprimierend.*** *Gerade im didaktischen Kontext bedeutet eine konsequent verfolgte konstruktivistische Position, dass letztlich kein verlässlicher Zugang zu anderen Individuen möglich ist, dass jegliche Gewissheit und Empathie sich pauschal in tiefe Zweifel auflösen, dass wir letztlich nie wirklich aus uns heraustreten können: Eine Ansammlung in sich gefangener Individuen.*"

Die konstruktivistische Antwort: Sachlich trifft eine solche Kritik zu: In der Tat sind wir in uns gefangen, und bereits Kant (↑) weist zurecht darauf hin, dass wir allenfalls anderen Menschen auf Grundlage der Beobachtung ihrer Verhaltensweisen unsere eigene Subjektivität unterstellen können.

Wir sind aber nicht in der Lage, wirklich nachzufühlen oder zu denken, was in einem anderen Individuum vorgeht. Wer eine solche Grundhaltung aber als deprimierend empfindet, bezeugt damit seine Sehnsucht nach sicheren Erkenntnissen und Gewissheiten vom empirizistischen (↑) Zuschnitt.

Die Kommunikation stellt ein zentrales Element im Konstruktivismus dar, und das Erschaffen gemeinsamer, intersubjektiver Welten kann ganz im Gegenteil hoch erbaulich und ermutigend sein. Konstruktivismus hält schließlich gerade, nicht zuletzt im didaktischen Kontext, viel Raum für positive, optimistische Interpretation bereit.

Und selbst wenn Konstruktivismus auf einige depremierend wirkt, ist dies kein Grund zu einer Ausflucht in tröstlichere "*Weltsichten*" (Es sei denn, man nähme diese dann auch bewusst als zum Zwecke von Viabilität (↑) im Sinne von Glücksträchtigkeit konstruiert wahr).

Zum einen sollte dies Anlass zu der Frage geben, warum man eine solche Auffassung als so depremierend erlebt; zum anderen dürfte ein wesentlicher Teil der Befremdlichkeit einer solchen Haltung in seiner Ungewohntheit liegen.

Wenn man sich konsequent auch im Alltag einer konstruktivistischen Auffassung stellt, bleiben grundsätzliche Fragen nicht aus:

1: Bin ich in gefangen in meinen Wahrnehmungen?

2: Was denkt der andere wirklich?

3: Was fühlt der andere wirklich?

4: Existiert der Gegenstand wirklich?

Wie man mit solchen Fragen umgeht, kann das Lebensgefühl nachhaltig beeinflussen: Fühlt man sich gefangen wie unter einer Käseglocke? Oder ist man in der Lage, mit den Konstruktionen gemeinsam mit anderen fröhlich zu jonglieren?

Interessant ist doch zu sehen, wie sich Menschen fühlen, die sich viele Jahre konsequent und intensiv gedanklich und gefühlsmäßig einer philosophischen Haltung verschrieben haben.

Dies kann als wesentliches Indiz für die Glücksträchtigkeit einer solchen Haltung herhalten; denn als Konstruktivist muss man stets auch auf dieser Ebene die Konsequenzen einer Haltung prüfen, geht es doch schließlich nicht um die Wahrheitsträchtigkeit einer solchen. Fast sprichwörtlich ist etwa das deprimierte und zur Verlorenheit neigende Lebensgefühl der Anhänger des Existentialismus, das sich in ihren Werken, oftmals in ihrer Kleidung und in ihren Biographien ausdrückte.

Selbst ein gewisser suizidaler Hang kann hier als Folge der zu Grunde liegenden Philosophie aufgefasst werden. Die Werke und Biographien langjähriger Konstruktivisten vermitteln ein grundlegend anderes Bild: Sie sind von Optimismus und Lebensfreude gekennzeichnet (von Glasersfeld (↑), Watzlawick (↑), von Foerster (↑), etc.).

Offensichtlich hat hier der Konstruktivismus, dessen konsequente Umsetzung wir ihren Hauptprotagonisten wohl unterstellen dürfen, keineswegs deprimierend gewirkt.

Anleitung zur antikonstruktivistischen Polemik

Sie mögen Konstruktivismus nicht? Sie können (oder wollen) seine Positionen nicht zu den Ihrigen machen? Sie sind seit einiger Zeit von Menschen umgeben, die sich als konstruktivistisch ausgeben? Die auf der konstruktivistischen Modewelle in der Didaktik und Schulpädagogik mitschwimmen? Die auch in ihrem Argumentationsstil konstruktivistisch-vage sind und sich nicht mehr auf klare Positionen festlegen lassen? Wir wollen Ihnen dann im Folgenden einige Argumentationhilfen an die Hand geben.

Wir wollen Ihnen zeigen, wo Konstruktivismus diskursiv anfällig und angreifbar ist. Natürlich schadet es Ihnen dabei nicht, wenn Sie einige Grundhaltungen einer konstruktivistischen Didaktik kennen und Argumente und Terminologie des Konstruktivismus gegen diesen selbst verwenden können. Es schadet auch nicht, wenn Sie dabei Polemik bemühen. Darauf könnte der Konstruktivist nicht gefasst sein.

1. Der im Konstruktivismus unterstellten autopoietischen Funktion des Gehirns entsprechend weist jedes Individuum den Sinneseindrücken, die es aus seiner Umgebung erreichen, selbst eigenständig Bedeutung zu. Diese interpretative Rolle fällt dem Individuum vor allem auch bei kommunikativen Prozessen zu. **Also: Beleidigen Sie einen Konstruktivisten!** Setzen Sie ihn den wüstesten Beschimpfungen und perfidesten Gemeinheiten aus.

Antikonstruktivistische Polemik: "*Beleidigen Sie einen Konstruktivisten hemmungslos, nach seiner Philosophie ist er es selbst, der Ihren Worten ihre beleidigende Wirkung beimisst. Die entsteht als Konstrukt in seinem Kopf und ist in seiner Berechtigung ohnedies nicht zu überprüfen. Wie will ein Konstruktivist wissen, was Sie beabsichtigen?*"

Sollte er sich bei Ihnen beschweren, überführt er sich bereits selbst einer intuitiv unkonstruktivitischen Haltung. Schließlich sind Sie nicht verantwortlich für die Interpretationen, die sich in seinem Gehirn abspielen, und erst recht nicht für die negativen Gefühle, die dieses Gehirn daraus generiert.

Sie haben weder dieses Gehirn und erst recht nicht die Regeln, nach denen es funktioniert, geschaffen. Außerdem: Wie will Ihr Gegenüber wissen, welche Absichten Sie bei Ihren Handlungen tatsächlich hatten? Wenn er Ihnen seine eigene Subjektivität unterstellen möchte, ist das seine Privatsache.

2. Wann immer Sie einen Konstruktivisten treffen: **Belügen Sie ihn gnadenlos!** Vergessen Sie in seiner Anwesenheit alles, was Ihnen jemals im Guten über Ehrlichkeit beigebracht worden ist. Der Begriff der Wahrheit ist schließlich im Konstruktivismus ins Abseits verwiesen worden. Welche Wahrheit verletzen Sie bei Ihren Lügen? Eine letzte ontische (↑) Wahrheit gibt es für den Konstruktivisten eh nicht.

   Er wird sich wohl hoffentlich nicht anmaßen, Ihnen sagen zu können, welche Gegebenheiten und Bilder der Umwelt Sie sich als wahr konstruiert haben (Diese Hohheit gebührt nur Ihnen als einzigem Kenner ihrer eigenen Konstrukte). Erst recht nicht, dass seine Wahrheitskonstruktionen zutreffender oder sonstwie besser als die Ihrigen seien.

   Schließlich scheitert Ihr Gegenüber bereits an der Viabilität (↑) seiner Wahrheitskonstruktionen, wenn Sie ihn belügen. Wenn der Konstruktivist Sie der absichtlichen Vermittlung eines "falschen" Eindrucks bezichtigen sollte, weisen Sie ihn auf die Absurdität von "falsch" im konstruktivistischen Kontext hin und verhalten sich ansonsten gemäß den Anleitungen zu Punkt 3.

3. **Erklären Sie Ihrer konstruktivistischen Umgebung das Ende jeglicher moralischer Verantwortung**. Unterstreichen Sie Ihre Entscheidung durch entsprechende Handlungen. Weisen Sie für alle noch so schmerzlichen Konsequenzen die Verantwortung weit von sich: Als in ihrer eigenen Subjektivität Gefangener können Sie ohnedies keine Aussagen über Gefühle und Gedanken anderer machen, zumal Sie sich weder der Existenz ihrer betroffenen Mitmenschen noch anderer zu Schaden gekommener Elemente ihrer Umwelt von einem konstruktivistischen Standpunkt aus überhaupt sicher sein können.

Wem haben Sie also geschadet? Und haben Sie überhaupt Schaden angerichtet? Da sollte Ihre anprangernde Umgebung wohl besser Ihrem Konstruktionsgeschick überlassen, welchen Konsequenzen Ihrer Handlung Sie das konstruierte Attribut "Schaden" beimessen wollen.

Sollte Ihr konstruktivistisch geschultes Gegenüber etwa darauf verweisen, dass der prominente Konstruktivist Watzlawick (↑) aus seinem Konstruktivismus gerade eine hohe soziale, moralische Verantwortung ableitet, so gewähren Sie diesem diese Konsequenz großmütig. Doch sollte niemand wagen, aus dem Konstruktionsgebahren eines prominenten österreichischen Psychologen Konstruktionsvorschriften für Sie abzuleiten!

4. Sollte Ihr konstruktivistisches Gegenüber in irgendeinem Punkte Fachkompetenz besitzen: **Thematisieren Sie sein Spezialgebiet und fechten Sie pauschal sämtliche seiner Aussagen und Überzeugungen an**. Sprechen Sie ihm im selben Atemzug jedwede Fachkompetenz ab und konfrontieren Sie ihn mit absurden Gegenentwürfen auf diesem Gebiet, die Sie sich während des Gesprächs - en passant - eben mal konstruiert haben. Hoffentlich wird er sich nicht mit dem polemischen Hinweis auf seine größere Fachkompetenz eine konstruktivistische Blöße geben!

Beruft er sich dabei auf das Kulturkonstrukt Wissenschaftlichkeit? Ja hat er mehr in Fachbüchern versammelte Konstrukte zu diesem Thema gelesen und diese Sinnesreize zum Anlass eigener Konstruktionen verwendet als Sie? Das meint er ja wohl nicht ernst! Hat er denn überhaupt schon geklärt, nach welchen konstruierten Kriterien er Überlegenheit für seine Ansichten ableiten will? Dass er sich nicht zu dem absurden Argument größerer Wahrheitsnähe (welch obsoletes Konstrukt der kritischen Rationalisten) versteigen will, wollen wir im Guten für ihn hoffen.

5. Sollten Sie auf didaktischem Gebiete tätig sein: **Seien Sie nicht mehr tätig**. Überlassen Sie ihre Zöglinge ("*Zöglinge*": Welch ein Affront in didaktisch-konstruktivistischen Ohren) ihrer eigenen Konstruktionslust. Wie der konstruktivistische Didaktiker Piaget (↑) ja herausgestellt hat, treibt einen jeden Schüler seine epistemische Neugier zu stets neuer Konfrontation mit seiner Umwelt. Manipulieren Sie nicht die Konstruktionsneigungen ihrer Schüler durch ihre eigenen, letztlich nicht objektiv evaluierbaren Konstruktionstendenzen und -kriterien.

Sollte die Konkurrenz vermeinen, Ihre Schützlinge würden nichts lernen, so fordern Sie diese zur Selbstevaluation auf. Seien Sie sicher, dass ihre Schüler nach ihren eigenen (und stets erneut anpassbaren) Kriterien gut dastehen werden und diesen vollumfänglich genügen. Und wer wollte die eigenen Kriterien der Schüler als den von sich dafür verantwortlich erklärenden gesellschaftlichen Instanzen unterlegen erklären?

Antikonstruktivistische Polemik: "*Der konstruktivistisch orientierte Lehrer lehnt die didaktische Verantwortung ab; während seine Schüler über Tische und Stühle springen, zieht er sich gänzlich zurück.*"

Nach diesem Strickmuster können Sie sich eigenständig eine ganze Reihe weiterer antikonstruktivistischer Argumente konstruieren. Seien Sie nicht zaghaft in deren Verwendung: Nur in der Konfrontation mit der Umwelt, so lernen wir von Piaget (↑) und von Glasersfeld (↑), kann sich eine Konstruktion als viabel erweisen.

Sollte sich der Konstruktivismus der konsequenten Steigerung seiner Argumente nicht gewachsen zeigen, so muss er seine eigene kommunikative Viabilität (↑) überdenken. Sollten Sie übrigens zufällig dem Konstruktivismus zuneigen und wollen sich durch dieses Buch zur Umsetzung einer konstruktivistisch orientierten Didaktik ermutigen lassen, so hoffen wir, dass Sie nun nicht entmutigt vor der Fülle der antikonstruktivistischen Polemik stehen. Wir wollen Sie an dieser Stelle jedenfalls damit allein lassen.

Kämpferischen und eben auch polemischen Angriffen waren die prominenten Konstruktivisten lebhaft ausgesetzt. In diesem Zusammenhang fordert von Foerster (↑) einen angemessenen dialogischen Umgang mit seiner Person und seinem Werk ein:

> ***"Ich fände es angenehmer, wenn man mir zuhören würde, ohne mich mit irgendeiner Vokabel festzunageln, ohne gleich zu etikettieren: Heinz von Foerster, das ist ein Konstruktivist! Und das sind die Leute, die glauben, dass alles Illusion ist, dass in der Welt keine wirklichen Gegenstände herumkugeln. Mir würde es eher gefallen, wenn man sich fragen würde: wer ist dieser Heinz von Foerster? Natürlich ist er verrückt, das ist schon klar. Aber wer ist er? Was möchte er sagen? In dem Moment, in dem der andere sich diese Fragen stellt, beginnt er zuzuhören. Unser Gespräch bekommt eine Basis. Und der Tanz des gemeinsamen Dialogs kann beginnen."***

Von Foerster (Wahrheit ist die Erfindung eines Lügners, Seite 45)

KONSTRUKTIVISMUS KONKRET: SO SETZEN SIE KONSTRUKTIVIMUS IM UNTERRICHT UM

"Wenn das Denken aus dem Handeln hervorgeht, muß schon dieses wesentliche Züge des Denkens enthalten."

Hans Aebli

- Auch wenn Konstruktivismus ursprünglich eine erkenntnis-theoretische Position bezeichnet,

- auch wenn Konstruktivismus im Alltäglichen eine Haltung zur Umwelt und zur Kommunikation darstellt,

- auch wenn Konstruktivismus sich nicht auf einige wenige Handlungsanweisungen verkürzen lässt,

- er kann doch konkret praktiziert und wiedererkannt werden.

Didaktischer Konstruktivismus ist praxisbezogen.

- Was auch immer an philosophischem Hintergrund hierauf Einfluss haben mag,

- was auch immer die Bedeutung der erkenntnistheoretischen Haltung auf Kommunikation sein mag,

- es kommt letzlich auf die alltägliche Umsetzung an:

- Woran erkennt man konstruktivistische Didaktik, welche Handlungen sind typisch, welche untypisch?

- Woran erkennt man Schüler, die nach konstruktivistisch orientierter Didaktik unterricht wurden?

- Kann eine konstruktivistische Haltung überhaupt vermittelt werden, und wenn ja, wie kann dies konkret in der Praxis geschehen?

Mit anderen Worten: **Was bleibt konkret vom Konstruktivismus übrig, wenn man ihn mit den alltäglichen Herausforderungen der unterrichtlichen Praxis konfrontiert?**

Genau dies sind die Fragen, die den Lehrer in der Primarstufe und der Sekundarstufe oder allgemein den erzieherisch oder didaktisch tätigen Menschen zu interessieren haben.

Wir werden sehen: Es kommt eine ganze Menge heraus, und was für den Unterricht (oder allgemein: didaktische Situationen) herauskommt, kann sich sehen lassen:

- Es sind **konkrete, umsetzbare Handlungsmöglichkeiten**.

- Es sind **variable**, auf verschiedene Situationen applizierbare **Verhaltensoptionen**.

- Es sind **lebendige**, **innovative** und **moderne** didaktische Methoden und Einstellungen.

Die Rolle des Lehrers

> ***Die übliche Vorstellung von einem Lehrer ist, dass er alles weiß - und die Kinder, die Schüler, nichts wissen. Lernen wäre demnach als die schrittweise Beseitigung von Unwissen zu begreifen.***
>
> Von Foerster (*Wahrheit ist die Erfindung eines Lügners*, Seite 69)

- Wie verhalten Sie sich zu Ihren Schülern?
- Was sehen die Schüler in Ihnen?
- Nehmen Sie eine bestimmte Rolle ein?

Diese Fragen gilt es in unserem konstruktivistischen Kontext zu klären. Jeder Lehrer muss sie sich stets aufs Neue beantworten.

Konstruktivistische Didaktik: Rollenvielfalt für den Lehrer

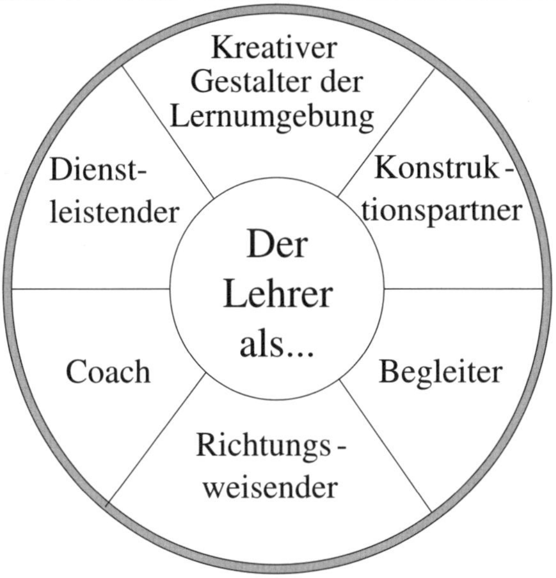

Der Lehrer als Coach

Da ein nach konstruktivischen Aspekten abgehaltener Unterricht - je nach Konstruktionsmanier und –richtung - in sehr verschiedene Richtungen führen kann und eben nicht bis ins Detail planbar ist, ist es für den Lehrer dann normal, sich in didaktischen Situationen wiederzufinden, die er nur im Groben voraussehen konnte. Das Konzept eines konservativen Führungsstils, das dem Lehrer die Rolle eines planenden und diese Planungen konkret umsetzenden, ja sie durchsetzenden Führers zuwies, kann vor diesem Hintergrund nicht bestehen. An diese Stelle tritt das Konzept des Coaches. Coaching ist ursprünglich ein Terminus aus dem Sport:

- Der Coach ist derjenige, der eine Gruppe von Akteuren betreut, die sich in einer **konkreten Leistungssituation** befinden: Eine Sportmannschaft beim Wettkampf oder, auf die Schule übertragen, eine Schülergruppe beim Lernprozess.

- Der Coach muss in der Lage sein, auf **unverhergesehene Situationen zu reagieren**: Auf eine Umstellung der gegnerischen Mannschaft mit von ihm als angemessen erachteten Maßnahmen oder, auf die Schule übertragen, auf neue Konstruktionsbedürfnisse mit probaten Umstellungen im Unterrichtsfortgang.

- Der Coach muss insbesondere die **Stärken und Schwächen** der ihm Anvertrauten in seine Entscheidungen mit **einbeziehen**: Im Sport muss er die Positionen in der Mannschaft mit den geeignetsten Spielern besetzen und gegebenenfalls, je nach Tagesform der Einzelnen, Umstellungen vornehmen, und auf die Schule übertragen bedeutet Coaching das individuelle Einstellen auf die einzelnen Lernenden, deren verschiedene Konstruktionsbedürfnisse sowie auch ihre jeweilige Tagesform.

Wir sehen also: An den Coach werden vielfältige Ansprüche gestellt, und diese Ansprüche betreffen vor allem

- das **Improvisationsvermögen** des Coaches, der noch nicht einmal selbst bei Kenntnis seiner „Mannschaft" seine eigenen Coaching-Entscheidungen voraussehen kann (denn dann könnte er ja seinen Schützlingen einen „Fahrplan" mitgeben. Seine Anwesenheit wäre nicht erforderlich);

- das **Einstellungsvermögen auf die einzelnen „Akteure"**. Auf diese muss er sich hinsichtlich deren Fähigkeitsprofil und nicht zuletzt ihrer Tagesform einstellen.

Als Coach verstanden, ist der konstruktivistisch orientierte Lehrer demnach **keinesfalls ersetzbar**.

- **Er ist nicht ersetzbar durch Lernmaterialien**, da eben beim Lernen die Entwicklungen nicht vorausgesehen werden können. Das Improvisationsgeschick des konstruktivistisch orientierten Lehrers kann auchdurch noch so breit angelegte Lernmaterialien nicht ersetzt werden.

- **Er ist auch nicht durch einen beliebigen Stellvertreter ersetzbar**. Als Coach sind ihm die besonderen Lernbedürfnisse und Konstruktionspräferenzen seiner Schützlinge bekannt, und diese Kenntnis ist zentral im Unterrichtsgeschehen. Eine konstruktivistische Didaktik lehnt einen „*global learner*" ab. Die Idee des global learners unterstellt, dass im Prinzip alle Lernenden auf die gleiche Weise an ein Thema herangeführt werden können.

Im Sport sind oftmals die Funktionen von Coach und Trainer personell getrennt. Eine Mannschaft wird also von der einen Person bei der Verbesserung von Fähigkeiten trainiert und von einer anderen während des Wettkampfs gecoacht. Dies trägt der Tatsache Rechnung, dass beide Tätigkeiten andere Fähigkeit und vielfach auch einen anderen Führungsstil erfordern. In der Schule werden beide Funktionen von einer Person erfüllt. Die Ansprüche an diese Person sind hoch. Sie sind vor allem dann hoch, wenn diese Tätigkeiten in konstruktivistischer Manier ausgeführt werden. Noch einmal: Konstruktivismus ist anstrengend.

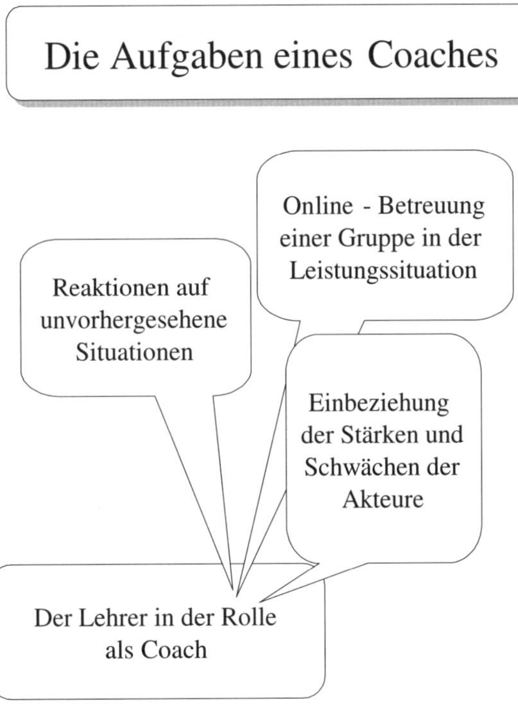

Das Ausfüllen der Rolle als Coach bedeutet das Erfüllen anspruchsvoller und vielfältiger Aufgaben.

Der Lehrer als Begleitender

Konstruktivistischer Unterricht ist schülerzentriert. Der Lernende steht im Mittelpunkt des Interesses, und der Lehrer kümmert sich um den Lernprozess des Schülers. Genauer gesagt: Er begleitet ihn. „Begleiten" weist dem Lehrer eine Rolle zu. Hinsichtlich des Lernprozesses ist der Lehrer ein **Beg**leitender. Er ist kein Leitender.

Als solcher hätte der den Lernprozess vorzugeben, der Lernende müsste sich beim Lernen nach dem Lehrer richten. Eine solche Einstellung, so hatten wir ja weiter oben bereits herausgestellt, trägt nicht der Eigenkonstruktion eines jeden Individuums beim Lernen Rechnung. Hinsichtlich des lernenden Konstruierens wird der Lernende als gleichberechtigt wahrgenommen:

- Gleichberechtigt dahingehend, dass **seine Art, sich Konstrukte von einem Thema zu erstellen, respektiert** und als nicht minderwertig angesehen **wird**. Auch wenn der Lehrer auf dem behandelten Gebiet bereits mehr Konstruktionshandlungen unternommen hat (was auf Grund seiner Situation normal ist), ist seine Konstruktionsmanier als solche nicht als überlegen anzusehen.

- Gleichberechtigt aber auch dahingehend, dass das **Interesse des Schülers an einem Lerngegenstand** oder einer Konstruktionsrichtung ernst genommen wird. Es wird nicht den Richtlinien oder den Interessen des Lehrers hintangestellt. Von einer konstruktivistischen Perspektive sind allein die Kriterien, an Hand derer man diese Interessen beurteilen wollte, kritisch als Konstruktionen zu hinterfragen.

Gleichberechtigung hinsichtlich des Lernvorganges bedeutet nicht eine Gleichheit im Sinne von Rollengleichheit oder Verzicht auf die Amtsautorität des Lehrers. Schließlich kommt diesem allein in seiner Funktion als Coach schon eine besondere Rolle zu, die derjenigen der ihm Anvertrauten nicht gleich ist.

Gleichberechtigung bezieht sich deutlich auf den Lernvorgang. Dieser steht im Mittelpunkt des Unterrichts. Und hierauf bezieht sich auch das Begleiten.

**Der Lehrer begleitet den Schüler bei dessen Lernvorgang.
Nicht der Schüler folgt dem Lehrer auf dessen Lehrvortrag.**

Der Lehrer als Konstruktionspartner

Lernen ist Konstruieren. Dieses Konstruieren geschieht bei jedem anders. Es folgt dabei den individuellen Konstruktionsregeln, und diese Regeln werden unter anderem durch die Autopoiese (↑) des Gehirns bestimmt. Dennoch ist Lernen durch Konstruieren keine Privatsache des Lernenden.

- **Konstruieren braucht Anstoß**. Wenn die Konstruktivisten von *Perturbationen* (↑) reden, so könnte dies in der konkreten Unterrichtspraxis einen kognitiven Konflikt oder sonst ein Anstacheln der Neugierde bedeuten.

- **Konstruieren erfolgt vielfach über Kommunikation**. Hierdurch können etwa intersubjektive Konstrukte entstehen, oder es kommt zu weiteren Anregungen.

- **Konstruktionen müssen sich in der Umwelt**, auch der sozialen Umwelt **bewähren**. Dazu muss die Konstruktion dieser Umwelt exponiert werden. Der Lernende muss sehen, inwieweit sein Konstrukt ihm eine „Überlebenshilfe“ in dieser Umwelt ist.

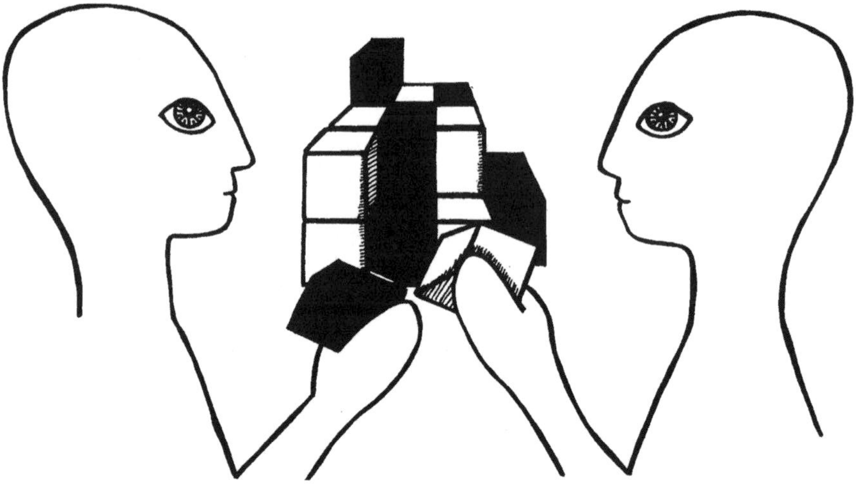

Gemeinsam mit dem Lernenden konstruiert der Lehrer: Er tritt als sein Konstruktionspartner auf. Dieser Aufbau gemeinsamer Konstruktionen ist wesentlicher Teil des Lehr-Lernprozesses, ist für diesen richtungsweisend und erfordert gleichzeitig vom Lehrer, sich auf die spezifischen Konstruktionsbedürfnisse des Lernenden einzulassen.

Daher kommt konstruierendes Lernen nicht ohne eine für dieses Lernen angemessene Umgebung aus. Die Rolle des Lehrers ist somit die eines Konstruktionspartners. Der Lehrer, der ja bereits als ein Begleitender charakterisiert wurde, nimmt sich der Konstruktionen der Lernenden an.

- Er lässt sich mit diesen konfrontieren.

- Er konfrontiert den Lernenden mit seinen eigenen Konstruktionen. Hierbei kann es zu einem (gegenseitigen) Abgleich kommen, oder eine Konstruktion besteht nicht in der Konfrontation. Dies sollte eine Ermunterung zur Neukonstruktion nach sich ziehen.

- Der Lehrer schafft geeignete Foren der Kommunikation über die Konstruktionen des Schülers. Welche Unterrichtsform er dazu im Einzelnen bemüht, hängt unter anderem vom Thema und der Vergleichbarkeit der Konstrukte ab.

Der Lehrer als Konstruktionsbegleitender ist in jedem Fall mitverantwortlich für die Konstruktionen der Schüler (einen großen Teil der

Verantwortung tragen übrigens die Schüler selbst). Durch das stete Konfrontieren der Konstruktionen der Lernenden nimmt der Lehrer maßgeblichen Einfluss auf die Richtung und die Viabilität (↑) der Schülerkonstruktionen.

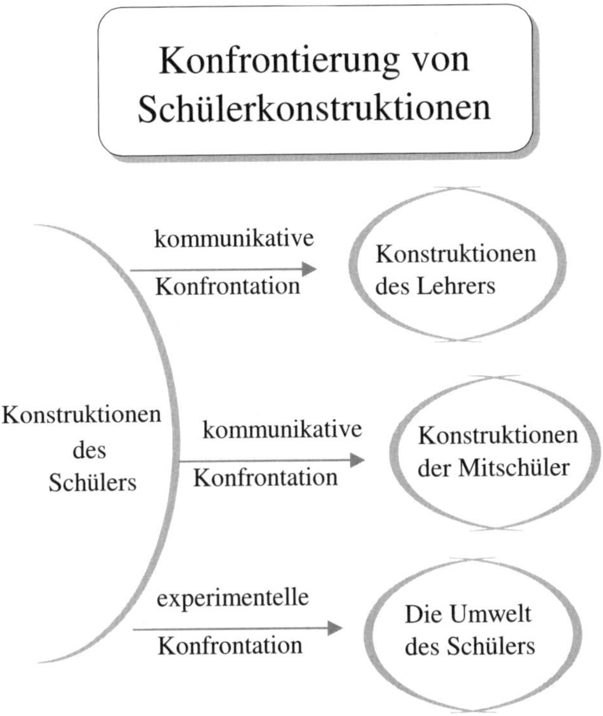

Im Sinne einer konstruktivistisch orientierten Didaktik werden die Konstruktionen der Schüler auf verschiedenen Ebenen konfrontiert und so auf ihre "*Tauglichkeit*" (Vergleichen Sie hierzu "Viabilität" (↑)) getestet.

Dieser Aspekt von konstruktivistischer Didaktik bedeutet für den Lehrer ebenfalls Anstrengung und Engagement. Keinesfalls aber kann sich vor diesem Hintergrund der Lehrer aus seiner didaktischen Verantwortung stehlen. Dieser Vorwurf von Seiten der Gegner des Konstruktivismus wirkt vor dem Hintergrund des Aufwandes einer solchen intensiven Konfrontation absurd.

Der Lehrer als kreativer Gestalter der Lernumgebung

Konstruktivismus fordert mehr als Coaching-Leistungen vom Lehrer. So wenig Konstruktivismus von der Umwelt absehen kann, die vom Individuum (lernende) Anpassungsleistungen provoziert, so wenig kann konstruktivistische Didaktik von einer anregenden Lernumgebung absehen. Für die Schaffung einer solchen ist zunächst der Lehrer verantwortlich. Die Gestaltung von Unterrichtsformen, innerhalb derer sich konstruktivistische Didaktik besonders leicht umsetzen lässt, bedeutet oftmals in erster Linie die Schaffung eines adäquaten Lernsettings:

- Eine **Lernwerkstatt** stellt sich vor allem durch die Vielzahl der verschiedenen Handlungs- und Schaffensmöglichkeiten als zur Konstruktion anregendes Setting dar.

- Ein **Unterrichtsgang** sucht die „autentische" Umgebung eines behandelten Unterrichtsthemas auf.

- **Projektunterricht** ist bereits die Aufforderung an die Lernenden, an der Gestaltung ihrer Lernumgebung aktiv mitzuarbeiten.

Der Lehrer als Gestalter der Lernumgebung nimmt also vielfach längst vor dem Eintreten der Unterrichtssituation seine Tätigkeit auf. Organisation von Exkursionen zu „*autentischen Lernorten*" gehört hierzu ebenso wie Aufbau und Weiterentwicklung von Lernwerkstätten und ähnlichem. Auch dies erfordert erheblichen Aufwand, der für viele konservative Lehrerkonzeptionen nicht entstand. Dieser Aufwand wird auch nicht dadurch geringer, dass teilweise die Schüler in die Gestaltung ihrer Umgebung miteinbezogen werden.

Der Lehrer als Richtungsweisender

Konstruktivistische Didaktik ist nicht beliebig. Auch wenn ein erhebliches Maß an Eigenverantwortlichkeit der Lernenden bei der Themenauswahl und der Richtung von Konstrukionsvorgängen den Unterrichtsverlauf schlechter planbar machen, so läuft dies nicht auf Beliebigkeit hinaus.

- Gerade in einer konstruktivistisch orientierten Didaktik ist die Fähigkeit zu angemessenem praktischen Handeln wesentliches Ziel von Unterricht.

- Die Fähigkeit zur Kommunikation über ein Lernthema beinhaltet gleichzeitig das Erreichen weiterer Konstruktionsziele auf diesem Gebiet.

- Schließlich erwächst aus der Konfrontation des Gelernten mit dem Alltag des Lernenden der Anspruch an die Angemessenheit des jeweiligen Konstruktionsvorganges.

Der Lehrer tritt als Richtungsweisender auf.

Durch die Schaffung von angemessenen Lernumgebungen bringt er sich bereits aktiv in die Richtungsnahme der Konstruktionsprozesse ein. Schließlich ist der Hintergrund der Forderung nach einer „*authentischen Lernumgebung*“ eine **Steuerung der Konstruktionsprozesse** in eine dieser Umgebung angemessene Richtung.

Durch das stete Konfrontieren der Konstruktionen der Schüler mit seinen eigenen oder denen der Mitschüler sorgt der Lehrer für **Korrekturen in bestehenden Konstruktionen** oder deren gänzliche Ersetzung durch andere.

Der Lehrer als Weichensteller

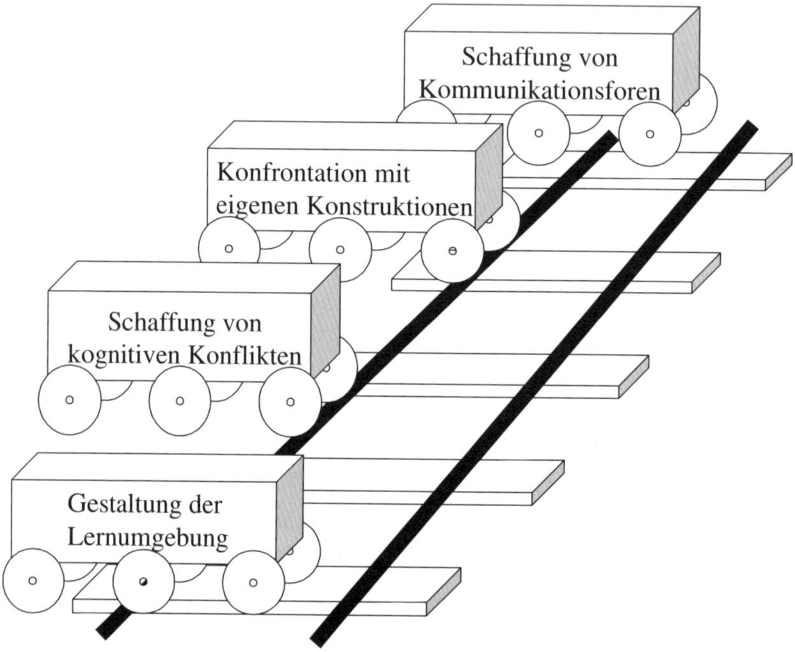

Der Lehrer tritt in verschiedenerlei Hinsicht als "*Weichensteller*" für die Konstruktionen seiner Schüler auf.

Korrekturen der Schülerkonstruktionen durch den Lehrer sind weder unkonstruktivistisch noch anmaßend. Sie sind erforderlich, weil in einem konstruktivistisch durchgeführten Unterricht sehr große Variabilität im Lernprozess der Einzelnen vorliegt.

Vergessen wir nicht: Auch ein konstruktivistisch orientierter Unterricht unterliegt organisatorischen Zwängen, etwa dem, dass in einer Klasse viele Schüler parallel ein Thema zu behandeln haben. Und schließlich ist konstruktivistische Didaktik nicht beliebig.

Der Lehrer als Dienstleister

Wenn eine Didaktik den individuellen Konstruktionsbedürfnissen der Lernenden Rechnung tragen will, so muss sich der Lehrer dem Konstruktionsprozess der Schüler anpassen. Wenn ihr Interesse die Schüler auf neue Fragen innerhalb des behandelten Themas bringt, so ist es dem gesamten Lernprozess förderlich, wenn dieser themenbezogenen (intrinsischen) Neugier die Konstruktionsmodule geliefert werden, die ihm fehlen.

Hier ist wieder der unermüdliche Einsatz des konstruktivistischen Lehrers gefragt. Er liefert dem Schüler, wenn es ihm möglich ist, die fehlenden Module für seine Konstrukte.

Wie bei konkreten technischen Konstruktionen ist auch im Rahmen von Lernen das Vorhandensein von Bausteinen und eventuell Zement für die Stabilität und Ausdifferenzierung der entstehenden Konstruktionen unerlässlich.

Wie stellt der Lehrer diese erforderlichen Bausteine zur Verfügung?

- Er gibt dem Schüler die von diesem erfragten Informationen.

- Dabei richtet sich der Lehrer in **Form der Darbietung** ganz nach dem Bedürfnis des Schülers.

- Konkret kann dies etwa bedeuten, dass der Lehrer **verschiedene Erklärungsansätze** für die Verdeutlichung einer Sache bereithält.

- Es kann ebenfalls heißen, dass sich der Lehrer im Umfang der **Informationspräsentation** nach dem Schüler zu richten hat. Wenn dieser etwa signalisiert, dass ihm für seine Konstruktion das Dargebotene ausreicht, so kann der Lehrer innehalten. Er ist hierbei in erster Linie für die Konstruktionshilfe verantwortlich und hat dieser Aufgabe Rechnung zu tragen.

- Der Lehrer erschließt den Lernenden **Informationsquellen**.
- Dies könnten etwa Orientierungshilfen im **Internet** bedeuten
- oder der Zugang zu **Bibliotheken**,
- aber auch die Vermittlung an kompetente, **außerschulische Institutionen**.

Der Lehrer stellt also zur Verfügung, was jeweils dem Schüler für seinen Lernprozess erforderlich erscheint. Die Rolle des Lehrers ist hier die eines Dienstleistenden: Er passt sich den Bedürfnissen der Schüler an, und diesen stellt er - auf „Zuruf"- das zur Verfügung, was sie gerade benötigen.

Gewiss stellt ein solches Konzept eine sehr weitgehende Interpretation von konstruktivistischer Didaktik dar. Diese Rolle muss auch nicht durchgängig eingehalten werden. Sie erweitert aber entscheidend das Repertoire des konstruktivistischen Lehrers. Und sie ist bestimmt auch anstrengend.

KONSTRUKTIVISMUS KONKRET: SPRACHE UND KOMMUNIKATION IM KONSTRUKTIVISTISCHEN UNTERRICHT

"Mit der Zeit wurde mir klar, daß man sich mit jeder Sprache eine andere Wirklichkeit aufbauen muß."

Ernst von Glasersfeld (In: Von Foerster, von Glasersfeld: *Wie wir uns erfinden*, Seite 195)

Von Glasersfeld (↑) wurde in seinem Leben früh mit verschiedenen Sprachen konfrontiert, und er wurde gezwungen, sich in seiner sozialen Umgebung in der jeweiligen Sprache zu verständigen. Von seiner polyglotten Umgebung hat von Glasersfeld zeitlebens profitiert, durch seine Vielsprachigkeit wurde ihm die Bedeutung von Sprache für die Wahrnehmung und überhaupt die Beziehung zur Umwelt unmittelbar vor Augen geführt.

Damit tritt neben kommunikationslogischen und neurobiologischen Bedingtheiten von Erkenntnis die Sprache als weiterer wesentlicher Parameter hinzu. Diese Parameter sollte man nicht außer Acht lassen, wenn es um Erkenntnis geht.

Sicher ist, dass man in didaktischen Situationen am Allerwenigsten von Sprache absehen kann.

- Sprache ist - auch in einer multimedialen Gesellschaft - nach wie vor das wichtigste Kommunikationsmedium.
- Die Sprache des Lehrers hat Vorbildcharakter. Gerade in Bereichen, in denen die Schüler wenig Vorerfahrungen einzubringen haben, ist der Einfluss der Lehrersprache auf die Sprache der Schüler beträchtlich.

- Die Sprache spiegelt stets auch Einstellungen einer Person wider. Auch und gerade implizit - in der Wahl von Ausdrücken oder Metaphern - macht Sprache die Einstellungen einer Person deutlich.

Es lohnt sich also nicht zuletzt auch für den konstruktivistischen Lehrer, auf Sprache zu achten.

Es kommt noch ein weiterer Aspekt hinzu: Sprachliche Kommunikation ist das wesentliche Medium, mit Hilfe dessen Indidividuen gemeinsame, intersubjektive Welten konstruieren. Wenn wir eine konstruktivistische Didaktik als eine Haltung charakterisieren, die sich allenthalben ausdrückt und auch jenseits freiarbeitlicher Unterrichtsformen einen Konstruktivisten auszeichnet, dann ist Sprache das Medium par excellence, um eine solche Haltung zum Ausdruck zu bringen.

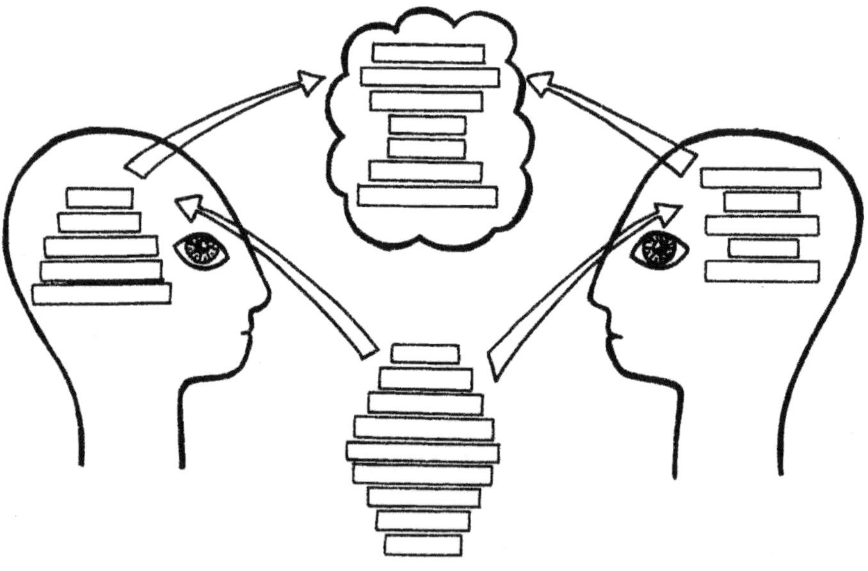

Über Kommunikation können zwei Menschen gemeinsam eine Konstruktion entwerfen, diese intersubjektive Welt konstruieren sie vor allem über die sprachliche Kommunikation. Die Entwicklung eines kritischen Bewusstseins ist Teil einer konstruktivistischen Didaktik; die gemeinsame Konstruktion unterscheidet sich sowohl von den Konstruktionen, die die einzelnen Individuen für sich entworfen haben, als auch von etwaigen Phänomenen der Umwelt, die diese zur Konstruktion angeregt haben.

Andererseits ist Sprache auch das Medium, worüber wir ertappt werden. Da wir uns unserer Sprache stets und ständig bedienen und eben auch in Augenblicken, in denen uns didaktischer Konstruktivismus gerade nicht interessiert, drückt sich in der Sprache oft verräterisch die "wahre" im Sinne von alltägliche, intuitive Einstellung aus.

Sprachbewusstsein macht sich in jedem Fall bezahlt. Im Fachunterricht geht es vielfach um das Vermitteln wissenschaftlicher Sachkenntnisse, mit denen die Schüler in systematischer Form das erste Mal konfrontiert werden. Nicht nur in der Verwendung von Fachtermini, sondern auch durch eigene Sprachfügungen repräsentiert der Lehrer dabei diese Wissenschaft. Er ist ihr Sprachrohr. Und als solches ist er für seine eigene Sprache und die der Schüler verantwortlich.

Was ist eigentlich konstruktivistischer Sprachgebrauch?

Bislang haben wir die Bedeutung von Sprache für den Unterricht auch und gerade unter konstruktivistischen Gesichtspunkten betont.

- Welcher Sprachgebrauch aber kennzeichnet eine konstruktivistische Haltung?
- Wie wirkt sich eine konsequent konstruktivistische Haltung in der Didaktik auf den Sprachgebrauch aus?
- Wie verändert sich dann Kommunikation überhaupt?

Auch wenn Sprache etwas sehr Individuelles ist, die weit mehr als eine erkenntnistheoretische oder didaktische Position widerspiegelt, ist sie in vielerlei Beziehung ein aussagekräftiges Medium:

- Wenn jemand einer empiristischen Wirklichkeitsauffassung zuneigt, so wird sich dies auf verschiedene Weise im Unterricht bemerkbar machen.
- Es zeigt sich gerade in Diskussionen an den Formulierungen eines Lehrers, inwieweit dieser von der "Wahrheit" seiner Auffassung überzeugt ist beziehungsweise sich deren Konstruktionscharakters bewusst ist.

- Auch hinsichtlich wissenschaftlicher "Erkenntnisse" drückt sich in der Sprache des diese vorstellenden Lehrers der "Wahrheits-" beziehungsweise Konstruktionscharakter von Wissenschaft beziehungsweise allgemein kulturellen Übereinkünften aus.

Beispiele von Sprachgebrauch

Im folgenden soll an Hand einiger Beispiele untersucht werden, inwiefern Sprache im Unterricht eine Einstellung widerspiegeln kann.

1. Beispiel

> "***Einmal hat ein Kleiner gesagt: `Ja, jetzt kauft meine Mutter nur noch große Flaschen. Es ist billiger als kleine.´ Dann hat ein anderer gesagt:`Das ist nicht möglich, wenn mehr Wasser oder Wein in der großen Flasche als in der kleinen ist, ist es teurer. ´ Dann hat ein anderer gesagt: `Aber es sind nicht mehr als drei kleine Flaschen in einer großen.´ Und dann habe ich gesagt: `Wollen wir`s ausprobieren?!´ Und da haben sie leider nicht nur zwei kleine Flaschen und eine große gebraucht, sondern eine Menge Flaschen und wollten mehrere Sachen probieren. Dann habe ich sie zuerst frei gelassen, um nachzudenken, was wir aus dem herausbringen können, und da haben sie schon gewisse Sachen entdeckt: sie haben ein bestimmtes Quantum jedes Mal in alle Flaschen geschüttet und sagten dann: `Es ist nicht so viel in jeder Flasche.´ Da sagte ein anderer: `Ja, du siehst es doch. ´Dann war ein Gespräch: `Ja, diese Flasche´, haben sie gesagt, `sie ist größer in der Breite.´ Und da hatten sie viele Ausdrücke gesucht, um es zu erklären; es fehlten ihnen Wörter aus Mathematik wie `Durchmesser´, dieses Wort kannten sie nicht, sie kannten nicht die `Höhe´, sie kannten nicht `Umfang´.***"

(Aus: *Lehrer und Schüler verändern die Schule, Bilder und Texte zur Freinet-Pädagogik*. Seite 56. Frankfurt a. M., 1976)

Grundschüler werden hier im Rahmen von Freiarbeit mit Phänomenen konfrontiert, die sie noch nicht sprachlich auszudrücken vermögen. Diese Diskrepanz verleitet sie - ganz im Sinne einer konstruktivistischen Didaktik

- zur Konstruktion eigener, ihnen angemessen erscheinender Sprachkonstrukte.

Sie konfrontieren diese Konstrukte mit ihrer Umwelt (den Flaschen) und mit den Konstrukten anderer (in der Kommunikation mit diesen). Dabei bewähren sich einige der Sprachkonstrukte besser als andere.

Der konstruktivistische Charakter einer solchen Kommunikation wird unmittelbar deutlich:

- Das Interesse an der Lösung des aufkommenden Problems entsteht aus der Kommunikation selbst. Diese hat lebensweltlichen Bezug.

- Der Versuch, gemeinsame intersubjektive Welten aufzubauen, wird an mehreren Stellen deutlich.

- Die Formulierungen zeigen, dass sie den Kindern selbst entstammen. Ihre Anwendung auf das Sachproblem zeigt kein schulisches Erlernen und entspricht nicht gesellschaftlichen Sprachkonventionen. Um es mit den Worten von von Foerster zu sagen (Vergleichen Sie sein Zitat am Anfang des Vorwortes zu diesem Buch): Die Kinder sind in diesem Punkt noch nicht trivialisiert.

2. Beispiel

> ***"Rib (7 Jahre): `Weißt Du, was eine Lüge ist?´- `Das ist lügen.´ - `Was ist lügen?´ - `Häßliche Worte sagen.´- `Wann sagt man Lügen?´ - `Wenn man etwas sagt, was nicht wahr ist.´ - `Ist das dasselbe, ein häßliches Wort und eine Lüge?´ - `Nein, das ist nicht dasselbe.´ - `Warum nicht?´ - `Das ist sich nicht ähnlich.´ - `Warum hast Du mir gesagt, ein Lüge sei ein häßliches Wort?´ - `Ich glaubte, es wäre dasselbe.´"***

(Aus: Jean Piaget: *Das moralische Urteil beim Kinde*. Seite 174 - 175. München, 1990)

Verschiedene Kinder waren in ähnlicher Weise mit ihrer Auffassung von Lügen konfrontiert worden. Rib geht, wie viele Kinder, von der primitiven Definition von Lüge als `*hässliche Wörter*´ aus. Rod hat aber die Idee einer anderen, mit der allgemein akzeptierten Bedeutung besser übereinstimmenden Definition, die ihm durch "sokratisches" Nachfragen entlockt werden kann.

Piaget charakterisiert eine solche Neukonzeption als Akkomodation. Und die Neugewinnung einer weiteren Struktur wird in diesem Fall sprachlich verdeutlicht. "*Ich glaubte, es wäre dasselbe.*" - diese abschließende Feststellung macht bereits den Konstruktionscharakter der vorherigen Definition klar.

Im Dialog macht das Kind auch den Prozess der Konstruktion nachvollziehbar, die Kriterien, nach denen es vorgeht, werden nachvollziehbar: "*Das ist sich nicht ähnlich.*". Auf diese Weise wird der Konstruktionscharakter dessen, was man zum Ausdruck bringen möchte, sprachlich deutlich.

3. Beispiel

> ***"Evidence of molecules***
>
> ***The molecules in liquids and gases are continually moving in a completely random way. This can be seen when smoke molecules are viewed under a microscope. They move in a random zig-zag fashion because they are being hit by invisible air molecules. This movement is known as Brownian motion.***
>
> ***The gradual mixing of two or more different gases or liquids is called diffusion..."***

(Aus: Clive Gifford: Essential Chemistry. Key laws & uses summarized. Seite 5. Usborne Publishing Ltd. London. 1992)

Diese Passage aus einem einführenden Chemielehrbuch für den Anfangsunterricht spiegelt verschiedene Haltungen der Chemie als Fachwissenschaft wider. "*Evidence of molecules*" unterstellt bereits eine empirizistische Haltung, wie sie für Naturwissenschaften typisch ist: Aufgrund der angeführten und anderer Beobachtungen wird der Beweis als erbracht angesehen, dass Moleküle existieren.

Molekülen wird eine ontische (↑) Existenz zugewiesen.

Beim Leser, zumal beim kindlichen Leser, der erstmals mit diesen Phänomenen konfrontiert wird, die nicht in seinen Erfahrungsbereich fallen, kommt der Eindruck auf, dass Moleküle tatsächlich, bewiesenermaßen, existent sind und der Mensch einen unmittelbaren Zugang zu ihnen hat.

Natürlich kann ein Chemiebuch, dem es in erster Linie um die einfache Vermittlung von grundlegenden *essentials* geht, von "*basic facts*", nicht gleichzeitig in jedem Satz mühsam auf den Konstruktionscharakter solcher Aussagen hinweisen: "*Wir schließen uns auf Grund dieser Ergebnisse der allgemeinen Konvention an, das Konstrukt von "Molekülen" einzuführen, weil wir auf diese Weise Widerspruchsfreiheit bei solchen Experimenten erreichen.*"

Es ist in jedem Fall wesentlich, sich bewusst zu machen, dass auch wissenschaftliche Begrifflichlichkeiten keine Wahrheiten sind, auch wenn, zum Teil der Einfachheitheit halber, sprachlich so getan wird.

Die Sprache in Lehrbüchern fordert auch vielfach zum unüberprüften Glauben von dargestellten Tatsachen auf: "*...because they are being hit by invisible air molecules.*"

Der letzte Satz macht den Zuweisungscharakter einer chemischen Begrifflichkeit deutlich: "*The gradual mixing of two or more different gases or liquids is called diffusion...*"

Auch wenn es diesem Fall zunächst unerheblich erscheinen mag: "is called" macht dies deutlicher, als ein bloßes "is" es getan hätte.

4. Beispiel

> ***"Wenn jetzt Mittag ist, dann steht sie (die Sonne) halt in der Mitte, und wenn sie untergeht, dann ist sie wieder auf der anderen Seite. - Was willst Du damit sagen, dass die Sonne am Mittag in der Mitte ist? - Ja also, daß sie da am höchsten scheint. Sie geht immer höher und geht so in einem Halbkreis. [...] Die Erde dreht sich um die Sonne. - Aber eben sagtest Du noch, die Sonne geht in einem Halbkreis? - Also, die Sonne bewegt sich ja auch, und die Erde dreht sich auch. Also ich merke es***

nicht, aber man hört es halt, daß die Erde sich dreht." (Mike, neun Jahre alt, viertes Schuljahr)

(Aus: Giest, Hartmut. Scheerer-Neumann, Gerheid: *Jahrbuch Grundschulforschung Band 2*, Seite 65. Deutscher Studienverlag. Weinheim. 1999)

Gerade bei der Erklärung von Naturphänomenen, deren Zusammenhänge dem Kind nur zum Teil direkt sinnlich zugänglich sind, wird deutlich, an welchen Stellen eigene Beobachtungen und Erfahrungen zu Grunde gelegt werden und an welchen Stellen Konstruktionen von anderen übernommen werden.

Mike macht diesen Unterschied recht deutlich: "*Ja also, dass sie da am höchsten* ***scheint.***" Hier weist er auf den Charakter seiner sinnlichen Erfahrung hin und macht zugleich deutlich, dass es ein Schein, ein Sinneseindruck ist, dass die Sonne am höchsten sei.

Die Vorsicht, mit der er hier astronomische Beobachtungen als solche kennzeichnet und keinen Anspruch auf ontische Wahrheit erhebt, kann man durchaus konstruktivistisch nennen. Mit der Aussage "*Die Erde dreht sich um die Sonne.*" stellt Mike allerdings eine Aussage auf, die weder Beobachtungen bezeichnet noch Konstruktionscharakter ausweist.

Dies wird ihm auch gleich vorgehalten, und der "kognitive Konflikt" wird durch den Hinweis aufgelöst: "Also ich merke es nicht, aber man hört es halt, dass die Erde sich dreht."

Hierdurch wird sehr deutlich klar gemacht, dass es sich bei dieser Aussage tatsächlich um eine Übernahme von Fremdwissen handelt. Eine solche Deklaration der Quelle des Wissens kennzeichnet Mikes Sprachgebrauch ebenfalls als konstruktivistisch.

Praktischer Teil:

Übungen zum Sprachbewusstsein im Unterricht

Im Folgenden sollen einige praktische Übungen vorgestellt werden. Diese sollen vor allem als Anregung dienen und können selbstverständlich in abgewandelter und auf das jeweilige Publikum angepasster Form durchgespielt werden.

Hauptsächliches Ziel ist die Sensiblisierung für Formulierungen und die Art und Weise, wie wir durch unsere Sprache - oft genug, ohne dies zu merken - unsere Wirklichkeitsauffassung und teilweise auch unser naturwissenschaftliches Weltbild widerspiegeln.

Die Übungen können unter Berücksichtigung von deren Sprachlichkeit und intellektuellem Stand mit Schülern durchgeführt werden, eignen sich aber auch für Erwachsene. Sie sind in ihrem Anspruch ohne weiteres steigerbar und können leicht auf verschiedene thematische Kontexte zugeschnitten werden.

1. Übung: Objektivistisches und konstruktivistisches Sprechen

Partnerübung:

Ein Partner tritt als Objektivist (↑) auf: Er formuliert alle seine Aussagen so, dass damit ein gewisser Wahrheitsanspruch verbunden ist. Dies betrifft sowohl unmittelbare Beobachtungen als auch eigene Gedanken und allgemeine Aussagen.

Der andere Partner hat die schwierige Aufgabe, auf diese Aussagen einzugehen und selbst dabei aber stets den Konstruktionscharakter seiner Aussage deutlich zu kennzeichnen. Er tritt - überzogen - als Konstruktivist auf. Folgende Beispiele sollen die verschiedenen Rollen in der Kommunikation verdeutlichen:

Partner A	Partner B
Vor mir steht ein schwarzer Stuhl.	Auch ich habe **Sinneseindrücke**, die mich an einen schwarzen Stuhl vor mir **denken lassen**.
Es ist wissenschaftlich bewiesen, dass der Treibhauseffekt durch die verstärkte Produktion von Kohlendioxid entsteht.	Auch ich habe neulich etwas gelesen, wonach die Umweltwissenschaften derzeit verstärkt einen Zusammenhang zwischen Kohlendioxid-Produktion und Treibhauseffekt **konstruieren**, was ihnen **momentan** eine gute **Arbeitshypothese** zu sein **scheint**.
Es ist aggressiv, wie du beim Reden gestikulierst.	Es tut mir leid**,** wenn **du** aggressive Gefühle in dir **bemerkst**, die in dir entstehen, **während** du mir beim Reden zuhörst und dabei mein wildes Gestikulieren beobachtest.
Du versuchst, mich zu veralbern.	Schade, dass du mein Verhalten so **deutest**, dass du mir die **Motive unterstellst**, die du hast, wenn du dich so verhälst wie ich gerade.

In dieser oder einer ähnlichen Weise könnte so ein Dialog aussehen. Beide Partner sollten sich bemühen, ihre Sprache bewusst "objektivistisch" beziehungsweise "konstruktivistisch" zu wählen. Es ist kein Problem, wenn die Aussagen dabei, wie in den Beispielen ja auch, überzeichnet werden.

Die in den Beispielen gewählte Sprachebene kann dabei natürlich ohne Weiteres auch durch eine einfachere, z.B. grundschulangemessene Sprache ersetzt werden.

Partner A	Partner B
Die Erde dreht sich um die Sonne.	Ja, das haben sie uns in der Schule beigebracht.
Vor dem Linksabbiegen muss man seine linke Hand ausstrecken.	Der Polizist hat uns erklärt, dass das deshalb sinnvoll ist, weil dann die Autofahrer hinter mir sehen können, was ich vorhabe.

2. Übung: Sensiblisierung beim Lesen

Stillarbeit:

Ziel dieser Übung ist es, beim Lesen eines Textes für dessen konstruktivistischen beziehungsweise objektivistischen Charakter sensibel zu werden. Der Text sollte dabei so gewählt sein, dass er für die Teilnehmer von der Sprache und vom Inhalt her angemessen ist. Es bietet sich durchaus auch an, Schulbuchtexte einzubeziehen.

Oftmals kann man verschiedene Passagen kennzeichnen, die von ihrer Aussage her konstruktivistisch beziehungsweise objektivistisch ausgerichtet sind. Als Beispiel, wie eine solche Textarbeit geschehen kann, können die "*Beispiele für Sprachgebrauch*" weiter oben in diesem Kapitel dienen. Auch hier können sich in einem Text Beispiele für beide Arten von Wirklichkeitsauffassung widerspiegeln.

Alternativ können Tonbandaufnahmen von Gesprächen, an denen am besten Teilnehmer dieser Übung beteiligt sind, die Texte ersetzen. Bei dieser Übung kann nicht immer eindeutig geklärt werden, inwieweit ein Satz eine konstruktivistische oder objektivistische Sichtweise widerspiegelt. Vielfach wird durch eine einleitende Formulierung der Konstruktionscharakter angedeutet, wobei allerdings der "*Wahrheitsanspruch*" nicht verloren gehen muss. Auch das Angeben der Quelle einer Aussage kann auf deren Konstruktionscharakter hindeuten.

Die vier in diesem Kapitel dargestellten "*Beispiele für Sprachgebrauch*" können natürlich sehr gut als Übungstext herhalten. Vergleichen Sie Ihre Ergebnisse mit den angegebenen Interpretationen.

3. Übung: Aufbau gemeinsamer Wirklichkeiten

Partnerübung: "Übernahme" einer anderen Konstruktion

Kommunikation nimmt nicht zuletzt deshalb eine so zentrale Rolle im Konstruktivismus ein, weil über sie gemeinsame Wirklichkeiten konstruiert werden können. Diese Übung soll das Einüben dieses Vorganges zum Ziel haben.

Partner A stellt zu einer von ihm gewählten Fragestellung seine Position dar. Er sollte sich ruhig etwas Zeit nehmen, seine "Sicht der Dinge" darzustellen. Partner B hört ihm dabei die ganze Zeit aufmerksam zu und macht sich gegebenenfalls Notizen.

Nun ist es die Aufgabe von Partner B, möglichst genau die Auffassung von Partner A wiederzugeben. Dies wird in den seltensten Fällen auf Anhieb gelingen. Man benötigt schon etwas Übung im Paraphrasieren, das heißt in der wiederholenden, zusammenfassenden Wiedergabe einer dargestellten Auffassung. Partner A muss beurteilen, inwieweit er den Eindruck hat, dass seine Auffassung von Partner B richtig wiedergegeben wurde und sollte gegebenenfalls korrigieren.

Partner A kann sowohl ein "*eigenes*" Konstrukt darstellen, also etwa eine Auffassung oder Meinung zu einem Thema, die er für sich selbst entwickelt hat, oder ein "*übernommenes*" Konstrukt: Er erklärt dann etwas, das er gelesen oder gehört hat, z.B. auch einen wissenschaftlichen Standpunkt.

In diesem Fall soll das Ziel der Übung daran bestehen, dass sich beide Partner darüber verständigen, wie Partner A das Gelesene begriffen hat. Wichtig ist vor allem, dass beide darauf achten, dass beim Zuhörer im Piagetschen Sinne im Wesentlichen Akkomodationsvorgänge (↑) ablaufen und weniger Assimilation (↑); das heißt, der Zuhörer sollte sich bemühen, die Gedanken des anderen möglichst "authentisch" als solche bestehen zu lassen und nicht in eigene Strukturen einzubauen.

Diese Übung kann auch sehr gut im Sachunterricht dazu verwendet werden, die Schüler Gelesenes einander vermitteln zu lassen. Sie dient zum Abgleich von verschiedenen Standpunkten, am Ende sollte eine Konstruktion stehen, die von beiden Teilnehmern geteilt wird.

Bei der Zusammenstellung der Übungspartner sollte darauf geachtet werden, dass einmal Partner zusammenkommen, die einander gut kennen und mit der Art ihrer Konstruktionen vertraut sind, und ein anderes Mal Partner, die sich weniger gut kennen.

Partnerübung: Gemeinsames Konstruieren einer intersubjektiven Welt

Im Gegensatz zur Vorübung, wo es im Wesentlichen um die möglichst "*fehlerfreie*" Vermittlung der Konstruktion eines Teilnehmers durch den anderen geht, soll bei dieser Übung das gemeinsame Konstruieren einer Sicht eingeübt werden: Zunächst einigen sich die beiden Teilnehmer an der Übung über ein Thema. Dieses kann im Unterricht auch vorgegeben werden. Das Thema muss so gewählt werden, dass

- keiner der beiden Teilnehmer einen deutlichen Wissensvorsprung auf diesem Gebiet aufweist,

- das Thema genug Spielraum zum gemeinsamen Konstruieren aufweist, das heißt, dass eigene Ansichten und Phantasie ausdrücklich beim Konstruieren Raum haben.

Nun geht es darum, dass jeder Teilnehmer abwechselnd immer nur einen kleinen Baustein zu der Konstruktion beiträgt: Teilnehmer A bringt einen kleinen Beitrag ein, und wenn beide damit einverstanden sind, kann Teilnehmer B den nächsten "Baustein" für die gemeinsame Konstruktion liefern. Am Ende müssen beide Teilnehmer den Eindruck haben,

- in gleicher Weise an der Erbauung der Konstruktion beteiligt gewesen zu sein,

- den gesamten Konstruktionsprozess bewusst von Anfang bis Ende miterlebt zu haben.

Beispiele für geeignete Themen bei dieser Übung wären etwa "*Wie sollte das Haus aussehen, in dem ich lebe*?", oder: "*Wie stelle ich mir eine ideale Unterrichtsstunde im Sachunterricht vor*?" Bei der Themenvorgabe sollten die Interessen und der Entwicklungsstand der Teilnehmer deutlich berücksichtigt werden.

KONSTRUKTIVISMUS KONKRET: ANREGUNGEN FÜR THEMATISCHE UMSETZUNGEN

"Die konstruktivistische Wissenstheorie bietet nun ein fundamental neues Paradigma für die Selbstorganisation von Lern- und Lehrprozessen."

Henk Goorhuis ("*Viel mehr als die Summe der Teile*", Seite 12)

- Was ist nötig, um Konstruktivismus didaktisch umsetzen zu können?
- Welche Bedingungen müssen erfüllt sein, damit die philosophischen Ansätze von Konstruktivismus ihre didaktische Anwendung finden?
- Welche Hilfe benötigt der Lehrer, der an einer Umsetzung konstruktivistischer Ansätze in seinem Unterricht interessiert ist?

Am Anfang steht sicherlich die **Entscheidung** für die Umsetzung konstruktivistischer Elemente im Unterricht. Eine Beschäftigung mit Konstruktivismus und seinen Möglichkeiten ist ebenfalls wesentlich, und diese Beschäftigung sollte nicht zuletzt auch die didaktisch-pädagogischen Aspekte mit umfassen.

Darüber hinaus aber, und das ist zentrales Thema dieses Buches, müssen **konkrete Umsetzungen im Unterricht, im pädagogischen Alltag** bekannt sein:

Oft scheitert die Einführung neuer pädagogischer Methodik daran, dass diese praktisch nie eingeübt wurde, zumal dann, wenn es dafür keine entsprechende Kultur etwa an der Schule gibt, oder wenn Elemente einer solchen Methodik in der Ausbildung kaum oder gar nicht berücksichtigt wurden.

Im pädagogischen Alltag greifen wir bevorzugt auf das zurück, was wir kennen, und diese Kenntnis ist in erster Linie eine **praktische Kenntnis, ein Vertrautsein mit der praktischen Anwendung**.

Da aber Unterricht stets themenbezogen ist, es dabei also stets um die Vermittlung und Bearbeitung eines Lerngegenstandes geht, kann die praktische Kenntnis von konstruktivistisch orientierter Didaktik auch nicht von der thematischen Einbindung absehen.

Dieses Kapitel ist einer solchen **themenbezogenen Umsetzung** von Konstruktivismus gewidmet. Es bietet dazu konkrete Hinweise und Vorschläge zu den einzelnen Themen. Auf jeweils einer Doppelseite wird ein Thema behandelt.

Dabei werden auf der **linken Seite Hinweise für die Einordnung und Charakterisierung des jeweiligen Themas in Bezug auf die Lernenden** gegeben. Eine solche Betrachtung ist im Rahmen einer konstruktivistischen Didaktik ganz entscheidend, stellt sie doch die Grundlage für einen am Lernenden orientierten Unterricht dar.

Auf der **rechten Seite werden konkrete Vorschläge und Anregungen für die unterrichtliche Umsetzung** gegeben. Diese beziehen sich auf verschiedene Unterrichtsaspekte und sollen einen Pool von Möglichkeiten bieten, aus dem der Lehrer schöpfen kann, um die einzelnen vorgestellten Elemente weiter zu verfolgen und auszudifferenzieren.

Es ist also Sinn der nun folgenden themenbezogenen Doppelseiten, dem Lehrer einzelne Anregungen für die Themen zu geben und Möglichkeiten aufzuzeigen, auf welch unterschiedliche Weise an ein Thema herangegangen werden kann und welche Aspekte berücksichtigt werden können.

Dabei erheben diese Vorschläge weder Anspruch auf Vollständigkeit, noch stellen sie ausdifferenzierte methodische oder thematische Unterrichtsentwürfe dar. Sie können von Ihnen ohne Weiteres erweitert werden und sollen in erster Linie ein Kompendium der zahlreichen Möglichkeiten darstellen, die die verschiedenen Themen bieten. Diese sind so gewählt, dass sie sowohl im Sachunterricht der Primarstufe als auch in verschiedenen Fächern der Sekundarstufe I immer wieder Anwendung finden werden.

Die erste Doppelseite zeigt in allgemeiner Form, wie die einzelnen Themen in der stets sich wiederholenden Struktur aufgearbeitet werden.

Strukturierungsprinzipien

Allgemeines Strukturierungsprinzip

Voraussetzungen

- Hier werden für die einzelnen Möglichkeiten der Aufarbeitung eines Themas die Voraussetzungen dargestellt, die die Lernenden mitbringen sollten. Diese betreffen sowohl kognitive, psychologische als auch psychomotorische und körperliche Voraussetzungen.

Herkunft/Biographie

- Hier wird auf die möglichen biographischen Einflüsse der Lernenden hinsichtlich des jeweiligen Themas hingewiesen. Diese beziehen sich z.B. darauf, ob die Kinder aus ländlichen oder urbanen Regionen stammen, oder auf familiäre oder geschlechtsspezifische Bedingungen.

Herleitung aus der Lebenswirklichkeit

- In diesem Feld werden Hinweise auf die verschiedenen Möglichkeiten gegeben, inwiefern das Thema Teil der Lebenswirklichkeit von Kindern und Jugendlichen darstellt. Die Bezugnahme auf diese Aspekte spielt im konstruktivistisch orientierten Unterricht eine wesentliche Rolle.

Vernetzung zu anderen Themen

In diesem Feld werden verschiedene Fachgebiete aufgeführt und dargestellt, wie das jeweilige Thema unter der Perspektive dieses jeweiligen Fachgebietes betrachtet und behandelt werden.

Thema

Die thematische Vernetzung zu anderen Themenkreisen ist im Zusammenhang mit konstruktivistischer Didaktik ganz entscheidend. Den Lernenden erwachsen daraus weitere Konstruktionsmöglichkeiten.

Exkursionen

In diesem Feld werden verschiedene Anregungen dazu gegeben, wie ein Thema im Rahmen von Unterrichtsgängen, Tagesausflügen oder Klassenfahrten aufgearbeitet und angemessen behandelt werden kann. Diese Anregungen sind vor allem als Vorschläge gedacht, die einer Erweiterung des unterrichtlichen Spektrums dienen sollen.

Experimente

Die experimentelle Bearbeitung eines Themas nimmt eine besondere Stellung im Rahmen von konstruktivistischer Didaktik ein. „*Experimente*“ müssen hier nicht zwangsläufig „*naturwissenschaftliche Experimente*“ sein. Es kann sich ebenso um modellhafte Experimente handeln.

Thema

Weitere Möglichkeiten

In diesem Feld werden weitere Vorschläge gemacht, wie das Thema im Rahmen von weiteren Unterrichtsformen behandelt werden kann. Dies bezieht sich in erster Linie auf:

- Projektarbeit
- Gesprächskreise (Möglichkeiten für Diskussionen)
- Das Hinzuziehen von externen Fachleuten.

Fächerübergreifende Aspekte

Hier werden die sich anbietenden Möglichkeiten einer fächerübergreifenden Behandlung des Themas dargestellt. Diese beziehen sich unter anderem auf mathematische und sprachliche Umsetzungen, aber auch auf musikalische, künstlerische und nicht zuletzt historische.

Spezielle Strukturierungsprinzipien

Voraussetzungen

- Das Thema „*Wasser*“ kann bereits von Schülern sehr jungen Alters behandelt werden. Durch den unmittelbaren Bezug zum Wasser und die Möglichkeit, das Thema auf sehr einfache Weise zu behandeln, sind hier kaum entwicklungsbedingte Einschränkungen zu beachten.

Herkunft/Biographie

- Unterschiede zwischen Kindern ländlicher und urbaner Regionen dürften beim Thema Wasser kaum eine Rolle spielen, es ist in jedem Fall Teil der kindlichen Lebenswirklichkeit. Kinder, die aus heißen Regionen stammen, wo Wasser knapp und wertvoll ist, dürften allerdings einen anderen Bezug dazu haben.

Herleitung aus der Lebenswirklichkeit

Wasser ist in der Lebenswirklichkeit allgegenwärtig, in erster Linie in folgender Form:

- Waschen
- Schwimmen
- Wasser in Lebensmitteln
- Wasser in Körperflüssigkeiten
- Die Empfindung von Durst, etc.

Vernetzung zu anderen Themen

- **Chemie**: Wasser als Stoff, als Oxid des Wasserstoffs. Chemische Eigenschaften von Wasser: Dipolcharakter von Wasser, das Reaktionsverhalten des Stoffes und die besonderen Eigenschaften als Lösungsmittel.
- **Biologie**: Die zentrale Bedeutung des Wassers für alle Lebewesen, die besonderen Anpassungen von Organismen in trockenen Lebensräumen, Funktionen des Wassers im Organismus.

Wasser

- **Physik**: Siede- und Schmelzpunkt des Wassers, Dichteanomalie von Wasser (und deren besondere Bedeutung für das Leben), Oberflächenspannung.
- **Geographie/Umweltschutz**: Wie verändert Wasser Landschaften (Erosion, Flusslandschaften, etc.), trockene und feuchte Landschaften, Grundwasser und klimatische Zusammenhänge, Entstehung von Regen, etc..

Wasser

Exkursionen

Unterrichtsgänge:
Es kann eine Wanderung zu einem nahegelegenen Bach, Weiher, Tümpel, Fluss oder See durchgeführt werden.

Tagesausflüge:
Es bietet sich z.B. die Besichtigung eines Klärwerkes oder eines Wasserwerkes in der Umgebung an.

Klassenfahrten:
Hier können eine Exkursion zum Meer oder Fahrten zu anderen vom Wasser geprägten Landschaften (Küstenlandschaften, Moore, etc.) durchgeführt werden.

Experimente

Bauen einfacher Wasserräder

Bauen einer *„Kläranlage“* (Reinigung von Wasser: Hindurchsickern durch verschiedene Erdschichten)
Versuche zur Dichteanomalie des Wassers, Versuche zur Oberflächenspannung des Wassers, Bauen einer einfachen Wassermühle

Experimente zum Dipolcharakter des Wassers (mit Ledertuch geriebener Plastikstab wird einem Wasserstrahl genähert, etc.)

Nachweis von Wasser in aus dem Alltag bekannten Stoffgemischen, z.B. Lebensmitteln (chemisch: mit weißem Kupfersulfat)

Weitere Möglichkeiten

Projektunterricht:
Untersuchung der Wasserqualität von verschiedenen Gewässern der Region (Flüsse, Bäche oder stehende Gewässer)

Anlegen eines Schulteiches

Einführen einer Regentonne für den Schulgarten

Sammeln und Umsetzen von Möglichkeiten des Wassersparens in Haushalt und Schule

Thema für Gesprächsrunden:
Die zunehmende Bedeutung des Wassers für die Menschheit, seine politische Bedeutung angesichts drohender Wasserknappheit

Fächerübergreifende Aspekte

Historisch:
Die besondere Bedeutung des Wassers in der Geschichte von Regionen, in der Menschheitsgeschichte

Literarisch:
Die Umsetzung des Themas *„Wasser“*, etwa in Märchen

Musikalisch:
Verschiedene Klänge, die von Wasser erzeugt werden, Tonhöhen, die durch verschieden hoch gefüllte Wassergläser erzeugt werden.

Religiös:
Die zentrale Bedeutung von Wasser in verschiedenen Religionen, seine symbolische Aussagekraft: Wasser als wertvoller Stoff (Wasser in der Wüste, Taufe); Wasser als Bedrohung (Moses und der Zug der Israeliten durch das Rote Meer, die Sintflut)

Voraussetzungen

- Das Thema „*Ernährung*" kann in verschiedenen Altersstufen behandelt werden. Grundsätzliche (phänomemologische) Aspekte können schon früh (ab der ersten Klasse) behandelt, eine chemische oder physiologische Behandlung bietet sich vor allem für die Sekundarstufe I an.

Herkunft/Biographie

- Beim Thema „*Ernährung*" spielt die Biographie der Lernenden oft eine große Rolle: Kindern aus ländlichen Regionen sind die Produktionsvorgänge oft unmittelbarer bewusst als solchen aus urbanen Regionen. Der Umgang mit Ernährung in der Familie ist ebenfalls von Relevanz.

Herleitung aus der Lebenswirklichkeit

- Der Bezug des Themas zur Lebenswirklichkeit ist unmittelbar einsichtig: Essen ist ins alltägliche Leben eingebunden wie nur wenige andere Tätigkeiten, und die Beschäftigung mit Lebensmitteln und Essgewohnheiten sind allenthalben wichtige Themen (z.B. in den Medien, etc.).

Vernetzung zu anderen Themen

- **Physik**:
  Brennwert von Nährstoffen, Kilojoule und Kilokalorien.
- **Chemie**: Lebensmittelchemische Betrachtungen, der (organo-) chemische Charakter von Nahrungsbestandteilen.
- **Gesundheitserziehung**:
  Bedeutung von gesunder Ernährung für Gesundheit und Wohlbefinden, Präventionsmöglichkeiten im Rahmen von Ernährung. Diäten, Essstörungen, (Magersucht, Bulimie, etc).

Ernährung

- **Biologie**:
  Ökologische Zusammenhänge bei der Ernährung, die Erzeugung von Nährstoffen durch autotrophe Organismen, der Mensch als Endglied von Nahrungsketten.

  Evolutionäre Aspekte: Die Entwicklung von Ernährungsstrategien im Laufe der Menschheitsentwicklung.

Ernährung

Exkursionen

Unterrichtsgänge:
Gemeinsame Einkäufe, z.B.für ein gemeinsames Schulfrühstück

Tagesausflüge:
Besuch eines Bauernhofes, einer Molkerei, einer Bäckerei und eines anderen Nahrungsmittelbetriebs, historische Bäckerei.

Klassenfahrten:
Besuche von größeren Nahrungsmittelbetrieben in Küstenregionen bietet sich z.B. die Mitfahrt auf einem Fischkutter an.

Experimente

Produktion von einfachen Nahrungsmitteln, wie z.B. Joghurt, Kunsthonig, Karamell, Brotbacken, etc..

Nachweise von Nährstoffen in Lebensmitteln, z.B. der Stärkenachweis mit Jod, der Zuckernachweis nach Fehling, Vitaminnachweise mit fertigen Teststreifen, etc..

Experimente zum Verhalten von einzelnen Nahrungsmitteln und deren Bestandteilen, z.B. Versuche zur Löslichkeit von Nahrungsfetten in Wasser, das Aufgehen von Hefeteig, Demonstration von Enzymwirkungen in Nahrungsmitteln, etc..

Versuche zur Verdauung von Nahrungsmittelbestandteilen: Nachweis der stärkeverdauenden Wirkung von Amylasen.

Weitere Möglichkeiten

Projektunterricht:
Projekte zur gesunden Ernährung, wie etwa Einführung eines Schulfrühstücks oder eines Osteoporosepräventionsprogramms.

Anlegen eines Schulgartens, aus dem regelmäßig Nahrungsmittel entnommen werden können.

Projekte zum Thema *„Ernährungsweisen und Diäten“*.

Externe Fachleute:
Einladung von Ernährungsberatern, Diätisten oder Ökotrophologen in die Schule.

Themen für einen Gesprächskreis:
Sinn und Unsinn von vegetarischer Ernährung (Gesundheitliche und ethische Aspekte).

Fächerübergreifende Aspekte

Mathematisch:
Berechnung des Bedarfs an verschiedenen Nährstoffen beziehungsweise des Kalorienbedarfs für verschiedene Personengruppen, Aufstellen und Berechnen von Ernährungsplänen.

Künstlerisch:
Zubereiten von Speisen unter ästhetischen Aspekten.

(Kultur-)Geschichtlich:
Die Entwicklung von Essgewohnheiten in verschiedenen Kulturen.

Voraussetzungen

- Das Thema „*Boden*“ kann auf einfacher Ebene bereits in der ersten Klasse behandelt werden und verlangt keine weiteren Voraussetzungen. Allerdings erfordern z.B. chemische Untersuchungen weitergehende naturwissenschaftliche Kenntnisse und sind in erster Linie für die Sekundarstufe I vorgesehen.

Herkunft/Biographie

- Die Unterschiede zwischen Erfahrungen, die Kinder vom Land und aus der Stadt zu diesem Thema gemacht haben, dürften recht unterschiedlich sein. Entscheidend ist dabei auch, inwiefern Kinder etwa in Urlauben (Küste, Berge) Erfahrungen mit verschiedenen Böden gemacht haben.

Herleitung aus der Lebenswirklichkeit

- Erfahrungen mit dem Themenkomplex „*Boden*“ werden von Kindern bereits sehr früh gemacht. Vor allem im Zusammenhang mit dem eigenen Garten, mit Spielplätzen oder auch mit Blumenerde in der eigenen Wohnung. Boden ist Teil der täglichen Lebenswirklichkeit von Kindern.

Vernetzung zu anderen Themen

- **Chemie**: Die Zusammensetzung von Böden nach ihren unterschiedlichen Stoffen, Säuren und Basen im Boden, Zersetzung von Bodenbestandteilen, etc..

- **Biologie**: Lebewesen im Boden, die Bedeutung des Bodens für Pflanzenwachstum im allgemeinen und für die Landwirtschaft im Besonderen, Stoffkreisläufe: Zersetzung organischer Substanzen durch Destruenten.

Boden

- **Geographie**: Die Verteilung von Böden in den verschiedenen Landschaften, Entstehung besonderer Böden (Lößboden, Lehmboden, etc.) durch erdgeschichtliche Vorgänge. Erosion und Verwitterung. Die Beeinflussung eines Landschaftsbildes durch die jeweilige Bodenbeschaffenheit.

Boden

Exkursionen

Unterrichtsgänge:
Besuch eines nahe gelegenen Waldes, dort Untersuchung des Waldbodens
Besuch eines nahegelegenen Komposthaufens, z.B. im Schulgarten.

Tagesausflüge:
Exkursion zu einem Sumpf oder Moor, Untersuchung der dortigen Bodenbeschaffenheit.

Klassenfahrten:
Z.B. an die Küste, Exkursionen im Wattenmeer oder in Dünen.

Experimente

Unterscheidung von verschiedenen Bodenarten:
Manuell kann anhand der Konsistenz Ton- von Sandboden unterschieden werden (Tonboden bleibt zusammen, Sandboden neigt dazu, zu zerbröseln).

Demonstrationsexperiment zur Auswaschung von Nährstoffen aus dem Boden: In einen Blumentopf mit Erde wird von oben Methylenblaulösung gegossen. Unten tropft weitgehend farbloses Wasser heraus. Gießt man aber Säure nach, so wird der blaue Farbstoff ausgewaschen.

Bioaktivität von Bodenschichten: Erdproben aus der obersten Schicht und aus einer tieferen werden mit Wasserstoffperoxidlösung versetzt: Bei der ersten Probe tritt stärkeres Sprudeln ein: Nachweis von Bioaktivität.

Weitere Möglichkeiten

Projektunterricht:
Untersuchung der Bodenqualität auf dem Schulgelände, etwa im Schulgarten: Chemische und biologische Gütebestimmungen.

Themen für einen Gesprächskreis:
Was bedeutet für Euch der Boden? Dabei sollten nicht nur biologische Aspekte mit berücksichtigt werden, sondern auch literarische, mystische sowie eigene Erfahrungen.

Externe Fachleute:
Es kann bei diesem Thema sehr sinnvoll sein, einen Förster oder Landwirt in die Schule einzuladen und sich von diesen ihre Kenntnisse von Boden referieren zu lassen.

Fächerübergreifende Aspekte

Deutsch:
Das Thema kann sowohl sprachlich (Begriffe mit „*Boden*“ („bodenständig“, „bodenlos“, etc.) als auch literarisch aufgearbeitet werden.

Sport:
Beim Bodenturnen und in gymnastischen Übungen kann das Thema psychomotorisch-kinästhetisch erfahrbar gemacht werden. In der Gesundheitserziehung werden Fallübungen durchgeführt (Verletzungsprävention).

Historisch:
Boden ist stets auch in der Geschichte ein zentrales Thema gewesen: z.B. waren die fruchtbaren Böden im Nil delta und im Zweistromland wesentliche Grundlage für die Enstehung von Hochkulturen.

Voraussetzungen

- Der unmittelbare Bezug zum Thema „*Lärm*“ macht dieses bereits für die erste Klasse geeignet, soweit es um die erfahrungsbezogenen Aspekte des Themas geht.
- Die Behandlung physikalisch-akustischer Aspekte des Themas sollte erst ab etwa der vierten Klasse beziehungsweise in der Sekundarstufe I erfolgen.

Herkunft/Biographie

- Kinder aus städtischen Regionen haben oft erfahrungsbedingt einen stärkeren Bezug zum Thema „*Lärm*“ als Kinder aus ländlichen Gebieten. Die Lärmquellen sind in der Stadt meist auch andere als auf dem Land. Entscheidend kann ebenfalls der Bezug der Familie dazu sein sowie deren Sensibilität für Geräusche und Ruhe.

Herleitung aus der Lebenswirklichkeit

Die alltäglichen Störungen durch Lärmbelästigungen haben die allermeisten Kinder bereits im Grundschulalter erfahren:

- Lärm durch Autos,
- Lärm durch laute Musik,
- Fluglärm

sind auch Teil der Lebenswelt der Kinder. Die Relevanz des Themas ist ihnen einsichtig.

Vernetzung zu anderen Themen

- **Physik**: Lärm als Teil der physikalischen Gebiete Akustik, Wellenlehre, etc..
- **Medizin**: Gesundheitliche Schädigungen durch Lärmbelastung: Hörschäden und psychische Folgen der Stressbelastung durch Lärm.

Lärm

- **Politik/Gesellschaftslehre**: Gesetzliche Bestimmungen zum Lärmschutz und die soziale Tragweite von Lärmerzeugung und deren Konsequenzen für das Zusammenleben.
- **Technik**: Technische Möglichkeiten der Lärmminderung beziehungsweise -vermeidung.

Lärm

Exkursionen

Unterrichtsgänge:
Besuch eines nahegelegenen Ortes mit hoher Lärmbelästigung, z.B. einer vielbefahrenen Kreuzung, oder eines sehr ruhigen Ortes.

Tagesausflüge:
Besuch eines Ohrenarztes (Hals-/Nasen-/Ohrenarzt), einer entsprechenden Berufsgenossenschaft oder eines Flughafens in der Nähe der Schule.

Experimente

Im Rahmen einer Exkursion, etwa im Wald, kann eine **Geräuschlandkarte** erstellt werden, wozu die wahrgenommenen Geräusche genau protokolliert werden.

Mit Hilfe einer **Stimmgabel** kann die Weiterleitung von Schall in verschiedenen Materialien demonstriert werden.

Es können unterschiedliche **Apparaturen** zum Thema „*Schall*" selbst gebaut werden, zum Beispiel ein Mikrophon oder Megaphon.

Weitere Möglichkeiten

Projektunterricht:
Schüler können Ihr Kinderzimmer beziehungsweise ihren Klassenraum unter Lärmschutzaspekten neu einrichten.

Als Projekt bietet sich ebenfalls eine Reihe von Schallmessungen an verschiedenen Orten an, etwa im Straßenverkehr.

Im Rahmen von Projektunterricht kommt schließlich auch die Durchführung von Interviews durch Schüler in Frage, die bei verschiedenen Personengruppen, die mit Lärm zu tun haben, Befragungen zu dem Thema durchführen.

Fächerübergreifende Aspekte

Mathematik:
Es bietet sich an, zum Thema „*Lärm*" Berechnungen anzustellen, etwa Dezibelberechnungen oder Rechnungen zur Schallgeschwindigkeit.

Musik:
Es besteht außerdem die Möglichkeit, das Thema musikalisch zu bearbeiten. In diesem Zusammenhang können auch Instrumente selber gebaut werden.

Wahrnehmung:
Einbeziehung von Hör- und Tastsinn bei der Wahrnehmung von Schall.

Voraussetzungen

- Die Behandlung des Themas „*Heilpflanzen*“ bietet sich erst dann an, wenn sowohl ausreichende botanische Grundkenntnisse als auch Kenntnisse über die mit Heilpflanzen zu behandelnden Krankheiten erworben wurden. Dies ist meist erst in der Sekundarstufe I gewährleistet.

Herkunft/Biographie

- Inwieweit Schüler bereits mit dem Thema konfrontiert wurden, hängt zwar auch damit zusammen, wie ländlich beziehungsweise urban die Schüler aufwachsen, wichtig ist aber vor allem, inwieweit sie durch ihre Eltern (auch verbunden mit dem Garten) daran herangeführt wurden und inwieweit Heilkräuter in der Küche Verwendung finden.

Herleitung aus der Lebenswirklichkeit

- Obwohl viele Schüler in ihrer Lebenswirklichkeit mit dem Thema in Berührung kommen, ist ihnen der Heilaspekt vieler Pflanzen nicht bewusst.
- Brennesseln, Fingerhut und andere Pflanzen sind den Schülern vielfach bekannt, auch kennen sie viele Pflanzen mit Heilwirkung von deren Duft her.

Vernetzung zu anderen Themen

- **Pharmazie**: Die Wirkung von Pflanzeninhaltsstoffen, die Entwicklung und Produktion von Medikamenten, etc..
- **Biologie**: Botanische Aspekte von Heilpflanzen, deren systematische Einordnung auf Grund ihrer Merkmale, evolutionäre Aspekte von Pflanzenwirkstoffen.

Heilpflanzen

- **Medizin**: Krankheitsbilder und therapeutische Möglichkeiten von deren Behandlung durch Heilpflanzen. „Natürliche Pflanzenmedizin“ versus „unnatürliche chemische“ Arnzeimittel. Gefahren von Giftpflanzen.
- **Geographie**: Verbreitung und Nutzung von Heilpflanzen, deren Abhängigkeit von Bodenbeschaffenheit und klimatischen Faktoren.

Heilpflanzen

Exkursionen

Unterrichtsgänge:
Es bieten sich als Ziele von Unterrichtsgängen vor allem der eigene Schulgarten (je nach Vorkommen von Heilpflanzen) sowie auch nahegelegene Wiesen oder Wälder an.

Tagesausflüge:
Ausflüge können auch zu angelegten Heilpflanzengärten oder entsprechenden Geschäften unternommen werden. Schließlich kann in pharmakologischen Betrieben die Verwendung von Heilpflanzenextrakten in Medikamenten vorgeführt werden.

Experimente

Tees können selbst hergestellt werden, z.B. Kamillen- oder Fencheltee.

Es können ebenfalls Salben hergestellt werden, z.B. Ringelblumensalbe.

Aus den Heilpflanzen können Öle extrahiert werden, wenn sie auf mit Schweineschmalz eingefetteten Glasplatten ausgelegt werden. Als Extraktionsmittel für Pflanzen bietet sich ebenfalls Alkohol an.

Weitere Möglichkeiten

Projektunterricht:
Es kann ein Heilpflanzenherbarium angelegt werden: Sammeln, Pressen und Aufkleben der einzelnen Pflanzen.

Als Projekt bietet sich ebenfalls die Herstellung von Kosmetika aus Heilpflanzen an, diese Experimente sind teilweise so umfangreich, dass sie bereits Projektcharakter besitzen.

Externe Fachleute:
Ein Apotheker kann eingeladen werden, um seine speziellen Kenntnisse von Heilpflanzen und Medikamenten vorzustellen.

Fächerübergreifende Aspekte

Geschichtlich/biographisch:
Die Bedeutung von Hildegard von Bingen und anderen für das Thema bedeutenden Persönlichkeiten. Die Rolle von Heilpflanzen und dem speziellen Wissen darüber in anderen Kulturen, z.B. die Bedeutung von Pflanzenwirkstoffen beim Mumifizieren im alten Ägypten.

Künstlerisch:
Es bietet sich an, durch Abzeichnen oder Aufkleben von Heilpflanzen oder Teilen davon das Thema künstlerisch aufzuarbeiten.

Voraussetzungen

- Das Thema „*Pferde*“ kann grundsätzlich bereits ab der ersten Klasse unterrichtet werden.
- Je nach Vorgehensweise sind allerdings wesentliche Voraussetzungen zu erfüllen: Beim Besuch von Gestüten ist ein diszipliniertes Verhalten der Kinder Voraussetzung, etc..

Herkunft/Biographie

- Erfahrungsgemäß weisen Mädchen ein wesentlich größeres Interesse am Thema „*Pferde*“ auf als Jungen. Diese neigen, wenn sie denn Interesse zeigen, zu einer sportlicheren Akzentuierung des Themas.
- Kinder in ländlichen Regionen zeigen hier meist mehr Interesse als Kinder aus urbanen Regionen.

Herleitung aus der Lebenswirklichkeit

- Sofern die Kinder Pferde nicht selbst vom Reiten oder von Weiden kennen, sind sie ihnen aber dennoch meistens bestens vertraut: So spielen sie als fester Bestandteil unserer Kulturgeschichte eine wesentliche Rolle, und nicht zuletzt durchs Fernsehen sind Kinder mit ihnen vertraut.

Vernetzung zu anderen Themen

- **Biologische Systematik**: Einordung der Pferde im Tierreich, Pferde als typische Vertreter von Huftieren.
- **Evolutionsbiologisch**: Das Pferd in seiner Entwicklung vom Urpferd als Waldtier bis hin zum heutigen Haustier.

Pferde

- **Zuchtbiologisch**: Strategien der Pferdezucht, verschiedene Pferderassen und ihre unterschiedlichen Eignungen in Hinblick auf Reiten, Zucht und anderweitige Nutzung.
- **Geographisch**: Anpassungen des Pferdes an verschiedene geographische Gegebenheiten, Beispiel der gegenseitigen Beeinflussung von Pferd und Landschaft am Beispiel Nordamerikas.

Pferde

Exkursionen

Unterrichtsgänge:
Besuch einer nahegelegenen Pferdeweide.

Tagesausflüge:
Besuch eines Reiterhofes:
Für jüngere Klassen eher Besuch eines Streichelzoos, für ältere Klassen unter Umständen auch eines Gestütes oder Rennstalls.
Besuch eines Zoos, in dem auch Wildpferde leben.

Experimente

Bau und /oder Nutzung eines Holzpferdes, wie sie auch käuflich zu erwerben sind, zum Einüben grundlegender Reittechniken.

Eigene **Herstellung von Reitzubehör**, etwa eines Halfters, einer Trense oder eines Sattels, die zumindest als Modelle hergestellt werden können, zum Teil aber auch in funktionaler Ausführung.

Das experimentelle Kennenlernen des Reitzubehörs kann z.B. auch über das Auseinandernehmen eines ausgedienten Sattels erfolgen, um dessen Aufbau kennenzulernen.

Weitere Möglichkeiten

Projektunterricht:
Das Projekt „*Pferde*" könnte z.B. die fiktive Planung des Aufwandes von Pferdehaltung beinhalten. Die Kinder müssten dabei sowohl den finanziellen als auch den zeitlichen Aufwand kalkulieren, der für Pferdehaltung notwendig ist.

Reiten könnte ebenfalls im Rahmen eines Projektunterrichts zum Thema „*Sicherheit*" eine wichtige Rolle spielen: Welche Sicherheitsmaßnahmen sind unerlässlich, und welche Gefahren müssen beachtet werden?

Externe Fachleute:
Ein Landwirt könnte über die Haltung von Pferden und den damit verbundenen Aufwand referieren.

Fächerübergreifende Aspekte

Geschichtlich:
Die herausragende Bedeutung von Pferden in der Geschichte des Menschen, bis in die jüngere Geschichte vor allem auf militärischem Gebiet. Daraus Ableitung der auch heute noch üblichen Kleidung und sonstigen Reitkultur.

Religion/Mystik:
Die besondere Rolle von Pferden in Religionen und in der Mystik. Welche Symbolik wird mit dem Pferd verbunden?

Literarisch:
Auseinandersetzung mit Pferdeliteratur als Beispiel für Trivial- beziehungsweise Jugendliteratur

Voraussetzungen

- Für eine angemessene Behandlung des Themas „*Energie*“ sind einige Voraussetzungen bei den Schülern erforderlich, wie etwa ein physikalisches Grundverständnis des Begriffs und ein grundsätzlicher Bezug zur lebensweltlichen Relevanz des Themas. Etwa ab der 4. Klasse.

Herkunft/Biographie

- Bei diesem Thema sind keine wesentlichen Diskrepanzen zwischen ländlicher und urbaner Herkunft der Kinder zu erwarten. Andere Lernvoraussetzungen sind allenfalls für Kinder aus anderen Ländern typisch, die im Wesentlichen andere Technologien und einen anderen Umgang mit Energie aufweisen.

Herleitung aus der Lebenswirklichkeit

- Energie, vor allem elektrische, ist wesentlicher Bestandteil der Lebenswirklichkeit von Kindern: Die meisten Haushaltsgeräte sowie z.B. auch Computer sind strombetrieben. Auch aus den Bereichen Ernährung und Sport können Kinder einen Zugang zum Thema „*Energie*“ bekommen.

Vernetzung zu anderen Themen

- **Physik**: Grundbegriffe der Thermodynamik: Verschiedene Energieformen (Bewegungsenergie, Wärmeenergie, gespeicherte Energie, etc.). Möglichkeiten der Umwandlung der verschiedenen Energieformen ineinander.
- **Technik**: Die technische Nutzung von Energie. Maschinen, die energiebetrieben arbeiten, Wärmepumpen, Energieverbrauch, technische Energiegewinnung, etc.

Energie

- **Biologie**: Die Abhängigkeit sämtlicher Lebewesen von Energie, die verschiedenen Strategien von Lebewesen zur „Energiegewinnung“ und -bereitstellung ökologische Zusammenhänge: Die Abhängigkeit heterotropher Organismen von autotrophen.
- **Chemie**: Exotherme und endotherme Reaktionen, allgemein Energieumsätze bei chemischen Reaktionen, chemische Thermodynamik. Die Bedeutung von Aktivierungsenergie für viele Reaktionen, Katalysatoren, etc.

Energie

Exkursionen

Unterrichtsgänge:
Besuch eines nahegelegenen Stadtwerkes, wo die Energieversorgung einer Stadt den Schülern transparent gemacht werden kann.

Tagesausflüge:
Besuch eines Windparks, Besichtigung der Windräder Besuch alter Windmühlen, teilweise auch in Freilichtmuseen

Klassenfahrten:
Besuch eines Wasserkraftwerkes, eines Kernkraftwerkes oder eines Gezeitenkraftwerkes an der Meeresküste

Experimente

Bau eines Windrades oder einer Windmühle mit einfachen Mitteln.

Bau einfacher elektrischer Maschinen, z.B. mit *Fischertechnik*.

Verbrennen von verschiedenen Stoffen und Messen der entstandenen Verbrennungswärme als Temperaturerhöhung.

Bau einer einfachen Wärmepumpe oder eines Elektromotors, allerdings können solche technischen „Experimente" von ihrem Zeitvolumen her leicht auch Projektcharakter bekommen.

Weitere Möglichkeiten

Projektunterricht:
„Energiesparende Maßnahmen an der Schule": An welchen Stellen kann an der Schule Energie eingespart werden, z.B. durch eine Wärmepumpe, Wärmeisolierungen, möglicherweise durch Nutzung von Sonnenenergie, alternative Beheizungsstrategien, etc..

Thema für einen Gesprächskreis:
„Problemfeld Energieversorgung in der Zukunft": Welche ökologisch und politisch vertretbaren Möglichkeiten bestehen, um in Zukunft unsere Energieversorgung sicherzustellen?

Fächerübergreifende Aspekte

Mathematisch:
Berechnung von Energieumsätzen bei verschiedenen Reaktionen beziehungsweise in der Ernährung.

Religion/Mystik:
Die zahlreichen Bedeutungen des Begriffs *„Energie"* in unterschiedlichen Religionen, im esoterischen Bereich, und - davon abzugrenzen - in den Naturwissenschaften.

Sprache/Kunst:
Verschiedene Möglichkeiten der Symbolisierung von Energie sowohl in der Sprache als auch durch bildliche Symbole. Die Bedeutung von *„Energie"* und verwandten Begriffen in der Literatur. Die Darstellung von *„Energie"* in der abstrakten Malerei.

Voraussetzungen

- Das Thema „*Nutzpflanzen*" ist prinzipiell bereits ab der ersten Klasse zugänglich. Allerdings bieten sich bestimmte Herangehensweisen erst für ältere Klassen an: Viele botanische Experimente und Projekte erfordern biologische Vorkenntnisse und nicht zuletzt auch Geduld.

Herkunft/Biographie

- Kinder mit einer ländlichen Herkunft haben „naturgemäß" mehr Zugang zum Thema als Kinder, die in vorwiegend urbanen Gegenden aufwachsen. Inwieweit Kinder Phänomene ihres Alltags mit dem Thema „*Nutzpflanzen*" in Beziehung setzen können, hängt auch von der Ernährung in der Familie ab.

Herleitung aus der Lebenswirklichkeit

- Das Thema bietet an vielen Stellen Anknüpfungspunkte in der Lebenswelt der Schüler: Sämtliche pflanzlichen Nahrungsmittel entstammen letztlich den Nutz-Pflanzen. Kräuter und Gewürze bis hin zu Genussmitteln wie Tabak, Kakao und Kaffee machen den Bezug zur Lebenswelt deutlich.

Nutzpflanzen

Vernetzung zu anderen Themen

- **Botanik**: Einordnung der Nutzpflanzen in eine botanische Systematik. Behandlung der Frage, welcher Teil der Pflanze jeweils bei der Nahrungsmittelproduktion verwendet wird.
- **Geographie**: In welchen Regionen werden vorwiegend welche Nutzpflanzen angebaut, woher beziehen wir Baumwolle, Kaffee, Kakao oder Reis? Welche Bedingungen musseine Region für den Anbau von Nutzpflanzen erfüllen?
- **Umweltproblematik**: Welchen Einfluss hat die Anlage von Nutzpflanzenmonokulturen auf die Umwelt (Kaffee- und Bananenplanatagen in Lateinamerika, Getreidemonokulturen hier zu Lande), wo ergeben sich speziell Zusammenhänge zum Schädlingsbefall?
- **Ernährung**: Biologische Wertigkeit verschiedener Pflanzenprodukte, Nutzpflanzen als Futtermittel für die Tierzucht.
- **Agrarwissenschaften**: Die Notwendigkeit, systematisch zu düngen.

Nutzpflanzen

Exkursionen

Unterrichtsgänge:
Es können z.B. nahegelegene Anbauflächen für Getreide oder Forstbetriebe aufgesucht werden.

Tagesausflüge:
Es können weiterverarbeitende Betriebe wie Mühlen oder auch Großbäckereien aufgesucht werden. In Freilichtmuseen werden vielfach historische Mühlen und deren Arbeitsweise gezeigt.

Klassenfahrten:
Es können z.B. Brauereien oder Zuckerfabriken besucht werden.

Experimente

Als Nutzpflanze für Experimente bietet sich besonders die **schnellwachsende Kresse** an, an der der Einfluss verschiedener Faktoren auf das Wachstum besonders gut studiert werden kann: Z.B. der Einfluss von Schwermetallen im Boden, etc..

Fast alle verfügbaren Nutzpflanzen bieten sich für das **Mikroskopieren** an: Einfache Präparate lassen sich etwa aus Kartoffeln gewinnen.

Aus den für die Ernährung nutzbaren Pflanzenteilen lassen sich auch die **Nährstoffe extrahieren**, so kann man z.B. aus Kartoffeln leicht Stärke gewinnen oder sie direkt darin nachweisen.

Auch **Vitaminnachweise** (z.B. aus frisch gepressten Fruchtsäften) sind mit Schülern leicht durchzuführen.

Weitere Möglichkeiten

Projektunterricht:
Im Rahmen eines größeren Projekts kann z.B. die Produktion von Brot vom Getreidekorn bis zum Lebensmittel durchgeführt werden, oder wesentliche Teile davon.

Es bietet sich ebenfalls der Anbau von Nutzpflanzen im Schulgarten einschließlich der weiteren Verarbeitung an: Etwa der Anbau verschiedener Teesorten, von Gemüse und von Gewürzen.

Externe Fachleute:
Vertreter von betroffenen Berufsgruppen referieren über ihre Tätigkeit: Landwirte, Bäcker, Bierbrauer, etc..

Fächerübergreifende Aspekte

Geschichtlich:
Die immense Bedeutung des Nutzpflanzenanbaus für die Entwicklung von Kulturen (fruchtbares Nildelta, die ägyptische Hochkultur, etc.), für die Kriegsgeschichte (die große Bedeutung der Eroberung von „Kornkammern“ in vielen Kriegen), für die Entwicklung der Städte (Städte als Stätte des Marktes, als Umschlagplätze von Nahrungsmitteln).

Drogenprävention:
Die meisten (Rausch-)drogen werden ebenfalls aus Nutzpflanzen gewonnen: Opium aus Schlafmohn, Haschisch aus Hanf, alkoholische Getränke aus Getreide, Weintrauben, Kokain aus der Kokanuss und so weiter. In diesem Zusammenhang kann auch die beträchtliche wirtschaftliche Bedeutung des Anbaus dieser Nutzpflanzen thematisiert werden.

Gesundheit/Krankheit

Voraussetzungen

- Dieses Thema kann nicht nur sehr früh in den Schulen behandelt werden, seine Bearbeitung muss im Rahmen von Gesundheitserziehung in den ersten Klassen der Grundschule erfolgen und sollte spiralcurricular immer wieder, auch in der Sekundarstufe I, Teil des Unterrichts sein.

Herkunft/Biographie

- Wesentlichen Anteil am Zugang eines Schülers zu diesem Thema hat seine eigene Krankheitsgeschichte (welche Kinderkrankheiten hat er bereits gehabt, welche Unfälle, etc.) sowie nicht zuletzt auch Krankheiten in der Familie, bei Großeltern und der Umgang damit in der Familie.

Herleitung aus der Lebenswirklichkeit

- Für die meisten Kinder ist dieses Thema fester Bestandteil der Lebenswirklichkeit. (Zahn-)Arztbesuche, und dienen sie auch nur der Prävention, sensiblisieren früh für dieses Thema, genauso wie Befindlichkeitsschwankungen des Kindes, die diesem den Begriff „*Gesundheit*" erfahrbar machen.

Vernetzung zu anderen Themen

- **Humanbiologie**: Welches sind die Ursachen der verschiedenen Erkrankungen, und wie sind diese aus ökologischer Sicht (z.B. hinsichtlich des Verhältnisses von Mensch und Krankheitserreger) zu beurteilen?
- **Gesellschaftlich**: Welches Bild vermittelt die Gesellschaft - etwa über die Medien - dem Individuum von „*gesund*" und „*krank*"? Welcher Schaden entsteht der Gesellschaft durch (Zivilisations-)krankheiten?
- **Gesundheitserziehung**: Welche Möglichkeiten bestehen in der Schule oder auch für Eltern, geeignete Präventionsmaßnahmen zu ergreifen (etwa betreffs Karies, Übergewicht, Unfällen, Infektionskrankheiten, aber auch langfristig gegen Osteoporose, etc.).
- **Geographie/Politik**: Welche Krankheiten sind für unsere Breiten relevant, welche sind typisch für andere Regionen, und welchen Einfluss haben Klima beziehungsweise kulturelle Parameter darauf?

Gesundheit/Krankheit

Exkursionen

Unterrichtsgänge:
Es kann ein zuvor abgesprochener Besuch einer nahen Arztpraxis oder des Gesundheitsamtes erfolgen, dies kann mit Aufklärungs maßnahmen oder auch Impfungen und Untersuchungen verbunden werden.

Tagesausflüge:
Es können Kliniken besucht werden, Führungen durch medizinische Großeinrichtungen oder pharmakologische Betriebe bieten sich ebenfalls an. Auch in Museen sind oft Krankheiten thematisiert.

Experimente

Modellexperiment:
Zur Zahngesundheit kann der Einfluss von Säuren auf Zahnähnliche Substanzen anhand eines Stückes Marmor demonstriert werden, das mit Salzsäure oder starkem Essig versetzt wird.

In **Petrischalen mit Nähragar** können nach Beimpfung mit Proben aus der Umgebung (Türklinken, Fußboden, etc.) oder auch durch Stehenlassen an der Luft innerhalb weniger Tage Bakterienkulturen gezüchtet werden.

Schüler können gegenseitig an sich **medizinische Parameter** messen, etwa Blutdruckmessungen, Gewichtsbestimmung, Pulsmessen, Reflexe, etc..

Weitere Möglichkeiten

Projektunterricht:
Erste-Hilfe-Kurse:
Die Schulung im Erteilen von Erster Hilfe stellt einen wesentlichen Bestandteil von Gesundheitserziehung dar. Sie kann auch als Peer-to-Peer-Training (Unterweisung durch einen anderen Schüler) erfolgen.

Als Projekt bietet sich die Einführung von Maßnahmen für einen gesünderen Schulalltag an, etwa das Organisieren von Schulfrühstücken oder von sportlichen Betätigungen in den Pausen oder in der Freizeit.

Externe Fachleute:
Es kann ein Arzt oder ein Vertreter einer Krankenkasse eingeladen werden, um Beratungen und Untersuchungen durchzuführen.

Fächerübergreifende Aspekte

Religion/Mystik:
Gesundheit und Krankheit aus dem Blickwinkel verschiedener Religionen und Kulte. Die Problematik der Ausgrenzung von Kranken in verschiedenen Kulturen

Geschichtlich:
Die Bedeutung von Epidemien für die Geschichte ganzer Kulturen, etwa die Dezimierung amerikanischer Eingeborener durch eingeschleppte Seuche oder die Relevanz der Beulenpestepidemien für den Übergang vom Mittelalter zur Neuzeit.

Literarisch:
Die Behandlung der Themen „*Krankheit*" und „*Tod*" in der alten und modernen Literatur

Voraussetzungen

- Obwohl das Thema „*Umwelt*" den Kindern bereits in sehr jungem Alter zugänglich ist, sind für viele der hier vorgeschlagenen Herangehensweisen grundlegende naturwissenschaftliche Kenntnisse für das Verständnis des Themas erforderlich, die oft erst etwa ab Klasse 4 beziehungsweise in der Sekundarstufe I zu erwarten sind.

Herkunft/Biographie

- Es kann wesentlichen Einfluss auf die Sensiblisierung der Schüler für das Thema haben, inwieweit ihre Region von Umweltproblemen betroffen ist. Dies muss sich allerdings keineswegs auf die urbanen Regionen beschränken, gerade auch in Wald und Flur können Umweltschäden sichtbar sein.

Herleitung aus der Lebenswirklichkeit

- Das Thema „*Umwelt*" gehört per se der Lebensumwelt der Kinder an, sie ist mit dieser ja wesentlich gemeint. Auch „*Umwelt*" im ökologischen Sinne von Umwelt(-schutz) ist Teil der täglichen Lebenswirklichkeit, etwa im Zusammenhang mit Autokatalysatoren oder Abfallprogrammen (Grüner Punkt, etc.)

Vernetzung zu anderen Themen

- **Chemie**: Chemische Aspekte von Umweltproblemen: Ozonproblematik, Saurer Regen, Schwermetallkontaminationen im Boden, etc.. Chemische Möglichkeiten im Umweltschutz: Abwasserreinigung, Analysemethoden, industrielle Abgasreinigung, etc..
- **Biologie**: Ökologische Zusammenhänge im Umweltschutz, Wirkungen von Umweltschädigungen auf Organismen, Eutrophierung von Gewässern, etc..

Umwelt

- **Physik**: Die Entstehung des Treibhauseffektes, Lichtabsorption durch Gase und Licht verschiedener Wellenlänge, Entstehung von Lärm und dessen Bekämpfung.
- **Geographie**: Landschaften als Bereiche unserer Umwelt, Urbanisierung und Zersiedelung von Landschaften, Lebensräume für Mensch und Tier. Zerstörung von Landschaften durch kulturellen beziehungsweise industriellen Eingriff. Maßnahmen zum Landschaftsschutz.

Umwelt

Exkursionen

Unterrichtsgänge:
Exkursionen in die „Umwelt" der Schule. Welche landschaftlichen Merkmale weist diese auf, wo könnten Schutzmaßnahmen sinnvoll sein?

Tagesausflüge:
Besuch von Institutionen, die mit Umweltschutz betraut sind, etwa eines Umweltamtes oder privater Umweltschutzorganisationen.

Klassenfahrten:
Exkursion in Naturschutzgebiete, etwa an der Küste, in geschützte Heidelandschaften, etc..

Experimente

Schwermetalle:
Nachweis der hemmenden Wirkung giftiger Schwermetalle, z.B. Bleisalze, auf das Pflanzenwachstum: Kresse wird auf normalem und mit Schwermetallsalz versetztem Boden ausgesät.

Enzymvermittelte Reaktionen werden durch die Zugabe von Schwermetallsalzen gehemmt: Die Stärkeverdauung durch Speichel gelingt nicht mehr nach Zugabe von Bleisalz zum Speichel.

Saurer Regen:
Sammeln von Regenwasser und Bestimmung des pH-Wertes davon. Kresse wird auf normalem und auf verschieden stark angesäuerten Böden ausgesät: Beobachtung des Wachstumsverhaltens der Kresse in Abhängigkeit vom pH-Wert des Bodens.

Weitere Möglichkeiten

Projektunterricht:
Untersuchung der Wasserqualität eines nahegelegenen Gewässers: Biologische und chemische Gütebestimmung.

Bestimmung von Schadstoffwerten in der Luft durch käufliche Testkits. Damit im Zusammenhang Erarbeitung eines Programms zur Verminderung des Schadstoffgehalts in dem betreffenden Umweltsegment.

Externe Fachleute:
Es können Mitarbeiter von Umweltschutzorganisationen eingeladen werden, damit sie Möglichkeiten des praktischen Umweltschutzes für die Schüler vorstellen.

Fächerübergreifende Aspekte

Religion/Ethik:
Die Verantwortung des Menschen für seine Umwelt und für andere Lebewesen. Die ethische Dimension von menschengemachter Gestaltung und nachhaltiger Veränderung seiner Umwelt.

Erlebnispädagogisch:
Erfahrbachmachung der Umwelt mit allen Sinnen: Die Schüler nehmen Umweltreize bewusst auf, indem sie - teilweise mit verbundenen Augen - mit den anderen Sinnen - akustisch, olfaktorisch, haptisch, gustatorisch - Elemente ihrer unmittelbaren Umwelt wahrnehmen.

Voraussetzungen

- Die Voraussetzungen der Schüler für eine Behandlung des Themas „*Luft*“ variieren stark, je nachdem welche Aspekte der Luft im Vordergrund stehen. Chemische und viele physikalische Aspekte erfordern ein weitergehendes naturwissenschaftliches Verständnis, das in der Sekundarstufe I vorliegt.

Herkunft/Biographie

- Hinsichtlich des Zugangs zum Thema Luft sind weniger als bei anderen Themen biographische Bedingungen der Schüler zu beachten, weder geschlechtsspezifische Unterschiede noch solche, die die Herkunft der Schüler betreffen, dürften sich hier wesentlich niederschlagen.

Herleitung aus der Lebenswirklichkeit

- Wie kaum ein anderes Phänomen ist die Luft Teil unserer unmittelbaren und steten Lebens(um-)welt. Die Existenz von Luft um uns herum ist auch kleinen Kindern bewusst und stets erfahrbar, vor allem durch den existentiellen Charakter der Atmung oder z.B. das Spüren eines Luftzuges.

Vernetzung zu anderen Themen

- **Physik**: Physikalische Eigenschaften von Luft: Luft als Gas, das Raum einnimmt, Druck ausübt, Widerstand erzeugt und ein Gewicht aufweist.
- **Chemie**: Luft als Stoffgemisch aus Stickstoff und Sauerstoff (sowie Edelgasen und Kohlendioxid). Luft als reaktionsfähiges Stoffgemisch, das auf Grund des enthaltenen Sauerstoffs für die Unterhaltung von Verbrennungen notwendig ist.

Luft

- **Umweltschutz**: Luftverschmutzung, Austritt von Schadstoffen durch industrielle und Autoabgase. Die Rolle der sogenannten Treibhausgase bei der Erwärmung der Atmosphäre.
- **Geographie**: Entstehung von Wind, klimatische Aspekte der Luft: Die verschiedenen Schichten der Atmosphäre.
- **Technik**: Technische Nutzung von Luft: Windkraft, Windmühlen, Verflüssigung von Luft, Bau von Flugzeugen, etc..

Luft

Exkursionen

Tagesausflüge:
Es können Windparks oder auch Windmühlen in der Nähe der Schule besucht werden. Es bietet sich ebenfalls an, einen nahegelegenen Flughafen zu besuchen, wobei Segelflugzeuge in diesem Zusammenhang von besonderem Interesse wären.

Es kann ebenfalls eine Wetterstation besucht werden, wobei die Rolle des Luftdrucks und die Entstehung von Wind und Sturm besonders in den Mittelpunkt gerückt werden sollten.

Experimente

Demonstration des Raumbedarfs von Luft: Pneumatisches Auffangen von Luft, ein Glas umgekehrt unter Wasser tauchen, etc..

Demonstration des Luftdrucks:
Ein ganz mit Wasser gefülltes Glas wird mit einer Pappscheibe verschlossen und umgedreht: Der Druck der umgebenden Luft hält die Pappscheibe am Glas, das Wasser läuft nicht aus.

Demonstration des Widerstandes von Luft: Aus einem Tuch, vier Fäden und einem kleinen Gewicht wird ein Fallschirm gebaut, der langsam (durch die Luft gebremst) zu Boden fällt.

Demonstration der Unterhaltung von Verbrennungen durch Luft: Eine Kerze erlischt in einem geschlossenen Gefäß.

Weitere Möglichkeiten

Projektunterricht:
Es können Messungen der Luftverschmutzung mit Schadstoffen (Stickoxiden, Schwefeldioxid, Kohlenmonoxid) durchgeführt werden und Maßnahmen zur Verbesserung der Luftqualität erarbeitet werden.

Es können im Rahmen eines Modellbauprojekts Flugobjekte erstellt werden, wie etwa kleine Flugzeuge aus Holz oder Pappe.

Thema für einen Gesprächskreis:
Inwieweit werden die zur Verfügung stehenden Möglichkeiten zur Reinhaltung der Luft ausgenutzt? Werden die einzelnen Länder ihrer Verantwortung hinsichtlich der Luftreinhaltung gerecht (grenzüberschreitendes Problem)

Fächerübergreifende Aspekte

Religion/Mystik:
In vielen Religionen hat die Luft eine besondere (symbolische) Bedeutung, das Lebenslicht wird *ausgeblasen*, Geist wird *eingehaucht*, etc.

Mathematisch:
Luft bietet sich als Thema für Berechungen deshalb besonders gut an, weil die Ergebnisse mitunter recht verblüffend sind, etwa das Ausmaß des um uns herum herrschenden Luftdruckes oder des Gewichtes der auf uns lastenden Luftsäule. Bei entsprechendem chemischem Grundverständnis kann auch die Teilchenzahl von Luft in einem bestimmten Raumvolumen berechnet werden.

Voraussetzungen

- Das Thema „*Sinne*“ kann bereits ab der ersten Klasse behandelt werden, auch auf einfachem Niveau bieten sich genügend Möglichkeiten der unterrichtlichen Umsetzung. Allerdings erweitert das Vorhandensein sinnesphysiologischer Grundkenntnisse (Sekundarstufe I) das Spektrum unterrichtlicher Möglichkeiten beträchtlich.

Herkunft/Biographie

- Erfahrungsgemäß divergieren die einzelnen Kinder stark hinsichtlich ihrer sinnlichen Sensibilität, und es ist bekannt, dass verschiedene Menschen über verschiedene Sinneskanäle unterschiedlich gut Informationen aufnehmen können. Diese Unterschiede sollten berücksichtigt werden.

Herleitung aus der Lebenswirklichkeit

- Sinne sind per se Teil der unmittelbar und ständig erlebten Lebenswirklichkeit eines jeden einzelnen Menschen, kann er diese doch, so betont der Konstruktivismus in besonderer Weise, nur über die Sinne wahrnehmen. Das Bewusstsein über die eigenen Sinne entwickelt sich sehr früh.

Sinne

Vernetzung zu anderen Themen

- **Biologie**: Physiologische Grundlagen von Sinnesleistungen, die nervale Weiterleitung der über die Sinnesorgane gewonnenen und umgewandelten Signale, die spezifische Weiterverarbeitung und Interpretation im Gehirn (hier kann direkt auch Konstruktivismus und die Bedeutung von Autopoiese (↑) im Unterricht benannt und thematisiert werden).
- **Physik**: Die physikalische Natur von Umweltreizen, die unsere Sinnesorgane erreichen: Die Wellennatur von Licht und Schall. Die Empfindung von Druck, der auf Rezeptoren ausgeübt wird.
- **Chemie**: Die chemische Natur von Sinnesreizen, wie etwa Geruchsstoffen, die auf chemische Rezeptoren in der Nase treffen, oder Geschmacksstoffe, die als chemische Stoffe Reaktionen an Geschmacksrezeptoren im Mund auslösen.

Sinne

Exkursionen

Unterrichtsgänge:
Besuch eines nahegelegenen Bauernhofes oder eines frisch gedüngten Feldes. Die Schüler sollen hier für die veränderten Sinneseindrücke in einer anderen Umgebung sensiblisiert werden: Andere Geruchslandschaft, andere Geräuschkulisse, etc..

Tagesausflüge:
Besuch einer Parfümerie, Wahrnehmung der besonderen Gerüche dort

Besuch eines Labors, in dem mit organischen Stoffen gearbeitet wird.

Besuch eines Tonstudios.

Experimente

Experimente zur Sensibilität von Sinnesorganen:
Mit zugehaltener Nase und verbundenen Augen müssen verschiedene Speisen am Geschmack erkannt werden. Das Zusammenwirken von Geruchs- und Geschmackssinn wird demonstriert.

Eine Hand wird auf eine warme Platte gehalten, die andere erst auf eine viel kältere, dann auf die gleiche warme Platte, auf der bereits die erste Hand liegt. Die Temperaturempfindungen in beiden Händen sind nun anders.

In 200 Millilitern Wasser werden unter Rühren 24 Gramm Zucker aufgelöst. Danach wird der Geschmack getestet und mit dem von Cola (gleiche Zuckerkonzentration) verglichen: Die Säure in Cola überdeckt den süßen Geschmack.

Weitere Möglichkeiten

Projektunterricht:
Es werden von allen Schülern die verschiedenen Sinnesleistungen gemessen: Hör-, Seh- und Geruchstests werden mit geeigneten Gerätschaften durchgeführt und bei Bedarf medizinische Hilfe bei Schwächen einzelner Schüler in Anspruch genommen.

Es werden im Schullabor sowohl chemisch als auch durch Extraktion aus Pflanzen Duftstoffe hergestellt und eventuell in Seifen und Cremes weiterverarbeitet.

Externe Fachleute:
Es wird ein Augenarzt und/oder ein Hals-Nasen-Ohrenarzt eingeladen, der einerseits die Schüler informiert und andererseits Untersuchungen anbieten kann.

Fächerübergreifende Aspekte

Deutsch/Sprache:
Literatur, speziell Gedichte werden auf die sprachlich-künstlerische Art der Beschreibung von Sinnesreizen und -eindrücken untersucht. Die sprachliche Umsetzung von Sinneseindrücken ist immer schon besonderes Anliegen vieler Dichter gewesen.

Künstlerisch:
Malen/Zeichnen nach Musik: Akustische Eindrücken werden nach der freien Assoziation der Schüler in Farben und Formen umgesetzt. Es kann in diesem Zusammenhang auch mit Gerüchen gearbeitet werden.

Feuer

Voraussetzungen

- Mit Feuer sollte erst dann gearbeitet werden, wenn mit der für Versuche mit Feuer notwendigen Vorsicht gerechnet werden kann. Obwohl das Thema auf einfache Weise schon in jungen Klassen in der Grundschule bearbeitet werden kann, bieten sich viele Aspekte erst für die Sekundarstufe I an .

Herkunft/Biographie

- Hinsichtlich des Themas Feuer sind keine wesentlichen geschlechtsspezifischen Unterschiede zu erwarten, auch dürfte sich die Herkunft des Lernenden (Stadt oder Land) nicht wesentlich auf den Zugang zum Feuer auswirken. Das Vorhandensein eines Gasherdes statt eines Elektroherdes kann von Belang sein.

Herleitung aus der Lebenswirklichkeit

- Feuer ist vielen Kindern von Kaminen bekannt, mit offenen Flammen sind sie oft durch Streichhölzer und Feuerzeuge vertraut. Wenn Gasherde oder ein gasbetriebener Durchlauferhitzer im Haushalt vorhanden sind, sind dies noch weitere Aspekte der Lebenswirklichkeit mit Bezug zum Thema.

Vernetzung zu anderen Themen

- **Physik**: Energetische Aspekte von Feuer und Verbrennungen: Energieentwicklung in Form von Wärme und Licht; Umwandlung von chemisch gespeicherter Energie in Wärmeenergie.
- **Chemie**: Verbrennungen als Oxidationen des zu verbrennenden Materials, wobei als Oxidationsmittel der Luftsauerstoff dient, der dabei reduziert wird. Verbrennungsreaktionen als exotherme Reaktionen, die Aktivierungsenergie benötigen.
- **Technik**: Die technischen Nutzungen von Verbrennungen im Ottomotor, in industriellen Verbrennungsanlagen, in der Dampfmaschine. Technische Möglichkeiten der Umsetzung von thermischer in mechanische Energie.
- **Umweltwissenschaften**: Umweltgefährdungen durch Verbrennungsgase, durch Emissionen aus Verbrennungsanlagen, bei unvollständigen Verbrennungen (und in diesem Zusammenhang die Rolle von Katalysatoren bei der Verbrennung).

Feuer

Exkursionen

Unterrichtsgänge:
Besuch eines nahegelegenen Bäckers, Pizzabäckers oder eines anderen Lebensmittelproduktionsbetriebs, bei dem das Feuer zur Verarbeitung von Nahrungsmittelgrundstoffen verwendet wird.

Tagesausflüge:
Besuch einer nahegelegenen industriellen Verbrennungsanlage.
Besuch eines Heimatkunde- oder Industriemuseums, wo etwa gesehen werden kann, wie früher Metalle geschmiedet wurden.

Experimente

Demonstration der Abhängigkeit von Feuer vom Luftsauerstoff: Eine Kerze erlischt, wenn unter einem umgekehrten Glas die Luftzufuhr zur Flamme abgeschnitten ist.

Ein glimmender Holzspan wird in ein Glas gehalten, in dem sich Sauerstoff befindet: Er leuchtet auf.

Bei einem Bunsenbrenner wird die Luftzufuhr auf- und zugedreht, so dass die Flamme ihre Farbe dementsprechend ändert (leuchtende/nicht leuchtende Flamme).

Demonstration der Abhängigkeit von Verbrennungen von Katalysatoren: Unter ein Stück Würfelzucker wird eine Kerze gestellt, doch der Zucker brennt nicht. Daraufhin wird er mit Aktivkohle oder Zigarettenasche bedeckt und verbrennt.

Weitere Möglichkeiten

Projektunterricht:
Es wird ein Sicherheitskurs für das Verhalten im Brandfall an der Schule durchgeführt. Dazu gehören unter anderem der sachgerechte Umgang mit einem Feuerlöscher, mit Löschdecken und anderen Löschutensilien, sowie auch entsprechende Erste-Hilfe-Maßnahmen bei Brandverletzungen.

Externe Fachleute:
Es kann Fachpersonal von der Feuerwehr eingeladen werden, um mit dem Umgang mit Feuer und den entsprechenden Sicherheits- und Brandbekämpfungsmaßnahmen vertraut zu machen.

Fächerübergreifende Aspekte

Hauswirtschaft:
Es werden die verschiedenen Zubereitungsverfahren für Speisen mit Feuer behandelt (Kochen, Garen, Dünsten, Schmoren, etc.).

Geschichte:
Die Bedeutung des Feuers in der Geschichte der Menschheit wird thematisiert: Die Abhängigkeit kultureller Errungenschaften vom Feuer, die Entwicklung der Schmiedekunst, der Nahrungsmittelproduktion, die Möglichkeit der Erschließung neuer Lebensräume, etc..

Religion/Mystik:
Die symbolträchtige Bedeutung von Feuer in vielen Religionen und in mystischem Kontext.

Voraussetzungen

- Das Thema „*Technik*" kann bereits in den ersten Klassen der Grundschule behandelt werden, doch können viele Umsetzungen des Themas erst ab späteren Klassen in der Sekundarstufe I durchgeführt werden, da sie weitergehende naturwissenschaftliche Kenntnisse erfordern.

Herkunft/Biographie

- Erfahrungsgemäß weisen Jungen eine größere Affinität zu dem Thema auf als Mädchen. Im Rahmen einer koedukativen Behandlung erfordert diese Diskrepanz große Rücksichtnahme, besonders hinsichtlich eines angemessenen Eingehens auf die Interessen der Lernenden.

Herleitung aus der Lebenswirklichkeit

- Technik ist grundlegender Bestandteil unserer Lebenswelt: Alle Geräte unseres Haushalts stellen technische Anwendungen dar, und vielfach sind die Prinzipien, auf denen sie beruhen, auch erfahrbar: Etwa bei einfachen Geräten wie Fahrrädern, mechanischen Dosenöffnern, Brotmaschinen, etc..

Vernetzung zu anderen Themen

- **Physik**: Physikalische Prinzipien, auf denen technische Anwendungen beruhen: Mechanik, Gesetze der Kraftübertragung, Zahnräder, Flaschenzüge, etc.. Thermodynamische Prinzipien, Wärmelehre, Carnotscher Kreisprozess, thermodynamische Grundlagen von Wärmemaschinen, Kühlschränken, etc..
- **Biologie**: Biotechnologische Themen: Gentechnologie, Lebensmittelproduktion, etc..

Technik

- **Umweltschutz**: Umwelttechnik: Katalysatoren, Schadstoffanalytik, Kläranlagentechnik, Filteranlagen in der Industrie, die Entwicklung schadstoffärmerer Autos, etc..
- **Medizin**: Elektrische Gerätschaften zur medizinischen Analytik, diagnostische Verfahren, elektrische Operationsutensilien, etc..
- **Chemie**: Die Themen der technischen Chemie mit besonderer Berücksichtigung der Umsetzung chemischer Reaktionen in großindustriellem Maßstab.

Technik

Exkursionen

Unterrichtsgänge:
Besuch einer nahegelegenen Fahrradwerkstatt, hier können besonders gut mechanische Anwendungen zur Kraftübertragung beobachtet werden.

Tagesausflüge:
Besuch von Werkstätten, in denen die jeweils angewandte Technik sichtbar gemacht werden kann: Für ältere Schüler eine Autowerkstatt. Es bietet sich ebenfalls der Besuch eines Uhrmachers oder Glasbläsers an.

Experimente

Bau eines Federkraftmessers, mit Hilfe dessen die auf die Feder einwirkende Kraft abgelesen werden kann.

Bau eines Flaschenzuges, bei dem die Ausführung in ihrer Kompliziertheit an das Alter der Schüler angepasst werden kann.

Bau einer Maschine, bei der die Kraftübertragung über Zahnräder funktioniert (diese kann etwa aus Kronkorken hergestellt werden).

Aufbau einfacher Stromkreise, mit Hilfe derer etwa die Leitereigenschaften von Stoffen überprüft werden können.

In einem Labor können einfache Glasgeräte durch Erhitzen leicht schmelzbaren Glases selbst hergestellt werden.

Weitere Möglichkeiten

Projektunterricht:
Bau eines Elektromotors: Mit einfachen Mitteln kann ein Elektromotor gebaut werden, mit Hilfe dessen einfache Verrichtungen getätigt werden können.

Es können einfache Roboter gebaut werden, die auf Basis von Schaltkreisen für bestimmte Tätigkeiten (einfache Dreh- und Hebebewegungen) programmiert werden können.

Technische Apparaturen, z.B. ein Uhrwerk, können systematisch auseinandergebaut werden, um so ihren Aufbau zugänglich zu machen.

Externe Fachleute:
Es wird ein Facharbeiter eingeladen, der seine Technik vorstellt, z.B. ein Uhrmacher, Glasbläser, etc..

Fächerübergreifende Aspekte

Mathematisch:
Im Zusammenhang mit dem Bau technischer Apparaturen bieten sich Berechnungen von Kraftverhältnissen und dem jeweiligen Energieumsatz an.

Künstlerisch:
Bildende Kunst wird unter dem Aspekt Technik untersucht: So wurde z.B. im Kubismus immer wieder das Innenleben technischer Apparaturen dargestellt, etwa Uhrwerke, etc..

Im Rahmen eines Projektes „*Fotographie*“ wird einerseits die zugrundeliegende Technik behandelt, andererseits die gestalterischen Möglichkeiten dieses Darstellungsmediums erschlossen.

Verkehr

Voraussetzungen

- Das Thema „*Verkehr*“ kann nicht nur bereits sehr früh in der Grundschule behandelt werden, sondern stellt im Rahmen von Verkehrserziehung einen wesentlichen Teil des Unterrichts gerade in den ersten Klassen dar, für den die verschiedenen Voraussetzungen normalerweise auch erfüllt sind.

Herkunft/Biographie

- Beim Thema „*Verkehr*“ machen sich die erfahrungsbedingten Unterschiede zwischen Kindern mit ländlicher beziehungsweise urbaner Herkunft durchaus bemerkbar. Auch innerhalb einer Stadt ist entscheidend, inwieweit in der jeweiligen Wohngegend z.B. vielbefahrene Straßen und Kreuzungen liegen.

Herleitung aus der Lebenswirklichkeit

- Mit dem Thema „*Verkehr*“ und den damit verbundenen Problemen werden die Kinder zwangsläufig bereits sehr früh konfrontiert: Schon der tägliche Schulweg bringt die Kinder auf verschiedene Weise damit in Berührung, und Kinder sind in der Lage, die verschiedenen Verkehrsmittel zu benennen.

Vernetzung zu anderen Themen

- **Geographie**: Die Abhängigkeiten der verschiedenen Verkehrsmittel von geographischen Gegebenheiten, besondere Transportmittel etwa im Hochgebirge oder an der See. Verkehrsmittel als moderne Möglichkeit, auch sehr weite Entfernungen schnell und bequem zu überwinden.
- **Wirtschaft**: Verkehrsmittel als Wirtschaftsfaktoren, die Regionen verändern können und wichtig für den Handel sind.
- **Physik**: Die physikalischen Prinzipien, auf denen die verschiedenen Verkehrsmittel beruhen, etwa die Frage des Auftriebs beim Fliegen, oder die Frage, warum Schiffe auf dem Wasser schwimmen können.
- **Technik**: Technische Strategien bei der Entwicklung von Transportmitteln: Die Konstruktion von Flugzeugen, damit im Zusammenhang Materialkunde, die Konstruktion von Fahrrädern und Autos, von Lokomotiven etc..

Verkehr

Exkursionen

Unterrichtsgänge:
Besuch eines nahen Bahnhofs, bevorzugt eines Rangierbahnhofs

Besuch einer nahegelegenen großen Kreuzung, an Hand derer Gefahren des Straßenverkehrs gezeigt werden können.

Tagesausflüge:
Besuch eines nahe gelegenen Flughafens, bei dem auch in Grundzügen die Infrastruktur des Verkehrsumschlagplatzes „Flughafen" deutlich wird.

Besuch eines Verkehrsmuseums

Experimente

Modellexperimente:
Anhand einfacher Modelle kann gezeigt werden, wie Schiffe schwimmen und wie sie sich fortbewegen: Holzschiffe können mit Segeln bestückt oder durch kleine Motoren angetrieben werden.

Anhand einfacher Flugobjekte, z.B. aus Papier, können wesentliche Eigenschaften von Flugzeugen demonstriert werden.

Selbst gebaute Autos, z.B aus Fischertechnik oder aus Holz, werden mit kleinen Motoren betrieben. Dabei können wesentliche Parameter, die das Fahrverhalten beeinflussen, untersucht werden, etwa die Form oder auch das Gewicht.

Weitere Möglichkeiten

Projektunterricht:
Das Projekt „*Verkehrserziehung*" sollte in verschiedenen Altersstufen durchgeführt werden: In der Grundschule werden grundsätzliche Regeln der Verkehrssicherheit vermittelt, in der Sekundarstufe I werden im Rahmen von Verkehrserziehung etwa Mopedkurse angeboten.

Es werden eigene Verkehrsmittel mit in die Schule gebracht, etwa Fahrräder oder Mopeds, und deren Verkehrssicherheit und technische Funktionalität überprüft.

Externe Fachleute:
Es werden Verkehrspolizisten eingeladen, die aus ihrer Sicht Gefahren des Straßenverkehrs darstellen.

Fächerübergreifende Aspekte

Geschichtlich:
Die kulturgeschichtliche Entwicklung des Verkehrs: Bedingungen für die Entwicklung von Verkehrsmitteln sowie deren Einfluss auf die Entwicklung von Regionen: Die Erschließung des nordamerikanischen Kontinents durch die Eisenbahn, die immense handelspolitische Bedeutung des Suezkanals und des Panamakanals, die Entwicklung bedeutender Städte an wichtigen Handelsrouten (z.B. die Geschichte der Hanse), etc..

Kunstgeschichtlich:
Die künstlerische Umsetzung des durch die zeitgenössischen Verkehrsmittel stark beschleunigten Lebens in den europäischen Großstädten durch die Impressionisten, bei denen verschiedene Verkehrsmittel häufig als Motiv dienten.

Voraussetzungen

- Das Thema *„Kommunikation“* eignet sich sehr gut auch für die erste Klasse. Es kann durch seinen stark fächerübergreifenden Charakter bestens an verschiedene Lernniveaus angepasst werden. Als Voraussetzungen dienen im Wesentlichen eigene kommunikative Erfahrungen des Schülers im Alltag.

Herkunft/Biographie

- Unterschiede hinsichtlich des Zugangs zu diesem Thema ergeben sich vor allem durch das Vertrautsein mit modernen Kommunikationsmedien. Die Ausstattung des jeweiligen Haushalts mit ans Internet angeschlossenen Computern und anderen Medien prägt die Einstellung des Schülers stark.

Herleitung aus der Lebenswirklichkeit

- Kommunikation im Sinne zwischenmenschlicher Verständigung gehört unmittelbar zur Lebenswelt eines Menschen (Watzlawick: *„Man kann nicht nicht kommunizieren“**). Auch mit technischen Möglichkeiten der Fernkommunikation sind Kinder bereits sehr früh vertraut.

Vernetzung zu anderen Themen

- **Technik**: Welche technischen Voraussetzungen müssen für die verschiedenen (fern-) kommunikativen Medien erfüllt sein? Dies kann anhand einfacher Morseapparaturen und der entsprechenden Weiterentwicklung zu heutigen Medien erarbeitet werden.
- **Sprache**: Welche Rolle spielt unsere Sprache in der Kommunikation, wie dekodieren wir die in Sprache enthaltene Information, und wie wird Sprache bei der Digitalisierung verändert?

Kommunikation

- **Biologie**: Welche anatomischen und hirnphysiologischen Bedingungen musste der Mensch erfüllen, um so komplexe Vorgänge wie die Bildung und das Verstehen von Sprache leisten zu können? Welche weiteren Möglichkeiten der Kommunikation haben Lebewesen entwickelt, um miteinander zu kommunizieren? Welche Möglichkeiten bieten “physikalische” beziehungsweise “chemische” Arten der Vermittlung von Informationen zwischen Zellen beziehungsweise zwischen Lebewesen?

* Aus: Paul Watzlawick, Janet H. Beavin, Don D. Jackson: *Menschliche Kommunikation. Formen, Störungen, Paradoxien.* Hans Huber Verlag. Bern. 1996

Kommunikation

Exkursionen

Unterrichtsgänge:
Es kann eine nahegelegene Poststation besichtigt werden, um die verschiedenen dort realisierten Fernkommunikationswege kennenzulernen.
Besuch einer Gehörlosenschule, einer Pantomimegruppe.

Tagesausflug:
In Museen, z.B. einem Postmuseum oder einem technischen Museum, können historische Kommunikationswege studiert werden.

Beim Besuch eines Imkers können die Kommunikationsstrategien der Bienen untereinander beleuchtet werden.

Experimente

Es können mit Kindern einfache Kommunikationsapparaturen, wie etwa ein Schnurtelefon, hergestellt werden: Töne können durch eine straff gespannte Schnur weitergeleitet werden.

Es können einfache Morseapparaturen gebaut werden, mit Hilfe derer Nachrichten übermittelt werden können.

Kinder können die Wirkung ihrer nonverbalen Kommunikation kennenlernen, indem sie vor einer laufenden Videokamera ein Thema präsentieren und danach gemeinsam mit den anderen die Aufnahmen unter dem Gesichtspunkt von mimischer und gestischer Kommunikation studieren.

Weitere Möglichkeiten

Projektunterricht:
Mit den Schülern werden Tierbeobachtungen durchgeführt, z.B. im Zoo, in Wildgehegen oder anhand von Filmmaterial, um die Verhaltensweisen der Tiere mit Blick auf ihre Kommunikation untereinander kennenzulernen.

Externe Fachleute:
Es kann ein Biologe eingeladen werden, der über Kommunikationsstrategien von Tieren referiert.
Es bietet sich ebenfalls an, sich von einem Nachrichtentechniker über dessen Sicht auf Kommunikation berichten zu lassen.

Fächerübergreifende Aspekte

Musik:
Schüler kommunizieren über die Erzeugung von Tönen mit Hilfe von Instrumenten, sie musizieren und vermitteln einander dabei Botschaften.

Künstlerisch:
In der Kunst werden ebenfalls Botschaften an den Betrachter vermittelt: Auf diesem Wege kann über andere Bereiche des Lebens kommuniziert werden als mit verbaler Sprache.

Literarisch:
Moderne und klassische Literatur wird daraufhin untersucht, inwiefern sprachliche Symbole für eine Aussage verwandt werden.

Voraussetzungen

- Für eine angemessene Behandlung des Themas „*Europa*" ist bereits ein gewisses politisches Grundverständnis erforderlich, wie es etwa ab Klasse 4 vorausgesetzt werden kann. Eine tiefergehende Behandlung des Themas ist in jedem Falle auch in der Sekundarstufe I sinnvoll im Rahmen von politischer Grundbildung möglich.

Herkunft/Biographie

- Der Zugang der Schüler zu diesem Thema hängt vor allem davon ab, inwieweit in der Familie mit politischen Themen umgegangen wird. Die politische Haltung der Eltern und der Raum, den das Thema „*Europa*" in Gesprächen einnimmt, ist wesentlich für eine diesbezügliche „Prägung" der Kinder.

Herleitung aus der Lebenswirklichkeit

- Das Thema reicht vor allem über die Medien in die Lebenswirklichkeit der Kinder hinein: Durch Funk und Fernsehen und nicht zuletzt Zeitungen und Literatur werden sie mit der Relevanz von „*Europa*" auch für unser tägliches Leben konfrontiert, auch wenn dies vielfach nicht unmittelbar spürbar ist.

Europa

Vernetzung zu anderen Themen

- **Sprache**: Der kulturelle Austausch mit anderen europäischen Ländern bringt die Schüler vor allem auch mit deren Sprachen in Berührung. Die Motivation zum Erlernen weiterer Fremdsprachen (und Dialekte) wird durch das Zusammenwachsen Europas stark gefördert, das Beherrschen von Fremdsprachen wird mehr und mehr zur Notwendigkeit.
- **Kultur**: Der Austausch mit anderen Ländern und Regionen schließt die Beschäftigung mit deren Kultur ein: Dies bezieht sich sowohl auf die Kunst, die Musik und die Sitten des Landes als auch auf deren kulinarische Gewohnheiten.
- **Handel und Wirtschaft**: Welche wirtschaftlichen Konsequenzen hat die Währungsunion, welche Möglichkeiten ergeben sich durch das zunehmende wirtschaftliche und finanzielle Zusammenwachsen Europas? Welche Perspektiven stellt das Arbeiten im europäischen Ausland dar? Wie sieht die wirtschaftliche Situation in anderen europäischen Ländern aus?

Europa

Exkursionen

Unterrichtsgänge:
Besuch einer nahegelegenen Kultureinrichtung eines europäischen Landes. Vielfach bieten solche Institutionen Möglichkeiten für Austauschprogramme, Sprachkurse und Reisen an.

Tagesausflüge:
Besuch einer Botschaft, eines Konsulates oder einer Vertretung eines europäischen Landes.
Besuch eines Europaparlamentarierers oder einer europäischen Organisation.

Klassenfahrten:
Besuch eines europäischen Auslandes, etwa einer Partnerstadt

Experimente

„Experimente“ zum Kennenlernen der Kulturen: Schüler werden mit verschiedenen „Kulturprodukten“ europäischer Länder konfrontiert, die typisch für das jeweilige Ausland sind. Die Schüler müssen die Zuordnung zum jeweiligen Land leisten: Dabei kann es sich sowohl um kulinarsiche Spezialitäten handeln, um Tonbandaufnahmen mit Sprachbeispielen, um Abbildungen berühmter Kunstwerke oder Gebäude.

Für den Fremdsprachenunterricht bietet sich das Hören und Sehen europäischer Auslandssender im Radio und Fernsehen an, zum Einen zum Gewöhnen an die Fremdsprachen, aber auch, um die entsprechende Medienkultur des Landes vorzustellen.

Weitere Möglichkeiten

Projektunterricht:
Es werden Sammlungen zu jeweils einem Land angelegt: Die Schüler sammeln typische „Kulturprodukte“, wie etwa in dem Land produzierte Gegenstände, kulinarische Erzeugnisse, Literatur, Filme, Musik, etc..

Es werden Partnerschaften mit anderen Schulen im europäischen Ausland gegründet, was mit gegenseitigen Besuchen gekoppelt sein kann und durch die kommunikativen Möglichkeiten des Internets unterstützt werden kann.

Externe Fachleute:
Es können Mitarbeiter von europäischen Organisationen eingeladen werden oder Politiker, die in europapolitische Fragen involviert sind.

Fächerübergreifende Aspekte

Literatur:
Es werden Autoren verschiedener europäischer Länder miteinander verglichen, wenn möglich in der Originalsprache. Solche Literaturvergleiche sind besonders dann sinnvoll, wenn die Autoren sowohl literarisch als auch epochal vergleichbar sind, etwa André Gide und Thomas Mann, etc..

Musik:
Die Beschäftigung mit einem europäischen Ausland legt eine Beschäftigung mit der Musikgeschichte dieses Landes sowie mit zeitgenössischer Musik nahe.

Kunst:
Das kunstgeschichtliche Herangehen an ein Land fordert ebenfalls zu vergleichenden Studien auf.

Handel und Wirtschaft

Voraussetzungen

- Die Voraussetzungen der Schüler zu diesem Thema beziehen sich in erster Linie auf ihr eigenes Interesse daran. Im Wesentlichen eignet sich „*Handel und Wirtschaft*“ bereits für die ersten Klassen der Grundschule, wobei dann allerdings eher Bezüge zur unmittelbaren Lebenswelt der Kinder gefunden werden müssen.

Herkunft/Biographie

- Entscheidend für den Bezug der Schüler zu diesem Thema ist vor allem die Heranführung im familiären Rahmen: Inwieweit werden die Kinder in wirtschaftliche Entscheidungen der Familie eingebunden oder darüber informiert?- und nicht zuletzt auch: Wie ist die wirtschaftliche Situation der Familie und ihr Bezug zu Geld?

Herleitung aus der Lebenswirklichkeit

- In der kindlichen Lebenswelt besteht der Bezug zu diesem Thema zunächst in erster Linie in Kaufhandlungen und in Tauschakten mit anderen Kindern und in der Familie. Spürbar ist schon früh die wirtschaftliche Situation der Familie. Makroskopische Wirtschaftsbezüge werden primär durch die Medien vermittelt.

Vernetzung zu anderen Themen

- **Geographie**: Wie prägt die wirtschaftliche Situation eine Region, wie ein ganzes Land? Inwieweit hängt die wirtschaftliche Situation mit den geographischen Gegebenheiten eines Landes zusammen, wie etwa mit dem Vorkommen von Bodenschätzen, den landwirtschaftlichen Möglichkeiten sowie der etwaigen Lage an Handelsrouten? Welche Unterschiede bestehen zwischen den wirtschaftlichen Beziehungen auf privater und regionaler Ebene und auf überregionalem, globalem Niveau?
- **Mathematik**: Wirtschaftsmathematische Fragen und Probleme, mathematische Modelle zur Berechnung von Wirtschaftlichkeit, etc..
- **Geschichte**: Die Entwicklung von Geld- und Wirtschaftssystemen, die Entstehung von Handelsrouten, von Wirtschafts- und Finanzzentren, und die Wechselwirkungen zwischen Wirtschaft und Politik.
- **Chemie/Technik**: Münzen und deren „Wert“, die Bestandteile von Münzen in heutiger Zeit und in der Geschichte, die Münzprägung aus technischer Perspektive, etc..

Handel und Wirtschaft

Exkursionen

Unterrichtsgänge:
Besuch einer Bank oder Sparkasse in der Nähe, wo wesentliche Arbeitsvorgänge sichtbar werden.

Tagesausflüge:
Besuch eines Handelsmuseums oder einer Münz-Ausstellung.

Besuch eines historischen Museums, in dem die wirtschaftliche Entwickung einer Region oder von Handelsrouten thematisiert wird.

Besuch einer Börse.

Experimente

„*Experimente*" können zum Thema „*Handel und Wirtschaft*" vor allem als Spiele durchgeführt werden: In Spielform können Schüler miteinander handeln, es wird mit fiktivem Geld und fiktiven Waren gehandelt. Es bietet sich in diesem Zusammenhang vor allem auch an, an einem der vielen Wirtschaftsspiele teilzunehmen, wie sie zum einen von Banken und Sparkassen für Kinder und Jugendliche angeboten werden, zum anderen aber auch bei verschiedenen Anbietern im Internet zu finden sind.

Auf diesem Wege können Schüler erste Erfahrungen im Umgang mit Aktien sowie anderen an der Börse gehandelten Werten machen.

Weitere Möglichkeiten

Projektunterricht:
Es werden Informationen zu Anlagemöglichkeiten gesammelt: Dazu werden Banken und andere anlageberatende Institutionen besucht und die verschiedenen Anlagemöglichkeiten hinsichtlich ihrer Rentabilität und ihrer Sicherheit verglichen. Schüler verfolgen begleitend zum Projekt die Entwicklung verschiedener Aktienkurse in einem ausgesuchten Marktsegment.

Externe Fachleute:
Es werden Fachleute von Banken oder anderen Finanzinstituten eingeladen, um den Schülern einen Überblick über Märkte und Anlagemöglichkeiten zu geben, verbunden mit Hinweisen auf unseriöse Anbieter.

Fächerübergreifende Aspekte

Ethik:
Wirtschafts- und Gerechtigkeitsethik sind nicht zuletzt auch angesichts moderner Wirtschaftsformen in den Brennpunkt des Interesses von Wirtschaft und Philosophie geraten. Die Entscheidung zwischen Verteilungs- und Leistungsgerechtigkeit, wie sie auch von verschiedenen politischen Lagern unterschiedlich gefällt wird, ist dabei eine der zentralen Fragen.

Kunst:
Wirtschaftliche Erwägungen sind auch bei der „Produktion" von Kunst von großem Interesse: Etwa die Entwicklung des Kunsthandels und die starken Wertänderungen von Kunstwerken, aber auch die Frage, inwieweit Kunst überhaupt vermarktet werden sollte.

NAMENSREGISTER

Bateson, Gregory

Der 1904 geborene Engländer Gregory Bateson studierte Anthropologie und führte anthropologische Studien in Neu-Guinea durch. Anschließend wandte er sich der Evolutionstheorie und der Verhaltensforschung zu. Ab 1942 arbeitete Bateson in der Kybernetik und hatte nach 1947 in Harvard einen Lehrstuhl für Anthropologie inne.

Anschließend wandte er sich lerntheoretischen Studien im Neuropsychiatrischen Institut in San Francisco zu. Weitere psychologische und kybernetische Studien schlossen sich in Hawaii und an der Universität von Californien in Santa Cruz an. 1980 verstarb Bateson.

Es sind zwei wesentliche wissenschaftliche Gebiete, von denen Bateson bei seinen Arbeiten ausging: Zum einen war es die Anthropologie, die er in biologischer Ausrichtung ausgiebig betrieb, zum anderen bezog sich Bateson immer wieder auf die Kybernetik und die Informationswissenschaften.

Durch diese Ausrichtungen war er auch für viele Konstruktivisten immer wieder eine bedeutende Referenz, wenngleich Bateson, dem wie Capra (↑) die Vernetztheit von Denk- und Erkenntnisstrukturen stets ein besonderes Anliegen war, nicht genuin zu den Konstruktivisten gerechnet wird.

Viele Ansätze Batesons, gerade epistemologische, sind jedoch deutlich konstruktivistisch, etwa die Betonung der Subjektrolle bei Erkenntnis oder auch die Suche nach verbindenden Mustern, die allerdings bei Bateson bewusst als vom menschlichen Geist erzeugt aufgefasst werden.

Literatur

- Bateson, Mary Catherine. Bateson, Gregory: *Wo Engel zögern. Unterwegs zu einer Epistemologie des Heiligen.* 1973
- Bateson, Gregory: *Geist und Natur. Eine notwendige Einheit.* 1979
- Bateson, Gregory: *Ökologie des Geistes.* 1972
- Paul Watzlawick: *Wirklichkeitsanpassung oder angepasste 'Wirklichkeit'?* In: *Einführung in den Konstruktivismus.* 1985

Capra, Fritjof

Capra wurde 1939 in Wien geboren. An der Universität zu Wien studierte er Physik und promovierte hier 1966. Danach wandte er sich zwei Jahre lang Forschungsarbeiten in theoretischer Physik in Paris zu. Von 1968 bis 1970 arbeitete er an der Universität von Kalifornien in Santa Cruz, bevor er zum Imperial College in London wechselte. Danach wandte sich Capra vorwiegend philosophischen Themen zu und veröffentlichte zahlreiche Bücher, die physikalische und philosophische Themen einem breiten Publikum zugänglich machen. Heute arbeitet Capra als Direktor des Center for Ecoliteracy in Berkeley, Kalifornien.

Capra hat sich in seinen Arbeiten stets um eine Synthese von Aspekten verschiedener Disziplinen bemüht. Von Hause aus Physiker, beleuchtete er Erkenntnisse moderner physikalischer Forschung, vor allem auf dem Gebiet der theoretischen Physik, aus epistemologischen und allgemeinphilosophischen Blickwinkeln. Sein Eintreten für eine wissenschaftskritische Sicht und ein Überdenken konservativer, positivistischer Positionen in der Wissenschaft macht ihn auch für konstruktivistische Denker attraktiv. Capras Arbeiten fanden vor allem auch auf ökologischem Gebiet starken Anklang, und das von ihm propagierte vernetzte Denken hat bei Vertretern verschiedener wissenschaftlicher Disziplinen starke Resonanz gefunden.

Literatur

- Capra, Fritjof: *Das Tao der Physik.* 1975
- Capra, Fritjof: *Wendezeit* (The turning point). 1982
- Capra, Fritjof: *Das neue Denken.* 1987
- Capra, Fritjof: *Lebensnetz.* 1996

Dingler, Hugo

Der 1881 in München geborene Dingler studierte Philosophie und hatte von 1920 bis 1932 in München eine Professur in Philosophie inne. Von 1932 bis 1934 arbeitete er in Darmstadt als Philosophieprofessor. Nach 1945 veröffentlichte Dingler zahlreiche erkenntnisphilosophische Arbeiten.

Dingler hat in seiner Erkenntnisphilosophie vor allem den Versuch einer gesicherten, eindeutigen Erkennung empirischer Wirklichkeit unternommen. Sein Anliegen war die Entwicklung eines experimentell-methodischen Vorgehens, das durch entsprechende geplante Handlungen eindeutige empirische Ergebnisse zulässt.

Dieses Bemühen, das letztlich ontische (↑) Wahrheit anstrebt, steht im Gegensatz zur Auffassung der meisten Konstruktivisten, die die Möglichkeit einer "eindeutigen", zumal ontischen Erkennbarkeit von Realität ablehnen.

Literatur

- Dingler, Hugo: *Die Grundlagen der Naturphilosophie*, 1913

Foerster, Heinz von

Heinz von Foerster wurde 1911 in Wien geboren, wo er an der Technischen Hochschule 1935 Diplomingenieur der Technischen Physik wurde. In Physik promovierte er 1944 in Breslau. Nach 1949 arbeitet von Foerster an der Universität von Illinois in Urbana. Von 1958 an war von Foerster Leiter des Biologischen Computer-Laboratoriums. Nach 1962 war er Professor für Biophysik und von 1963-1965 Präsident der Wenner-Gren-Stiftung für Anthropologische Forschung.

Wie etwa bei Maturana (↑) und Piaget (↑) ist auch bei von Foerster aus seiner Biographie die Bedeutung der Biologie für sein Werk deutlich abzulesen. Von Hause aus aber war von Foerster Physiker, und er setzte sich sehr früh mit der Kybernetik auseinander.

Von Foersters Zugang zum Konstruktivismus, den er wie von Glasersfeld (↑) in seiner radikalen Form vertrat, erfolgte über die Kognitionsforschung. Besonderes Anliegen von Foersters dabei waren stets kognitionslogische Probleme von Erkennen und Selbst-Erkennen. Wie Maturana behandelte von Foerster auch die epistemologisch-philosophischen Aspekte von Erkenntnis mit naturwissenschaftlicher Strenge. Nicht zuletzt durch ihn wurde der epistemologische Konstruktivismus durch kybernetische und biologische Begrifflichkeiten und Systeme erweitert.

Wesentliche Akzente in den Arbeiten von Foersters stellen die Selbstorganisation des Gehirns (Autopoiese (↑)) dar sowie der Konstruktionscharakter von subjektiver Wirklichkeit.

Literatur

- Foerster, Heinz von: *Sicht und Einsicht. Versuche einer operativen Erkenntnistheorie*. 1985
- Foerster, Heinz von: *KybernEthik*. 1993
- Foerster, Heinz von: *Wissen und Gewissen. Versuch einer Brücke*. 1994
- Foerster, Heinz von. Pörksen, Bernhard: *Wahrheit ist die Erfindung eines Lügners. Gespräche für Skeptiker*. 1998
- Foerster, Heinz von. Glasersfeld, Ernst von: *Wie wir uns erfinden. Eine Autobiographie des radikalen Konstruktivismus*. 1999
- Kreutzer, Franz. Watzlawick, Paul: *Die Unsicherheit unserer Wirklichkeit. Ein Gespräch über den Konstruktivismus*. 1993

Glasersfeld, Ernst von

Ernst von Glasersfeld wurde 1917 in München geboren, hat aber die österreichische Staatsangehörigkeit. Er studierte zunächst in Zürich und Wien Mathematik und arbeitete während des Zweiten Weltkrieges in Irland als Farmer. Von Glasersfeld arbeitete ab 1945 in Meran in Italien in einem interdisziplinären Kreis ("*Die Italienische operationalistische Schule*") mit. Ab 1969 arbeitete von Glasersfeld an der Univerisität von Georgia, wo er von 1970 - 1987 als Professor für kognitive Psychologie tätig war.

Kennzeichnend für die Biographie von Glasersfelds ist die stete Auseinandersetzung mit verschiedenen Sprachen. Bereits als Kind wurde er mit fünf Sprachen konfrontiert, und er war acht Jahre lang Leiter eines Forschungsprojekts in maschineller Sprachanalyse, wo er sich unter anderem mit dem Spracherwerb von Schimpansen auseinandersetzte.

Der Zugang von Glasersfelds zum Konstruktivismus erfolgte im Wesentlichen über diese sprachliche Auseinandersetzung und über Strategien der Problemlösung: Der Konstruktivismus hat bei ihm daher eine beträchtliche kognitionspsychologische Ausrichtung. Sehr spät erst, nämlich vor allem in der Auseinandersetzung mit Piaget (↑), wendet sich von Glasersfeld der biologischen Perspektive von Konstruktivismus zu.

Von Glasersfeld gilt als der Begründer des radikalen Konstruktivismus, der Ausdruck geht auf ihn zurück. Ein Hauptaspekt des von von Glasersfeld vertretenen Konstruktivismus ist die tätighandelnde Auseinandersetzung des Individuums mit der Umwelt.

Vehement wendet sich von Glasersfeld gegen die Idee eines Lernens und Erkennens auf Grundlage eines passiven Exponierens (Abbildtheorie (↑) des Individuums hinsichtlich der zu erkennenden Objekte, deren ontische (↑) Erkennbarkeit von Glasersfeld in Zweifel zieht. Zentrale Begriffe seines radikalen Konstruktivismus sind die Perturbationen (↑) und die Viabilität (↑).

Perturbationen ergeben sich aus den Widersprüchen der subjektiven Konstruktionen von der Umwelt mit derselben, sie zwingen das Individuum zur Schaffung neuer Konstruktionen, die für die Auseinandersetzung - und diese ist bei von Glasersfeld stets als eine handelnde aufzufassen - mit der Umwelt besser geeignet sind.

Ziel ist dabei die Viabilität, die Wegbarkeit, die Nützlichkeit in der Konfrontation, Viabilität ist letztlich im Piagetschen Sinne als Überlebenssache zu verstehen und läuft eben bei von Glasersfeld radikalem Konstruktivismus nicht auf Wahrheitsträchtigkeit hinaus.

Ein weiteres zentrales Anliegen von Glasersfelds ist die Verteidigung des Konstruktivismus gegen den Vorwurf von Beliebigkeit und freier Interpretierbarkeit von Objektivität.

Wenn sich letztere im radikalen Konstruktivismus auch als Konstruktion darstellt und aus anderen Konstruktionen ableitet, so lassen sich für

Objektivität doch - nicht zuletzt auf Grundlage von Kommunikation - Kriterien aufstellen. Von Glasersfeld ist es an neuen Begründungsformen anstelle der (empirizistischen (↑)) Wahrheitsfindung gelegen.

Literatur

- Glasersfeld, Ernst von: *Die Wurzeln des "Radikalen" Konstruktivismus.* In: Hans Rudi Fischer (Herausgeber): *Die Wirklichkeit des Konstruktivismus. Zur Auseinandersetzung um ein neues Paradigma.* 1995
- Glasersfeld, Ernst von: *Radikaler Konstruktivismus. Ideen, Ergebnisse, Probleme.* 1996
- Glasersfeld, Ernst von: *Konstruktion der Wirklichkeit und des Begriffs der Objektivität.* In: *Einführung in den Konstruktivismus.* 1992
- Maturana, Humberto. Varela, Francisco: *El árbo del concocimiento* (*Der Baum der Erkenntnis*). 1984

Goorhuis, Henk

Der 1955 in Aalst in Belgien geborene Goorhuis arbeitete von 1978 bis 1984 in Basel als Programmierer und leitete dort danach ein Computer-Fortbildungsprojekt. 1986 wandte er sich in Glasgow Forschungen auf dem Gebiet der künstlichen Intelligenz zu und wechselte dann nach Zürich, wo er bis 1990 eine Forschungsgruppe zu neuronalen Netzwerken leitete. In Zürich führte Goorhuis ab 1993 kybernetische und chaostheoretische Forschungen durch. Seit 1996 leitet Goorhuis die Fachstelle für Weiterbildung an der Universität Zürich.

Goorhuis` Konstruktivismus leitet sich aus seiner Beschäftigung mit künstlicher Intelligenz und Chaostheorie ab, im Gegensatz zu vielen anderen Konstruktivisten sind die Arbeiten von Goorhuis nicht wesentlich biologisch geprägt.

Interessant ist vor allem der Zugang Goorhuis` zur Lerntheorie und zur Didaktik von einer anderen als der psychologisch-biologischen Seite. Goorhuis hat einen großen Teil seiner Arbeiten der Didaktik gewidmet, und bei ihm kommen Systemtheorien, Lerntheorien und Epistemologie (↑) zur Synthese.

Literatur

- Goorhuis, Henk: *Konstruktivistische Modellbildung in der Informatik.* 1994
- Goorhuis, Henk: *Computer, Subjektivität und Chaos.* In: *Computer Science, Communications and Society. A technical and cultural challenge,* Conference Proceedings Neuchâtel. 1993
- Goorhuis, Henk: *Die konstruktivistische Wissenstheorie.* In: Uni-Journal der Universität Zürich. 1998

Kant, Immanuel

Kant wurde 1724 in Königsberg geboren. Von 1740 bis 1746 studierte er Philosophie an der Universität in Königsberg. 1755 promovierte und habilitierte Kant, von da an arbeitete er an der Universität in Königsberg als Privatdozent, bis er dort 1770 den Lehrstuhl für Logik und Metaphysik übernahm. Diese Tätigkeit übte er bis 1796 aus. Kant verstarb 1804.

Kant beschäftigt sich in seinen Aufgaben mit den verschiedenen Aspekten von Metaphysik und wendet sich später vor allem auch ethischen Fragen zu. Sein erstes Hauptwerk ist die "*Kritik der reinen Vernunft*", wo er von einem formalphilosophischen Standpunkt allgemeine Fragen nach der Erkennbarkeit von Dingen der empirischen Welt und der Metaphysik behandelt.

Daraus leitet er dann später moralische Kategorien für menschliches Handeln ab: Die "*Kritik der praktischen Vernunft*" und *"Grundlegung zur Metaphysik der Sitten"* beschäftigen sich mit diesen Fragen, und hier wendet sich Kant auch staatsphilosophischen Fragen zu. Kants kategorischer Imperativ ist ein allgemeines Sittengesetz, das er in *"Grundlegung zur Metaphysik der Sitten*" aufstellt.

Kant wird in vielerlei Hinsicht von Konstruktivisten als ihr Vordenker gesehen. Dies hat vor allem mit seiner kritischen Einstellung hinsichtlich der Möglichkeit einer wahren, "ontischen" (↑) Erkenntnis zu tun. Die Kategorien Zeit und Raum sind bei Kant Ordnungskategorien des Verstandes und nicht empirische Gegebenheiten. Kant weist dem Individuum beim Erkenntnisprozess die zentrale Rolle zu.

Literatur

- Kant, Immanuel: *Kritik der reinen Vernunft.* 1781
- Kant, Immanuel: *Grundlegung zur Metaphysik der Sitten.* 1785
- Kant, Immanuel: *Kritik der praktischen Vernunft.* 1788

Kuhn, Thomas Samuel

Der 1922 in Cincinnati in Ohio geborene Kuhn studierte von 1943 bis 1946 an der Harvard Universität Physik und wandte sich dann der Wissenschaftsgeschichte zu, worin er 1949 promovierte. Von 1951 bis 1956 unterrichtete er Geschichte und Philosophie in Harvard. Später setzte er seine wissenschaftshistorischen Studien an der Universität von Kalifornien in Berkeley, an der Princeton Universität sowie im Massachusetts Institute of Technology fort. 1996 verstarb Kuhn in Cambridge in Massachusetts.

Kuhns besonderes Verdienst war die Akzentuierung des Einflusses historischer und sozialer Umstände auf wissenschaftliche Fortentwicklung. Seine Zugehörigkeit zur historischen Zunft schlägt sich im gesamten Werk Kuhns deutlich nieder, und er betrachtet Wissenschaft konsequent aus historisch - gesellschaftlicher Perspektive.

Kuhn bricht mit der traditionellen Auffassung, dass Wissenschaft sich nach inhärenten, rationalen Kriterien fortentwickelt. Zum einen bestreitet er vehement den wissenschaftslogischen Verlauf von Forschung, für Kuhn sind es äußere, etwa gesellschaftliche Faktoren, die Wissenschaft bestimmen.

Zum anderen geschieht dies nach Ansicht Kuhns in eruptiver, revolutionärer Form: Wissenschaftliche Umbrüche ereignen sich dramatisch, durch sie werden Umstürze in der Fortentwicklung von Wissen und Forschung ausgelöst. Und sie sind auch in ihren Folgen nicht von sonstigen historischen Entwicklungen abzukoppeln.

Wissenschaftshistorisch war Kuhn der große Antipode von Popper (↑). Die Auseinandersetzung beider Epistemologen ging als Historizismusstreit (↑) in die Wissenschaftsgeschichte ein. Kuhn konfrontierte Poppers "lineare Akkumulationstheorie des Wissens" mit seiner Theorie eines diskontinuierlichen, dynamischen Prozesses. Zentraler Gedanke Kuhns ist dabei ein im

Rahmen der wissenschaftlichen Revolution einsetzender Paradigmenwechsel. Kuhns Werk wird dem historischen Relativismus (↑) zugerechnet.

Konstruktivisten beziehen sich gerne auf Kuhn, da er wie auch sie auf die besonderen Bedingtheiten des menschlichen Erkenntnisprozesses hinweist und einen rationalen, erkenntnisgesteuerten Wissensfortschritt bezweifelt. Kuhn gesellt der biologischen Kritik der Konstruktivisten eine kulturhistorische Perspektive bei. Was Kuhn und die Konstruktivisten ebenfalls verbindet, ist ihre engagierte Gegnerschaft zur Position Poppers (↑).

Literatur

- Kuhn, Thomas S.: The *Copernican Revolution.* 1957
- Kuhn, Thomas S.: *Die Struktur wissenschaftlicher Revolutionen.* 1962
- Kuhn, Thomas S.: *Black-Theory and the Quantum Discontinuity.* 1978

Lorenzen, Paul

Lorenzen wurde 1915 in Kiel geboren und studierte von 1933-1938 Mathematik, Physik, Chemie und Philosophie in Kiel. In Göttingen legte er seine Promotion in Mathematik ab. 1946 habilitierte er in Mathematik in Bonn. Ab 1949 arbeitete er als Dozent für Mathematik in Bonn, ab 1965 als Professor für Philosophie in Kiel, 1962 wechselte er nach Erlangen. 1980 wurde Lorenzen emeritiert.

Lorenzen gilt als der Begründer der sogenannten konstruktiven Wissenschaftstheorie. Ihm war die Begründungslogik von Wissenschaft, insbesondere von Mathematik und Logik, ein besonderes Anliegen. Die Arbeiten Lorenzens sind deutlich durch seine mathematische Ausrichtung geprägt.

Aus seiner Begründungslogik leitet er die Forderung nach einem konstruktiven Begründungsansatz für die Philosophie ab. Später wandte sich Lorenzen Fragen der ethischen und politischen Kommunikation zu. Für den Konstruktivismus waren insbesondere die Begründungslogik Lorenzens und seine Arbeiten zum Konstruktionscharakter von Wissenschaft und Kommunikation wichtig.

Literatur

- Lorenzen, Paul: *Praktische Philosophie und konstruktive Wissenschaftstheorie*. Frankfurt. 1974
- Lorenzen, Paul: *Theorie der technischen und politischen Vernunft. Stuttgart*, 1978
- Lorenzen, Paul. Lorenz, Konrad: *Dialogische Logik*, Darmstadt. 1978

Maturana, Humberto

Der 1928 geborene Chilene Maturana promovierte 1958 an der Havard Universität in Biologie. Ab 1960 arbeitete er an der Universität von Chile in Santiago de Chile. Von 1969 bis 1970 hatte er eine Gastprofessur am Biological Computer Laboritory an der Univerität von Illinois in Urbana.

Maturana wird zu den Vätern des Konstruktivismus gezählt. Als Neurobiologe und Kognitionsforscher führt er den erkenntnistheoretischen Konstruktivismus auf die neurobiologischen, hirn- und sinnesphysiologischen Bedingheiten menschlichen Erkennens zurück.

Er begründete die Kognitionsbiologie, deren Weiterentwicklung er sich seit Jahren in der Chilenischen Schule für Kognitionsbiologie widmet. Auf Maturana geht auch der biologische Bezug vieler späterer konstruktivistischer Ansätze zurück. Darüberhinaus hat er als erster die wesentliche Bedeutung von Kommunikation und damit verbundener Sprache fokussiert, ein Thema, das später bei den Konstruktivisten aller Couleur stets einen großen Raum einnimmt.

Für Maturana stellt Kommunikation ein Mittel dar, das bei den beteiligten Individuen Perturbationen (↑) auslöst, das heißt, dass vorhandene Konstruktions-Strukturen in Frage gestellt werden. Dies kann dann zum Erfordernis einer Neukonstruktion führen.

Die Autopoiese (↑), das heißt die eigenständige Generierung von Strukturen seitens des Gehirns aus diesem selbst heraus, stellt einen weiteren Schwerpunkt in der Arbeit von Maturana dar. Er weist auf diesem Wege auf den Konstruktionscharakter vom Menschen erstellter und auf die Umwelt angewandter Strukturen hin, ein genuin konstruktivistischer Ansatz.

Literatur

- Foerster, Heinz von: *Was ist Gedächtnis, dass es Rückschau und Vorschau ermöglicht*? In: *Wissen und Gewissen*, 1993
- Maturana, Humberto: *Biology of Cognition*. 1970
- Maturana, Humberto: *Autopoiesis and Cognition*. 1980
- Maturana, Humberto. Varela, Francisco: *El árbol del concocimiento* (*Der Baum der Erkenntnis*). 1984
- Maturana, Humberto R.: *Was ist erkennen*? 1994

Piaget, Jean

Piaget wurde 1896 in Neuchâtel in der Schweiz geboren. Dort studierte er Biologie und wandte sich bald nach Abschluss des Studiums der Psychologie, speziell der Entwicklungspsychologie zu. Auf diesem Gebiet forschte er unter anderem längere Zeit in Zürich, bevor er an der Sorbonne in Paris arbeitete. 1955 wurde er Direktor des International Center of Epistemology in Genf. Piaget starb 1980 in Genf.

Aus der Biographie Piagets sind einige für sein Werk wesentliche Charakteristika bereits abzulesen: Piaget stand zwischen verschiedenen wissenschaftlichen Disziplinen, er bewegte sich dabei auch zwischen Natur- und Geisteswissenschaften, und deren enge Verbindung ist für seine Arbeiten von großer Bedeutung gewesen. Dabei ist nicht zu übersehen, dass Piaget ursprünglich Biologe war und sich erst später der Entwicklungspsychologie und der Epistemologie (↑) zugewandt hat. Letztere war ihm stets ein besonderes Anliegen, wobei er eher für seine Beiträge zur Didaktik und Entwicklungspsychologie bekannt wurde.

Piaget entwickelte die genetische Erkenntnistheorie (genetische Epistemologie (↑), deren wesentlicher Inhalt die Kopplung eines logisch-rationalen Fortschritts an die jeweilige Entwicklungsstufe des Kindes respektive Jugendlichen ist. Die biologische Entwicklung wird zur Bedingtheit für kognitive Erkenntnisfähigkeit.

Piaget wird vielerorts den Konstruktivisten zugerechnet, der moderne Konstruktivismus weist Piaget gerne die Rolle eines wesentlichen

Vordenkers zu. Insbesondere von Glasersfeld (↑) und von Foerster (↑) sehen nicht zuletzt in den entwicklungspsychologischen Arbeiten Piagets einen konsequenten Konstruktivismus, den sie auch als radikal etikettieren.

Wesentliches Verdienst Piagets war die konsequente Applizierung biologischer Elemente und Begrifflichkeiten auf Erkenntnisprozesse und überhaupt die Auseinandersetzung mit der Umwelt. Dies brachte ihm ja nicht zuletzt auch die Zuordnung zu den Konstruktivisten ein. Zentral war für Piaget die Idee der Äquilibrierung (↑), der steten "Angleichung" des Individuums an die Umwelt, die für jenes Orientierung und Überlebenssache ist.

Die insbesondere von Piaget geprägten Begriffe Assimilation (↑) und Akkomodation (↑) sind bis in die moderne Didaktik und Pädagogik aktuell und werden zur Charakterisierung von Lern- und selbst Denkstrukturen hergenommen. Schließlich war Piaget auch einer der Hauptprotagonisten der Idee der Charakterisierung von aktiver Handlung als Erkenntnisdimension.

Diese auch von Seiten der Reformpädagogik (↑) vertretene Auffassung hat sich ebenfalls nachhaltig in der Pädagogik niedergeschlagen. Piaget weist dem Erlernen operativen Denkens (schèmes operatoires (↑)) Priorität gegenüber dem figurativen Denken (schèmes figuratifs (↑)) zu. Figuratives Denken ist bei Piaget allenfalls Teil des komplexeren und für die Konfrontation mit der Umwelt wesentlicheren operationalen Denkens.

Literatur

- Glasersfeld, Ernst von: *Piagets konstruktivistisches Modell: Wissen und Lernen*. In: *Piaget und der radikale Konstruktivismus*. 1994
- Piaget, Jean: *La naissance de l´intelligence chez l´enfant*. 1936
- Piaget, Jean: *La construction du réel chez l´enfant*. 1937
- Piaget, Jean: *La formation du symbole chez l´enfant*. 1945
- Piaget, Jean: *La représantation de l´espace chez l´enfant*. 1948
- Piaget, Jean: *Genetic Epistemology*. 1970

Platon

Platon wurde wahrscheinlich 427 v. Chr. in Athen geboren. Zunächst war er als Dichter bekannt, später wandte er sich ganz der Philosophie zu. Platon war Schüler von Sokrates, den er lange Zeit begleitete. Er reiste mehrfach nach Sizilien. In Athen gründete er die Akademie, eine Philosophenschule. Er lehrte dort in Philosophie, Mathematik und Astronomie. Platon hat - im Gegensatz zu seinem Lehrer Sokrates - viele Werke hinterlassen, deren meiste er als Dialoge formuliert hat. Man kann nicht genau unterscheiden, welche der dargestellten Positionen im einzelnen auf Sokrates zurückgehen und welche diesem durch Platon zugeschrieben wurden. Er starb etwa 347 v. Chr. in Athen.

Die beiden Hauptakzente der Arbeiten Platons sind seine Ideenlehre und seine Staatsphilosophie. Seine Ideenlehre ist eine Erkenntnisphilosophie, die für viele weitere philosophische Strömungen des Abendlandes prägend war. Danach ist die Erkenntnis des Menschen stets ungewiss und richtet sich nur auf vergängliche Dinge der Umwelt. Dahinter stehen jedoch Ideen, die erkannt werden können. Diese Ideen sind ewig und rein, sie stehen hinter den Begriffen, die die vergänglichen Dinge der Umwelt benennen.

Im Wesentlichen ist seine Erkenntnistheorie mit dem Konstruktivismus unvereinbar und stellt eine entgegengesetzte Position dar. Allenfalls die kritische Sicht, die Platon hinsichtlich der sinnlichen Wahrnehmung äußert, entspricht der skeptizistischen Haltung der meisten Konstruktivisten. Doch ist die Auffassung, dass die Begriffskategorien eine unveränderliche Ideenwelt repräsentieren, in hohem Maße unkonstruktivistisch. Begriffen wird eine eigene Identität zugewiesen, der Konstruktionscharakter von ordnungsschaffenden Kategorien, wie es der Konstruktivist nennen würde, wird von Platon in keiner Weise unterstellt.

Literatur

- Platon: *Apologie (Verteidigung des Sokrates)*
- Platon: *Kriton (über Gesetze)*
- Platon: *Hippias minor (Sittenlehre Platons)*
- Platon: *Phaidros (Ideenleere Platons)*
- Platon: *Politeia (Staatslehre Platons)*

Popper, Karl Raimund

Der 1902 in Wien geborene Popper machte von 1920 bis 1922 eine Tischlerlehre in Wien, bevor er 1928 in Wien zum Thema "*Zur Methodenfrage der Denkpsychologie*" in Wien promovierte. Nach 1930 arbeitete Popper als Hauptschullehrer in Wien. Von 1936 bis 1945 arbeitete Popper am Canterbury University College in Christchurch in Neuseeland, von wo er 1945 an die Universität von London wechselte. Dort arbeitete er von 1949 bis 1969 als Professor für Logik und Wissenschaftslehre. 1965 wurde Popper als Sir Karl in den Ritterstand erhoben. Bis 1981 hatte Popper mehrere Gastprofessuren, vor allem in den Vereinigten Staaten und in Australien inne. 1994 verstarb Popper.

Popper war der prominenteste Vertreter des kritischen Rationalismus. Für seine Erkenntnistheorie zentral war die Idee einer empirischen Welt, die vom erkennenden Subjekt unabhängig ist. Wissen richtet sich auf diese Welt, und Ziel des Erkenntnisprozesses ist eine Annäherung an diese subjektunabhängige Welt.

Regulative Idee sämtlichen Erkenntisstrebens ist die Wahrheit. Auch wenn diese nie ganz erreicht werden kann, soll ihre stete Annäherung Ziel und Kriterium von Wissenschaft sein. Popper trennt sehr deutlich zwischen dem menschlichen Geist und der von diesem unabhängigen Welt. Dieser kann die Strukturen der Wirklichkeit prinzipiell erkennen.

Popper entwickelte eine elaborierte Aussagenkonzeption, innerhalb derer er sehr genau erkenntnistheoretische Begrifflichkeiten wie Hypothesen und Theorien einer klaren Definition zuführte. Das große Verdienst Poppers für die wissenschaftliche Erkenntnistheorie war die Einführung des Kriteriums der Falsifikation (↑): An alle Theorien erhebt Popper den Anspruch, dass sie so formuliert sein müssen, dass sie prinzipiell falsifizierbar sind, das heißt ihr Nichtzutreffen nachgewiesen werden kann.

Auch Popper entlehnte einige seiner Ideen der Biologie. Er transponierte die evolutionsbiologische Idee des "*trial and error*" auf die Wissenschaftstheorie. Sein "*Wissenschaftsevolutionsmodell*" wurde im Historizismusstreit (↑) heftig umstritten: Popper verteidigte es gegen das revolutionäre Phasenmodell Kuhns (↑), dessen historischen Relativismus (↑) Popper heftig attackierte.

Popper hing der Überzeugung an, dass sich Wissen im Prozess des wissenschaftlichen Fortschritts kontinuierlich akkumuliere (lineare Akkumulationstheorie des Wissens). Dies war unvereinbar mit dem historischen Ansatz Kuhns, für den die treibende Kraft des diskontinuierlichen Wissenschaftsprozesses vor allem gesellschaftliche und kulturelle Faktoren darstellen und eben nicht, wie von Popper postuliert, im wesentlichen wissenschaftslogische Faktoren.

Literatur

- Popper, Karl Raimund: *Objective Knowledge.* (*Objektive Erkenntnis. Ein evolutionärer Entwurf.* 1973). 1972
- Popper, Karl Raimund. Eccles John: *The Self und its Brain.* (*Das Ich und sein Gehirn.* 1982). 1977
- Popper, Karl Raimund: *Die beiden Grundprobleme der Erkenntnistheorie.* 1979
- Popper, Karl Raimund: *Realism and the Aim of Science.* 1982
- Popper, Karl Raimund: *Alles Leben ist Problemlösen.* 1994

Uexküll, Jakob von

Der 1864 in Keblas (Estland) geborene Baltendeutsche Uexküll studierte von 1884 bis 1889 an der Universität von Dorpat (heute Tartu) in Estland Zoologie. Danach arbeitete von Uexküll am Institut für Physiologie an der Universität von Heidelberg, wo er 1907 als Honorardozent lehrte und über Muskelphysiologie forschte. 1926 gründete von Uexküll an der Universität von Hamburg das Institut für Umweltforschung. Er leitete dieses Institut bis 1940. Uexküll verstarb 1944 auf der Insel Capri (Italien).

Von Uexküll wird als wesentlicher Vordenker des Konstruktivismus eingeschätzt. Er basierte seine Erkenntnisphilosophie auf den Arbeiten Kants (↑), die er intensiv studierte, und leitete daraus den Anspruch an die Biologie ab, die Rolle von Sinnes- und Nervenphysiologie für den Erkenntnisprozess zu charakterisieren. Von der Biologie und Physiologie ausgehend, sind die Erlebenswelten von Tieren und Menschen zentrale Themen für von Uexküll.

Besonders von Uexkülls Arbeiten über das räumliche Sehen weisen auf die neurologischen Bedingtheiten von Wirklichkeitsauffassung hin und implizieren bereits die später von Seiten der Konstruktivisten intensiv thematisierte Autopoiese (↑) des Gehirns. Besonderes Verdienst von Uexkülls ist das Aufgreifen des epistemologischen Anliegen Kants, dass Raum und Zeit keine absoluten empirischen Phänomene, sondern menschliche Ordnungskategorien darstellen.

Literatur

- Uexküll, Jakob von: *Theoretische Biologie*. 1928
- Uexküll, Jakob von: *Streifzüge durch die Umwelten von Tieren und Menschen*. 1934
- Uexküll, Jakob von: *Nie geschaute Welten. Die Umwelten meiner Freunde*. 1936

Varela, Francisco J.

Varela wurde 1946 in Chile geboren. Zunächst studierte an der Katholischen Universität von Chile und wechselte dann an die Universität von Chile in Santiago de Chile, wo er sein Studium der Biologie 1967 abschloss. 1970 promovierte er in Harvard in Biologie. Danach arbeitete er drei Jahre lang an der Universität von Chile und wechselte dann an die Medizinische Hochschule der Universität von Colorado in Denver. Von 1979 bis 1980 arbeitete er in einem Hirnforschungslabor an der *New York University Medical School*. Von 1980 bis 1985 war Varela als Professor für Biologie an der Universität von Chile tätig, währenddessen arbeitete er auch im Max-Planck-Institut für Hirnforschung in Frankfurt mit. 1992 erhielt er eine Gastprofessur am Polytechnischen Institut in Zürich. Varela arbeitet heute als Direktor des Laboratoriums für Kognitive Neurowissenschaften und Hirnforschung (*Neurosciences Cognitives et Imagerie Cérébrale*) an der Salpêtrière Universitätsklinik in Paris.

Varelas neurobiologische Ausrichtung, die er seine gesamte wissenschaftliche Karriere weitgehend durchhielt (im Gegensatz zu vielen anderen namhaften Konstruktivisten, die im Laufe ihrer Karriere teilweise selbst mehrfach ihre Disziplinen wechselten), war Ausgang für seine konstruktivistische Haltung.

Seine Kognitions- und Bewusstseinsstudien führten ihn auch zu erkenntnistheoretischen Fragen, und der Kontruktivismus Varelas ist wie derjenige Maturanas (↑), mit dem er viel zusammenarbeitete, vor allem ein neurobiologisch hergeleiteter. Maturana nimmt die neurobiologischen Bedingtheiten menschlichen Erkennens und Denkens als Ausgangspunkt für die Unmöglichkeit ontologischer Aussagen.

Wie Maturana akzentuiert Varela die Rolle des Gehirns als selbstreferentielles und autopoietisches System. Er ist 2001 in Paris verstorben.

Literatur

- Capra, Fritjof: *Modelle der Selbstorganisation.* In: *Lebensnetz.* 1996
- Maturana, Humberto R. Varela, Francisco J.: *Der Baum der Erkenntnis* (*El árbol del conocimiento*). *Die biologischen Wurzeln des menschlichen Verhaltens.* 1984
- Varela, Franciso J.: *Kognitionswissenschaft, Kognitionstechnik* (*Cognitive Science*). *Eine Skizze aktueller Perspektiven* (*A Cartography of Current Ideas*). 1993
- Rosch, Eleanor. Thompson, Evan. Varela, Francisco J.: *Der mittlere Weg der Erkenntnis* (*The Embodied Mind*) *Der Brückenschlag zwischen wissenschaftlicher Theorie und menschlicher Erfahrung.* 1991

Watzlawick, Paul

Paul Watzlawick wurde 1921 in Villach in Österreich geboren. Ab 1939 studierte er Philologie und Philosophie in Venedig und ließ sich danach im *C.-G. Jung-Institut* in Zürich zum Psychotherapeuten ausbilden. 1957 wechselte er an die Universität von El Salvador. Seine psychologische Forschung setzte er 1960 am Mental Research Institute in Palo Alto fort. Ab 1976 arbeitete Watzlawick an der Stanford Universität, wo er einen Lehrstuhl für Psychotherapie bekleidete.

Watzlawicks Zugang zum Konstruktivismus setzt sich deutlich von demjenigen anderer namhafter Konstruktivisten wie von Foerster (↑) oder Maturana (↑) ab. Watzlawick leitet seinen Konstruktivismus von der Psychologie ab, speziell wendet er sich der Kommunikationspsychologie zu.

Daher zieht sich durch sein Werk auch deutlich die Akzentuierung des Kommunikationsaspekts. Einerseits weist Watzlawick immer wieder auf die Möglichkeiten diskursiver Missverständnisse hin und zeichnet die entsprechenden sozialpsychologischen Konsequenzen daraus auf. Andererseits leitet Watzlawick aus der Haltung, dass jeder seine eigene Welt konstruiert und als einziger Schaffer seiner eigenen Wirklichkeit dasteht, Verantwortlichkeit für sein Schaffen. Somit setzt Watzlawick einen neuen, moralischen Schwerpunkt innerhalb des Konstruktivismus.

Literatur

- Goorhuis, Henk: *Viel mehr als die Summe der Teile*. In: *Vom Teilen des Wissens. Wege zur lernenden Universität*. Uni-Magazin, April 1998
- Kreutzer, Franz. Watzlawick, Paul: *Die Unsicherheit unserer Wirklichkeit.*
- Watzlawick, Paul. Beavin, Janet. Jackson, Don: *Menschliche Kommunikation. Formen, Störungen, Paradoxien*. 1969
- Watzlawick, Paul: *Wie wirklich ist die Wirklichkeit? Wahn, Täuschung, Verstehen*. 1976
- Watzlawick, Paul: *Die erfundene Wirklichkeit. Wie wissen wir, was wir zu glauben wissen*? 1981
- Watzlawick, Paul: *Anleitung zum Unglücklichsein*. 1983
- Watzlawick, Paul: *Vom Schlechten des Guten*. 1986
- Watzlawick, Paul: *Vom Unsinn des Sinns und vom Sinn des Unsinns*. 1992
- Watzlawick, Paul: Wirklichkeitsanpassung oder angepaßte Wirklichkeit? Konstruktivismus und Psychotherapie. In: Einführung in den Konstruktivismus. 1992

WISSENSCHAFTLICHE „HERKUNFT“ DER KONSTRUKTIVISTEN: EINE KURZÜBERSICHT

Es ist nicht unerheblich, welches von Haus aus die wissenschaftlichen Disziplinen der Konstruktivisten sind. Die wenigsten haben sich von je her mit Konstruktivismus beschäftigt und daher „*Erkenntnistheorie*“ studiert. Vielmehr rekrutierten sich die Konstruktivisten aus allen möglichen wissenschaftlichen Sparten, und sie fanden zumeist im Laufe ihrer wissenschaftlichen Entwicklung zum Konstruktivismus.

Vor allem hörten sie nicht auf, in ihren ursprünglichen wissenschaftlichen Disziplinen tätig zu sein, zu forschen und lehren. Und so ist es kein Wunder, dass der Konstruktivismus über die wissenschaftichen Schwerpunkte seiner Galionsfiguren wesentlich von anderen Disziplinen mit geprägt wurde. Jeder drückte „seinem“ Konstruktivismus seinen ganz persönlichen Stempel auf, der eben auch nicht unwesentlich von seinem wissenschaftlichen Werdegang bestimmt war.

Wenn man die wissenschaftlichen Disziplinen zusammenfassend vergleicht, die von den meisten namhaften Konstruktivisten bearbeitet wurden, so fallen drei thematische Schwerpunkte auf, unter denen die meisten mehr oder weniger zu subsumieren sind:

1. Biologie:

Die Biologie spielt als Wissenschaft für viele Konstruktivisten eine ganz besondere Rolle. Wie keine andere hat sie dem Konstruktivismus Kontur gegeben, und zahlreiche Konstruktivisten kamen im Laufe ihres Leben mit biologischen Fragestellungen unmittelbar in Berührung. Dies hat nicht zuletzt mit einigen inhaltlichen Schwerpunkten des Konstruktivismus zu tun, wie etwa seiner neurobiologischen Komponente oder der erkenntnistheoretischen Parallele, die vielfach zur Evolutionsbiologie gesehen wurde. Beachten Sie zum Einfluss der Biologie auf den

Konstruktivismus besonders auch das Kapitel „*Konstruktivismus und Biologie*" (S. 101) in diesem Buch.

2. Psychologie/Kognitionswissenschaften:

Ein weiteres großes Feld stellen die psychologischen und Kognitionswissenschaften dar. Ihr Zusammenhang zur Erkenntnistheorie liegt ebenfalls unmittelbar auf der Hand. Mehr als andere Erkenntnistheorien weist der Konstruktivismus eine starke psychologische Ausrichtung auf. Schließlich ist die starke Betonung der psychologischen Komponenten von Erkennen ein besonderes Anliegen des Konstruktivismus. In dem Augenblick, in dem Konstruktivismus einer didaktischen Relevanz zugeführt wird, kann eine psychologische Komponente kaum ausbleiben. Dass Konstruktivisten sich nicht zuletzt aus den Reihen von Psychologen und Kognitionsforschern rekrutierten, ist daher nicht verwunderlich.

3. Sprache/Mathematik/Informatik:

Ein drittes wichtiges Gebiet stellen die Sprach-, Mathematik- und Informationswissenschaften dar. Die Beeinflussung des Konstruktivismus durch Vertreter dieser Gebiete hat nicht zuletzt zu einer starken Betonung der Kommunikation im konstruktivistischen Kontext geführt. Durch die Mathematik und die Sprachforschung bekam der Konstruktivismus als Erkenntnisphilosophie auch einen deutlichen formallogischen Anstrich, der vor dem Hintergrund der sonst stark ausgeprägten biologischen und psychologischen Ausrichtung des Konstruktivismus eine Bereicherung für diesen darstellte.

Im Folgenden werden einige Konstruktivisten entsprechend ihrer wissenschaftlichen „Herkunft" eingeordnet. Dies soll sich nur auf die promintesten Konstruktivisten beschränken, da hierdurch bereits wesentliche Tendenzen abgelesen werden können. Außerdem handelt es sich lediglich um eine ungefähre Einordnung. Eine Plazierung im Kanon der einzelnen wissenschaftlichen Disziplinen kann immer nur eine grobe Übersicht verschaffen und hängt nicht zuletzt von der Sicht auf den betroffenen Konstruktivisten ab und davon, wie man die einzelnen Wissenschaften voneinander abgrenzt.

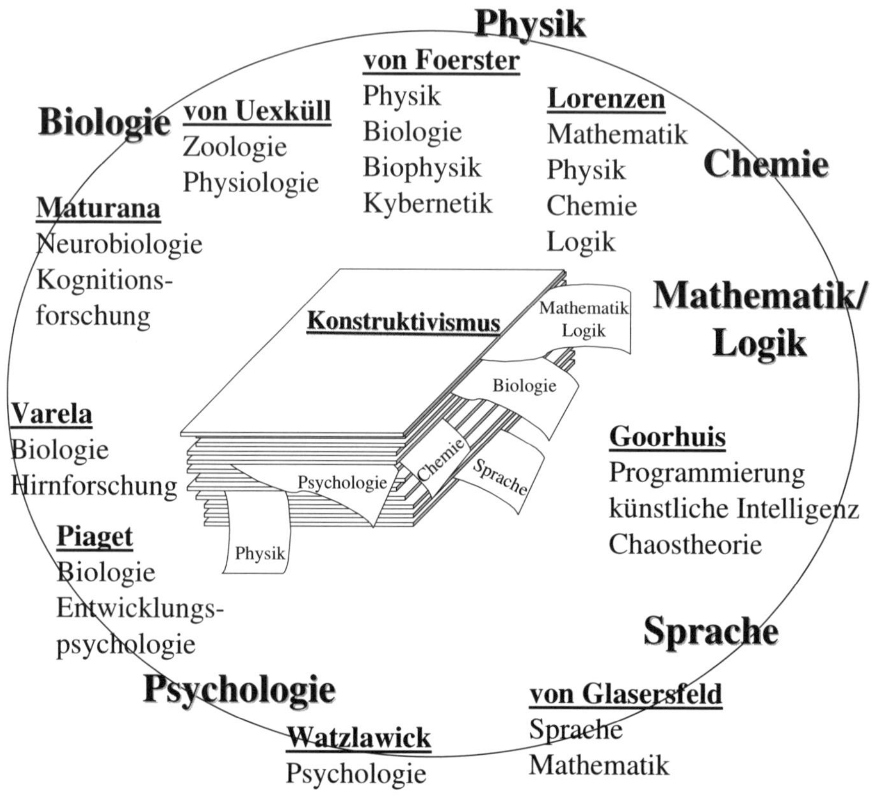

Hier sind einige der prominentesten Konstruktivisten hinsichtlich ihrer wissenschaftlichen "Herkunft" eingeordnet. Eine solche Einordnung kann natürlich nur grob, hinsichtlich der Hauptaspekte ihres jeweiligen wissenschaftlichen Werdeganges erfolgen. Es wird dabei einerseits deutlich, dass sich die hier aufgeführten Konstruktivisten aus verschiedenen wissenschaftlichen Lagern rekrutieren, dass andererseits die Biologie und die Gebiete Psychologie/Kognitionswissenschaften sowie schließlich Sprache/ Mathematik/Informatik im Wesentlichen den wissenschaftlichen Werdegang der meisten Konstruktivisten charakterisieren

.

SACHREGISTER

Abbildtheorie

Die Abbildtheorie kennzeichnet einen lerntheoretischen Standpunkt, demzufolge durch das Demostrieren, das Zeigen des zu lernenden Gegenstandes oder Phänomens der Lernende dieses begreift, erkennt, erlernt. Das "Betrachten" des Lernobjekts (beziehungsweise dessen Wahrnehmung durch andere Sinneskanäle als den optischen) ist hier der eigentliche Erkenntnis- beziehungsweise Lernvorgang. Im Kopf des lernenden Betrachters ist die Entstehung eines äquivalenten Abbildes des real existenten Gegenstandes möglich, dieser ist damit "erkannt".

Die Abbildtheorie steht im starken Gegensatz zum Konstruktivismus, sowohl zu dessen erkenntnistheoretischen Aussagen als auch zu dessen didaktischen Konsequenzen. Insbesondere von Glasersfeld (↑) wandte sich gegen die Abbildtheorie und konfrontierte diese mit konstruktivistischen Auffassungen zum Lernprozess, denen zufolge das bloße Exponieren des Lerngegenstandes nicht zu einem effektiven Lernen, geschweige denn zur Erkenntnis des Gegenstandes führt.

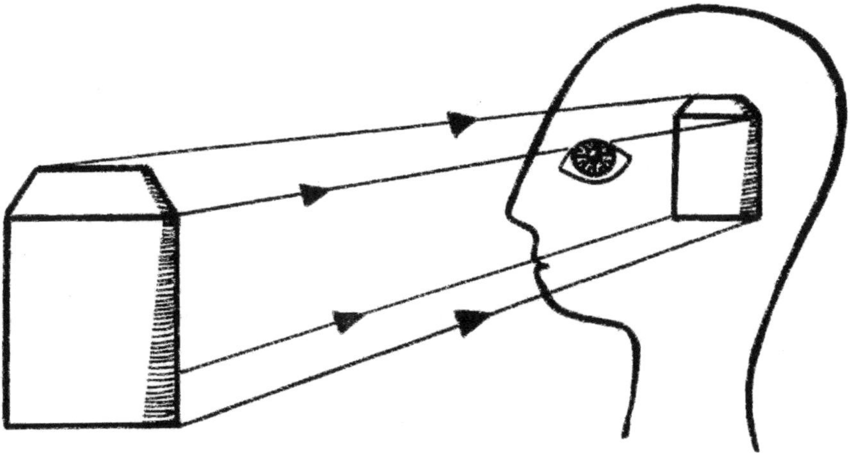

Nach der Abbildtheorie erhält das erkennende Individuum ein direktes Abbild eines Phänomens seiner Umwelt. Dieses kann dabei ontisch – in seinem wahren Sein – erkannt werden.

Akkomodation

Akkomodation bedeutet die Anpassung eines Individuums oder eines Teils beziehungsweise Organs von diesem an seine Umwelt. Ziel der Akkomodation ist eine Angleichung des akkomodierenden Individuums an veränderte Umweltbedingungen.

Dies ist die allgemeine Bedeutung des Wortes, die auf verschiedene Situationen angewandt werden kann. So akkomodiert das Auge etwa, wenn sich die Pupillengröße an eine Helligkeitsänderung der Umwelt anpasst. Im Zusammenhang mit Lernen und Erkennen hat Piaget (↑) dem Ausdruck Akkomodation eine besondere Bedeutung verliehen. Für ihn ist es die Anpassung von Strukturen des Individuums an seine Umwelt.

Eine solche Anpassung stellt eine Reaktion auf eine neue Herausforderung an das Individuum dar, die dessen aktive Anpassungsleistung erfordert. In diesem Sinne wird auch allgemein in der Psychologie und der Didaktik der Ausdruck der Akkomodation verstanden: Stets geht es um ein durch Umweltherausforderungen erzwungenes Verlassen vorhandener (kognitiver) Strukturen. Akkomodation stellt das Gegenstück zur ebenfalls eine Anpassungsleistung darstellenden Assimilation (↑) dar.

Äquilibrierung

Im allgemeinen Sinne des Wortes ist eine Angleichung gemeint. Dies kann auf verschiedenen Ebenen stattfinden, etwa im technischen, wirtschaftlichen oder chemischen Sinne. Der Begriff wird von Piaget (↑) aus einer biologischen Perspektive heraus auf kognitive Lernsituationen angewandt.

Nach Piaget hat jedes Individuum das Bestreben, mit seiner Umwelt einen Ausgleich zu erreichen. Dies ist Überlebenssache für das äquilibrierende Individuum. Ausgleich ist hier im Sinne von Anpassung zu verstehen, und ist ein allgemeines Bestreben, eine Tendenz von Lebewesen allgemein, im Besonderen des Menschen. Äquilibrierung kann dabei verschiedene Mechanismen umfassen, mit Hilfe derer diese Anpassung angestrebt wird.

Assimilation

Der Ausdruck Assimilation bedeutet wörtlich "*Angleichung*" (Assimilation, *simil* (lateinisch): *ähnlich*). Im allgemeinen Sinne wird Assimilation auf alle möglichen Angleichungsprozesse angewandt und kann dann eine ähnliche Bedeutung wie Äquilibrierung (↑) haben (Vergleichen Sie hierzu die andere Bedeutung, die Assimilation in biologischem Kontext haben kann: Assimilation in der Bedeutung von photosynthetischem Aufbau organischer Substanzen. Hier gleicht die Pflanze die anorganischen Ausgangsstoffe ihrer organischen Beschaffenheit an.).

Wie bei Äquilibrierung hat auch die Assimilation durch Piaget (↑) in der Didaktik eine besondere Bedeutung erhalten. Assimilation dient der Äquilibrierung (↑) mit der Umwelt, neue Phänomene der Umwelt werden in bereits vorhandene (kognitive) Strukuren des Individuums eingefügt und somit wird für eine Anpassung an die Umwelt gesorgt.

Bei Piaget stellt Assimilation einen Gegensatz zur Akkomodation (↑) dar. Auch wenn Assimilation keine Schaffung neuer Strukturen erfordert, ist es eine der Akkomodation gleichwertige Lern- beziehungsweise Äquilibrierungsform.

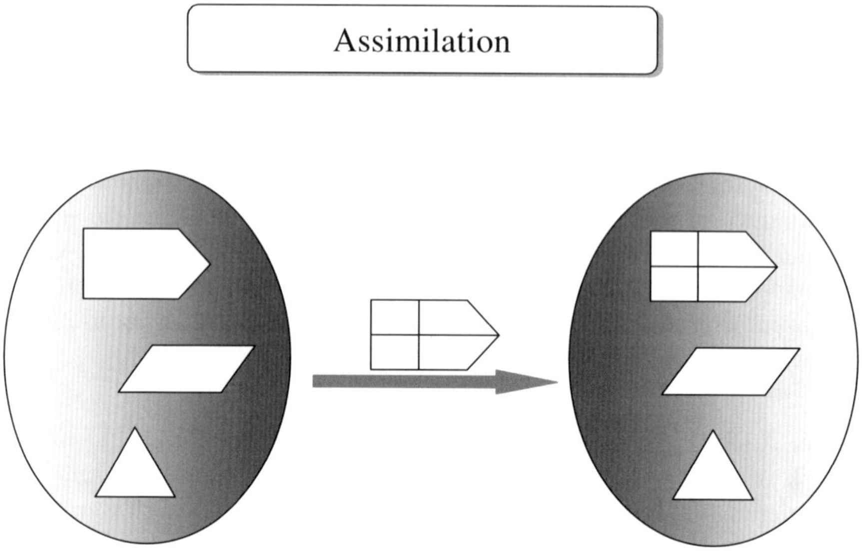

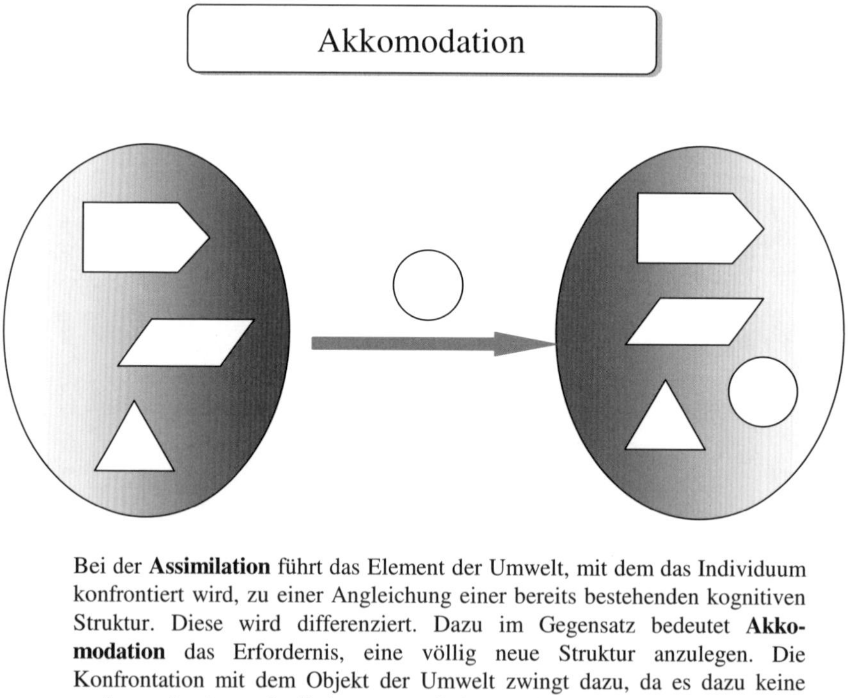

Bei der **Assimilation** führt das Element der Umwelt, mit dem das Individuum konfrontiert wird, zu einer Angleichung einer bereits bestehenden kognitiven Struktur. Diese wird differenziert. Dazu im Gegensatz bedeutet **Akkomodation** das Erfordernis, eine völlig neue Struktur anzulegen. Die Konfrontation mit dem Objekt der Umwelt zwingt dazu, da es dazu keine geeignete Struktur gab, die hätte angeglichen werden können.

Autopoiese

Der Begriff der Autopoiese ist zentral im Konstruktivismus. Wörtlich übersetzt bedeutet der aus dem Griechischen stammende Ausdruck "*Selbermachen*", "*Selbstgestaltung*".

In erster Linie wird Autopoiese auf die autonom (eigengesetzlich) erfolgende Strukturbildung durch das menschliche Gehirn angewandt: Die Interpretationen der Umwelt sind Produkte dieser Eigenkonstruktion, und das Hirn ist fortwährend dabei, eigenständig zu konstruieren.

Autopoiese im Konstruktivismus bedeutet auch, dass Eindrücke und Abbilder der Umwelt vor allem auch vom Gehirn eigenständig erzeugt werden. Die Autopoiese ist nicht gleich der bewussten, willentlichen Eigenkonstruktion.

Vielfach wird Autopoiese aber auch auf andere Phänomene angewandt, etwa auf soziologische Phänomene, wenn es um die spontane Entstehung von interindividuellen Strukturen geht. Maturana (↑), dem das Thema "*Autopoiese*" stets ein besonderes Anliegen war, und Varela (↑) verstehen Autopoiese als überhaupt den Lebewesen eigenes Charakteristikum.

Lebewesen erschaffen sich selbst, sie sind die Erschaffer ihrer eigenen Strukturen, auch derer, die sie von der Umwelt abgrenzen. Ziel dieser Autopoiese ist die Selbsterhaltung des lebenden Individuums, nicht zuletzt in Abgrenzung zur Umwelt.

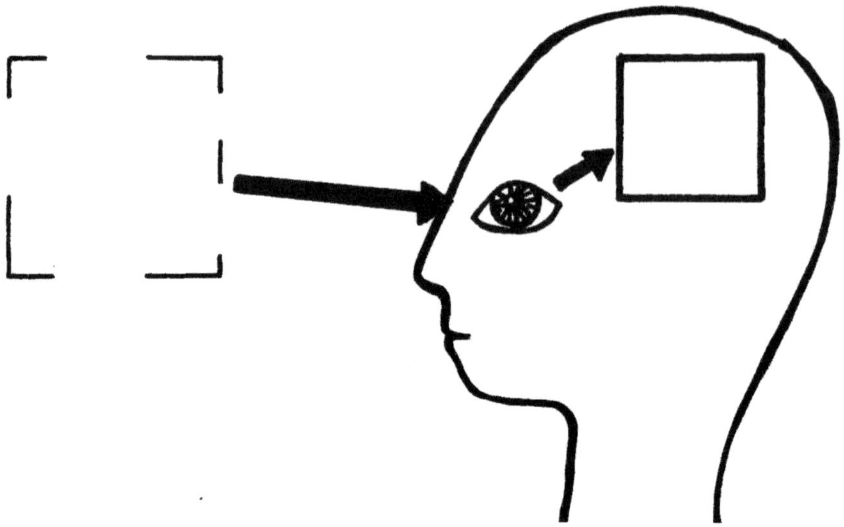

Die autopoietische Funktion unseres Gehirns sorgt unter anderem dafür, dass Sinneseindrücke, die uns durch unsere Sinnesorgane vermittelt werden, vom Gehirn verändert und interpretiert werden. Erst durch diese Tätigkeit des Gehirns kann sich dieses ein "Bild" von seiner Umgebung machen, die für es Sinn macht, mit dem es operieren kann. In diesem Sinne "füllt" das Gehirn auch eigenständig Lücken "auf", so dass wir bewusst ganze Bilder wahrnehmen, wo uns vom Sinnesorgan lediglich schemenhafte Eindrücke vermittelt wurden.

Empirizismus

Empirizismus stellt eine erkenntnistheoretische Auffassung dar, der zu Folge Erkenntnis sich auf die zu erkennende Empirie zu richten hat. Die Orientierung an der Empirie, der Existenz und zugleich Erkennbarkeit unterstellt wird, beinhaltet, dass vom erkennenden Individuum weitgehend abgesehen werden muss.

Empirizismus stellt einen Gegensatz zu einer konstruktivistischen beziehungsweise idealistischen Erkenntnisauffassung dar. Empirizismus ist durchaus verwandt mit Realismus (↑) und Objektivismus (↑). In allen diesen Erkenntnisauffassungen steht die Betrachtung des zu erkennenden Objekts im Mittelpunkt.

An dessen "objektiver", sprich: möglichst wenig durch Subjekteinflüsse beeinflusster Erkennung ist dem Empirizisten gelegen.

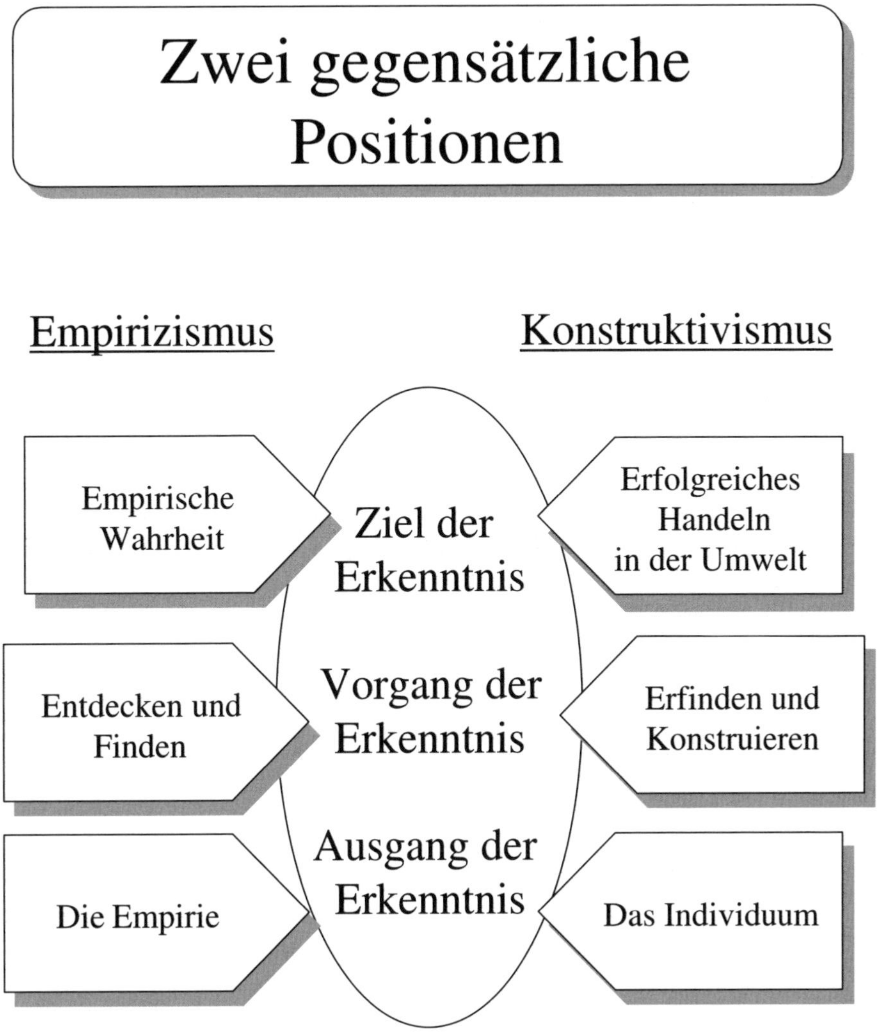

Empirizismus und Konstruktivismus stellen einander entgegengesetzte Positionen dar. Der Prozess des Erkennens wird gänzlich anders aufgefasst. Die unterschiedliche Zielsetzung von Erkenntnis hat weitgehende Konsequenzen auch für deren Vorgang und den Erkenntnisausgang.

Epistemologie

Dieser philosophische Term kennzeichnet die philosophische Erkenntnistheorie. Sie fragt nach der Art und Weise, wie wir überhaupt Kenntnis von den Dingen und Wahrheiten der Welt erlangen können, auf welchem Wege Wissen über die Welt zu uns gelangt.

Wesentliches epistemologisches Anliegen ist aber auch die Frage, inwieweit überhaupt gesicherte Wissensaussagen über die Welt gemacht werden können beziehungsweise welche Phänomene der Welt prinzipiell erkennbar für uns sind.

Wissenschaftstheoretische Fragen sind ebenfalls Teil der Epistemologie: Hier geht sie der Frage nach, wie auf wissenschaftlichem Wege Kenntnis über die Welt erlangt werden kann, die Grenzen der Wissenschaft und der wissenschaftlichen Wissbarkeit sind ebenfalls Themen der Wissenschaftstheorie.

Die Fragen der Epistemologie

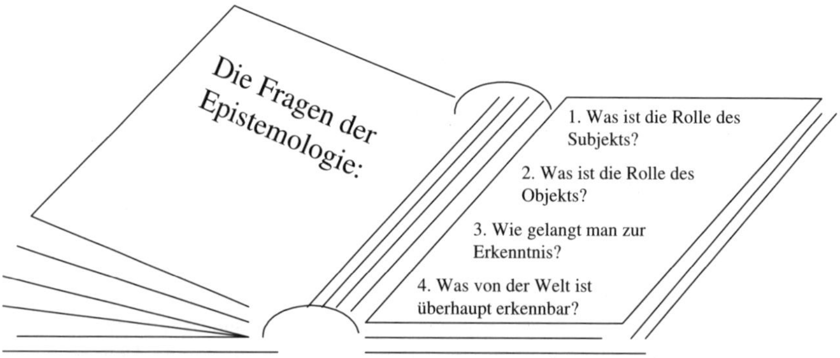

Die Epistemologie als philosophische Disziplin widmet sich verschiedenen Fragen des Erkenntnisprozesses und der Erkennbarkeit von Phänomenen überhaupt.

Evolutionäre Erkenntnistheorie

Hinsichtlich der Frage nach Fortschritt in der Wissenschaftsentwicklung vertritt Popper (↑) die Auffassung, dass sich Wissen stets akkumuliere und ein steter Prozess von Erkenntnisgewinn stattfinde. Diese Erkenntnis richtet sich auf eine zu erkennende empirische Realität.

Der Wissenschaftsfortschritt folgt dabei rationalen Regeln, die der Wissenschaft entlehnt sind. Diese Auffassung bezeichnet Popper selbst als *Evolutionäre Erkenntnistheorie.*

Falsifikation

Popper (↑) hat im Rahmen des von ihm vertretenen kritischen Rationalismus (↑) die Falsifation als Kriterium für das Aufstellen wissenschaftlicher Theorien und Hypothesen eingeführt. Dieses Kriterium verlangt, dass Theorien so aufgestellt werden, dass prinzipiell ihr Falsch-Sein, ihr Nichtzutreffen nachweisbar sind.

Es muss also ein wissenschaftliches Szenario denkbar sein, bei dem die aufgestellte Theorie abgewiesen werden kann. Dies ist ein Anspruch, den Popper an das Aufstellen von Theorien stellt. Für eine Theorie, die nicht falsifizierbar ist, wird nach diesem Kriterium Wissenschaftlichkeit abgelehnt.

In der Wissenschaftsgeschichte ist die Falsifikation seit seiner Betonung durch Popper ein wichtiges Kriterium bei der Beurteilung von Theorien. Andererseits ist die Falsifikation eine der umstrittensten Ideen von Popper. Vor allem wurde ihm vorgehalten, dass diese nicht rationalistischen Ansprüchen genüge.

Genetische Epistemologie

Der Ausdruck "*Genetische Epistemologie*" kennzeichnet eine vor allem von Piaget (↑) entwickelte und propagierte Auffassung von Lernvorgängen und Erkenntnis. Demnach ist die Erkenntnis abhängig von entwicklungs-biologischen und -psychologischen Faktoren.

Die Genetische Epistemologie wird oft als in ihrem Kern (radikal-) konstruktivistisch dargestellt: Es wird betont, dass Erkenntnisfähigkeit eines Individuums nicht von biologischen Bedingtheiten absehen kann.

Piaget weist in seiner Genetischen Erkenntnistheorie auf die Parallelität von biologischer Entwicklung und rationaler Erkenntnis hin. Piaget hat für diese Abhängigkeit ein Phasenmodell entwickelt.

Historischer Relativismus

Innerhalb der Epistemologie (↑) wurde vor allem durch Popper (↑) und Kuhn (↑) im Rahmen des Historizismusstreit (↑) die Frage nach dem Verlauf von Wissenschaftsgeschichte intensiv diskutiert. Nach Popper handelt es sich um einen kontinuierlichen, fortlaufenden Prozess, innerhalb dessen Wissen akkumuliert wird und der Fortgang nach wissenschaftslogischen Kriterien verläuft.

Der von Popper für diese Sicht geprägte Begriff "*Evolutionäre Erkenntnistheorie*" bezieht sich einerseits auf das evolutionsbiologisch entlehnte Prinzip des "*trial and error*", nach dem sich nach Popper auch wissenschaftliche Fortentwicklung abspielt.

Zum anderen grenzt sich Popper durch "*evolutionär*" vom "*revolutionären*" Wissensfortschritt ab, wie ihn Kuhn in seiner Theorie der diskontinuierlichen Wissenschaftsentwicklung postuliert.

Im Historizismusstreit kennzeichnet der Historische Relativismus die Position Kuhns: Der Einfluss der jeweiligen historischen Entwicklung auf die wissenschaftliche Entwicklung wird betont, demgegenüber rücken wissenschaftslogische Kriterien tendenziell in den Hintergrund. Wissenschaftliche Entwicklung ohne die gesellschaftlich-kulturelle Einbindung beschreiben zu wollen, ist also gemäß dem Historischen Relativismus nicht angemessen und zielt zu kurz.

Historizismusstreit

In der Erkenntnistheorie gibt es im Wesentlichen zwei gegensätzliche Auffassungen hinsichtlich der Art und Weise, wie sich Wissenschaft entwickelt. Über diese Frage hat sich der sogenannte Historizismusstreit zwischen Vertretern beider Positionen entfacht, in erster Linie aber waren davon Kuhn (↑) auf der einen sowie Popper (↑) auf der anderen Seite betroffen.

Popper vertrat die Auffassung, wissenschaftliche Fortentwicklung finde durch das stete Ansammeln von Wissen statt.

Diese Fortentwicklung findet nach Popper auch gemäß einer Logik statt, die in der Wissenschaft selbst enthalten ist. Diese Auffassung findet sich in Poppers evolutionärer Erkenntnistheorie (↑) wieder.

Dem widerspricht Kuhn in seiner Theorie der diskontinuierlichen Wissenschaftsentwicklung. Kuhn unterstellt eine revolutionäre Entwicklung, die in Schüben verläuft, wissenschaftliche Revolutionen sind zugleich auch von Paradigmenwechseln begleitet.

Kuhn bestreitet gleichzeitig, dass wissenschaftliche Entwicklung nach wissenschaftsgeleitetet Regeln verläuft. Er unterstreicht den Einfluss gesellschaftlich-sozialer Faktoren. Seine Erkenntnistheorie wird auch als Historischer Relativismus (↑) bezeichnet.

Wissenschaftsentwicklung bei Popper und Kuhn

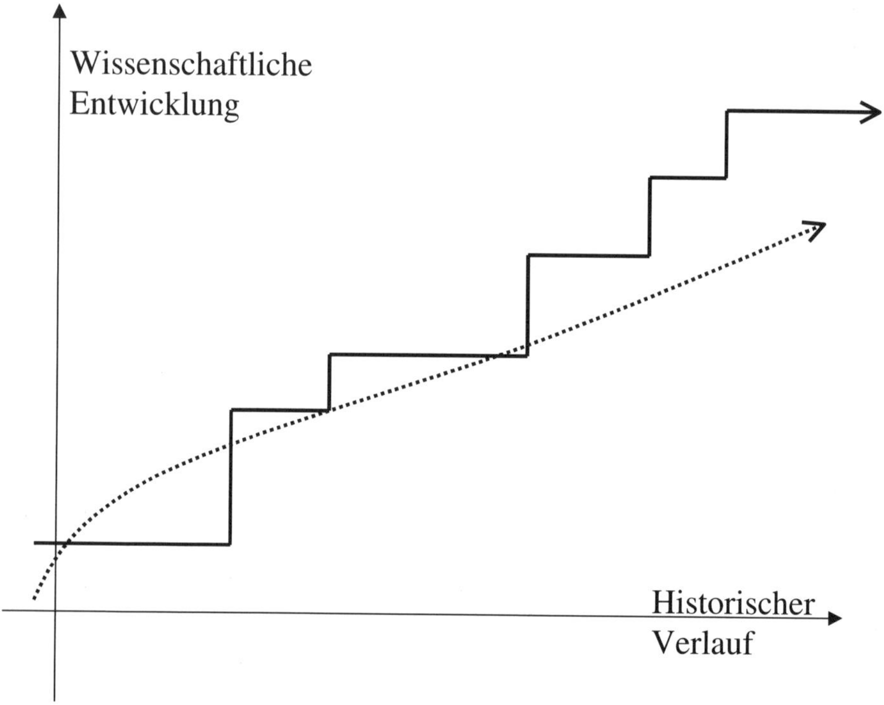

——— Kuhn: historischer Relativismus

.... Popper: evolutionäre Erkenntnistheorie

Während Kuhn in seinem historischen Relativismus eine revolutionäre Entwicklung von wissenschaftlicher Entwicklung annimmt, die in Schüben und auch nicht in erster Linie nach wissenschaftslogischen Gesetzen verläuft, präferiert Popper in seiner evolutionären Erkenntnisphilosophie eine kontinuierliche Fortentwicklung.

Idealismus

Im Idealismus wird die Rolle des Bewusstseins bei der Erkenntnis, überhaupt bei der Auseinandersetzung mit der Welt, betont. Wie wir die Dinge unserer Umwelt wahrnehmen, hängt danach weniger von der Beschaffenheit dieser Dinge selbst, als vielmehr von unserem Bewusstsein und überhaupt der Art und Weise ab, wie wir diesen Dingen entgegentreten. Insofern kann sich ein Konstruktivist ebenfalls als im erkenntnistheoretischen Sinne idealistisch ansehen.

Der Begriff "*Idealismus*" wird allerdings, so wie viele andere erkenntnistheoretische Begriffe (Vergleiche Materialismus (↑), Konstruktivismus, etc.), auch in anderen Kontexten gebraucht. Zum einen stellt Idealismus einen festen Begriff für eine Literaturausrichtung im 18. und 19. Jahrhundert dar (z.B. Schiller und auch Goethe), wobei diese Literatur durch eine starke Betonung von Geist und Bewusstsein geprägt ist. Zum anderen wird alltagssprachlich das Festhalten an Idealen und das Bestreben, diesen gemäß zu handeln, als idealistisch bezeichnet.

Konsensueller Bereich

Im Konstruktivismus spielt dieser Begriff im Zusammenhang mit Kommunikation eine große Rolle. Treten zwei Individuen in eine Kommunikation miteinander ein, so schaffen sie sich intersubjektive Welten, und diese Konstruktionen, die nur durch Kommunikation entstanden denkbar sind, werden von Maturana (↑) als konsensueller Bereich charakterisiert. In der englischsprachigen Literatur wird hier oft von "*shared realities*" gesprochen.

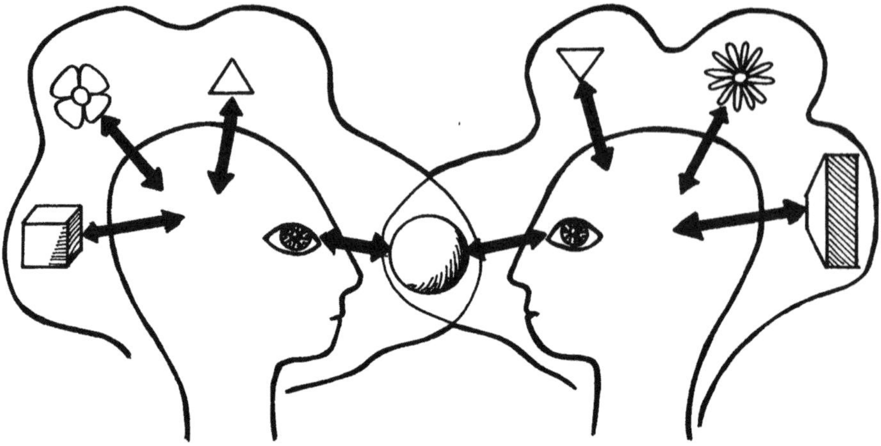

Zwei Individuen können über die Kommunikation konsensuelle Bereiche aufbauen. Neben den Konstruktionen, die jedes Individuum als Reaktion auf Umweltreize für sich errichtet, teilen hier die beiden Menschen die Konstruktion "Kugel", die sie in der Kommunikation miteinander gemeinsam geschaffen haben. Hierdurch ist der Mensch nicht in seiner Individualität gefangen, Konstruktivismus ist kein Solipsismus (↑).

Materialismus

Erkenntnistheoretisch liegt im Materialismus der eigentliche Erkenntnisausgang in der Empirie, in der uns umgebenden Realität. Das Subjekt wendet sich erkennend dieser Realität zu. Erkenntnistheoretisch ist Materialismus somit eine Spielart des Realismus (↑).

Allerdings hat "*Materialismus*" als "*historischer*" oder "*dialektischer Materialismus*", wie er etwa im Marxismus-Leninismus verwandt wird, eine neue, politische Akzentuierung erfahren, so dass der Begriff verschieden gebraucht wird. Kennzeichnend z.B für den historischen Materialismus ist die Auffassung: "Das Sein bestimmt das Bewusstsein", woraus dann, die erkenntnistheoretische Ebene verlassend, leicht politisch-gesellschaftliche Aussagen abzuleiten sind. In diesem Sinne verstanden tritt der Materialismus als Gegenposition zum Idealismus (↑) auf.

Materialismus kennzeichnet wie der Realismus (↑) eine dem Konstruktivismus deutlich entgegengesetzte Position, da die Rolle des Subjekts beim Erkenntnisvorgang nach konstruktivistischer Auffassung im Materialismus deutlich unterbetont wird.

Objektivismus

Bei der Frage nach dem Verhältnis von Subjekt und Objekt weist der Objektivismus dem Erkenntnisobjekt die eigentlich bedeutsame Rolle zu. Ein Subjekt kommt dem Erkenntnisobjekt umso näher, je mehr es von sich selbst absehen kann. "*Objektivität*" ist also hier tatsächlich Objektnähe, Objektgerichtetheit.

Das zu erkennende Objekt, das ja Teil der Umwelt des erkennenden Individuums ist, kann prinzipiell erkannt werden. Das Begriffspaar "*subjektiv-objektiv*", das zur Kennzeichnung einer Beurteilung oft auch alltagssprachlich herangezogen wird, unterstellt intuitiv eine objektivistische Haltung. Diese ist dem Realismus (↑) recht nah verwandt und ist im Grunde genommen eine Spielart von diesem.

Ontologie

"Ontisch" kennzeichnet einen Bezug zum Sein. Ontologie (Onto-Logie) ist die Lehre vom Sein. Wenn z.B. von ontischer Erkenntnis die Rede ist, so ist gemeint, dass das zu erkennende Objekt in seiner Seinshaftigkeit - als solches und an und für sich - erkannt wird.

Mit "*Sein*" ist hier also die Existenz, das "*wahre*" Da-Sein von Dingen und Phänomenen gemeint, und bei ontischer Erkenntnis geht es um die Schau dieses Daseins, bei der gleichzeitig dessen wahres Wesen ergründet wird (was auch immer in der jeweiligen Philosophie darunter zu verstehen ist). Eine weitergehende Erkenntnis als die ontische ist also nicht denkbar.

Im Konstruktivismus wird die Möglichkeit einer ontischen Erkenntnis abgestritten. Abgesehen davon, dass ungeklärt (beziehungsweise der jeweiligen Konstruktion des betreffenden Individuums überlassen) ist, was bei einer Sache deren ontische Erkenntnis ist, kann diese auf Grund der biologischen Bedingtheiten menschlicher Erkenntnis auch nicht erfolgen.

Die Frage, inwieweit das wahre Sein eines Erkenntnisobjekts ergründet ist, wird im Konstruktivismus in den Bereich der Spekulation verwiesen.

Perturbationen

Perturbation leitet sich vom lateinischen perturbare (stören, beunruhigen) ab. In diesem Sinne wird der Ausdruck in verschiedenen Zusammenhängen gebraucht, insbesondere Störungen von Systemen werden als Perturbationen bezeichnet. Von Konstruktivisten werden sie vielfach auf kognitive- oder allgemeine Konstruktionsstrukturen angewandt.

Bei von Glasersfeld (↑) sind Perturbationen ein zentraler Begriff: Sie betreffen Störungen, die das Individuum von seiner Umwelt erfährt und die es zwingen, neue Anpassungsstrategien zu entwickeln.

Perturbationen stören also, um es in der Sprache Piagets (↑) zu sagen, die Äquilibrierung (↑) mit der Umwelt und erzwingen Akkomodationsprozesse (↑), um wieder in einen Ausgleich mit der Umwelt zu kommen.

Perturbationen sind also im konstruktivistischen Lernprozess notwendige und bewusst herbeigeführte Mittel zur Anregung von Konstruktionen. Auch der in der Didaktik gängige Ausdruck des kognitiven Konfliks kann als Perturbation aufgefasst werden.

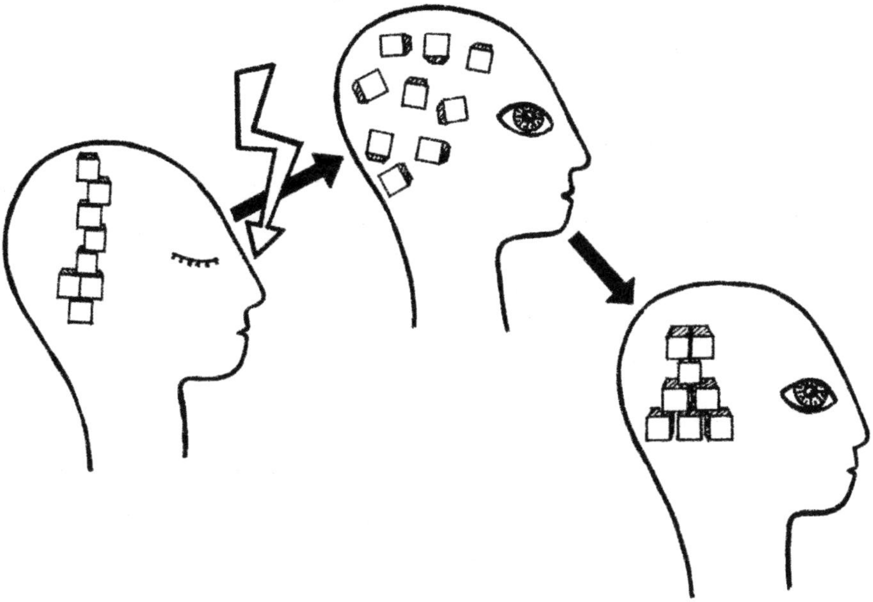

Perturbationen sind "Störungen" von (kognitiven) Strukturen, die durch die Umwelt des Individuums herbeigeführt werden. Als Reaktion auf Perturbationen werden neue, der "Störung" angemessene Konstruktionen errichtet. Perturbationen können in diesem Sinne bewusst didaktisch eingesetzt werden.

Physikalismus

Im Physikalismus wird davon ausgegangen, dass alle Prozesse der Welt letztlich auf physikalische Weise beschreibbar sind. Der Unterschied etwa in von der Chemie oder Biologie beschriebenen Phänomenen zu denen der Physik liegt in ihrer Komplexität, doch prinzipiell handelt es sich stets um physikalisch beschreibbare Prozesse.

In gleicher Weise können mentale Zustände auf biochemische und somit letztlich auf physikalische Beschreibungen reduziert werden. Im Physikalismus wird also bestritten, dass Denken und Fühlen mehr beinhaltet als die dabei ablaufenden physikalischen Prozesse, auch wenn wir noch nicht in der Lage sind, diese Phänomene auf einer physikalischen Ebene zu beschreiben.

Die These, dass letztlich psychisch-mentale Prozesse und allgemeine Phänomene auf physikalische zurückzuführen sind und mit diesen letzlich identisch sind, wird als Supervenienzthese bezeichnet.

In der Erkenntnisphilosophie werden oft andere Begrifflichkeiten für diese Haltung verwandt, auch wenn diese nach Auffassung ihrer Verfechter oft nicht genau dasselbe ausdrücken: Materialismus (↑) etwa ist eine dem Physikalismus nah verwandte Position und kann im Grunde genommen als dessen Spielart aufgefasst werden.

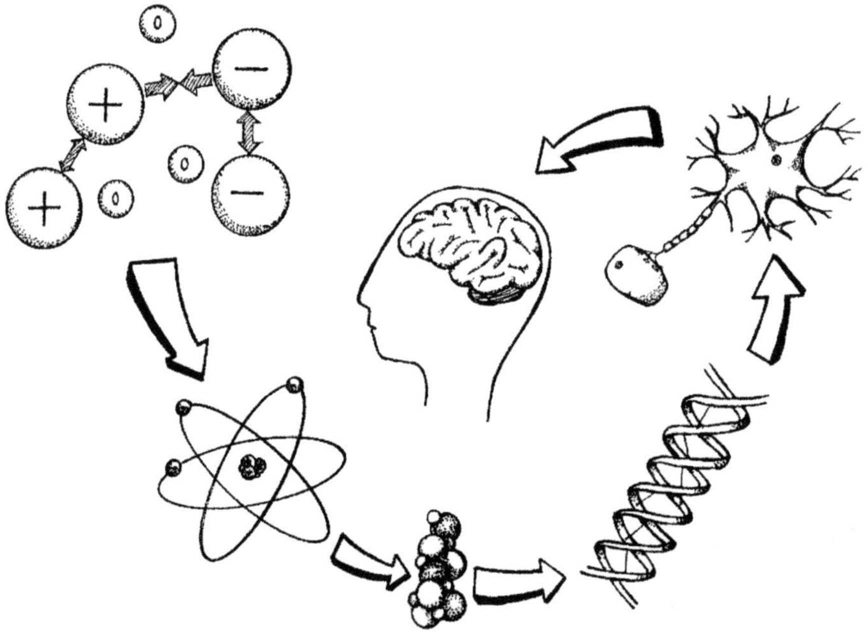

Im Physikalismus wird davon ausgegangen, dass letztlich alles, auch unsere Gedanken und Gefühle, auf physikalische Elementarprozesse zurückgeführt werden können und daher auch durch solche erklärbar sind: Physikalische Gesetze auf Elementarteilchenebene bestimmen das Verhalten von Atomen und Molekülen, diese wiederum das Aussehen und Verhalten von komplexeren biologischen Strukturen und schließlich auch menschliches Verhalten.

Rationalismus

Im Rationalismus wird als Ausgang menschlicher Erkenntnis der Verstand gesehen (von lateinisch: Ratio - Verstand, Vernunft, Verhältnis). Erkennen ist Verstandesleistung, und beim Erkenntnisvorgang kann vom Verstand nicht abgesehen werden.

Vielfach wird *Ratio* auch im Sinne von Vernunft aufgefasst, und die Notwendigkeit von Vernunft in der Ermittlung von Wahrheit beim Erkennen der Umwelt ist Anliegen des Rationalismus. In Bezug auf wissenschaftlichens Vorgehen tritt Rationalismus für das Anwenden vernünftiger (rationaler, wissenschaftslogischer) Kriterien und Regeln ein. Ein Erkennen empirischer Wahrheit wird im Rationalismus nicht abgelehnt, ist aber von Vernunftkategorien nicht zu trennen.

Der *kritische Rationalismus*, als dessen prominentester Vertreter Popper (↑) auftrat, ist eine Spielart des Rationalismus, die dessen prinzipielle Annahmen teilt, bei dem aber besonders betont wird, dass die Wahrheit nie letztlich erreicht werden kann: Hier geht es nur um deren möglichst weitgehende Annäherung.

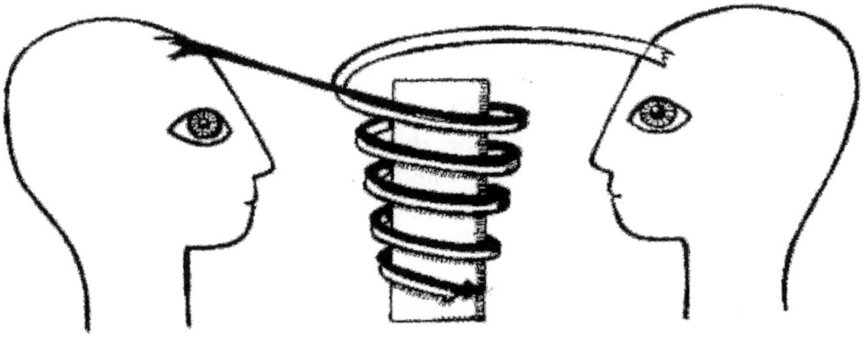

Im Kritischen Rationalismus wird die Existenz einer empirischen Wahrheit unterstellt, der sich der Mensch beim wissenschaftlichen Erkenntnisprozess annähern kann. Wenn er sie auch nie erreichen kann, so besteht doch die Möglichkeit, sich der Wahrheit konsequent zu nähern, und in der Kommunikation können verschiedene Individuen gemeinsam in immer engeren Bahnen diese Wahrheit einkreisen. Im Gegensatz zum Konstruktivismus, namentlich dem radikalen, wird hier der erkennende Zugang zur Realität nicht prinzipiell bestritten; in der wissenschaftlichen Kommunikation kann insoweit "Objektivität" hergestellt werden, dass das Objekt der Kommunikation mehr als nur eine intersubjektive Konstruktion darstellt: Es geht um ein real existentes Phänomen der Umwelt.

Konstruktivismus und kritischer Rationalismus stellen hinsichtlich empirischer Wahrheitsfindung konträre erkenntnistheoretische Standpunkte dar. Die im kritischen Rationalismus mögliche Annäherung an eine empirische Wahrheit wird im Konstruktivismus bestritten. Über einen solchen Wahrheitsbegriff zu diskutieren wird hier als wissenschaftlich müßig angesehen.

Insgesamt ist der Rationalismus dem Konstruktivismus nicht so fern wie etwa der Realismus (↑), da wie im Konstruktivismus die Rolle des "erkennenden" Subjekts deutlich in die Sicht einbezogen wird.

Realismus

Realismus ist eine erkenntnistheoretische Haltung. Es geht also darum, wie wir zu Wissen gelangen. Der Realist unterstellt die Existenz einer von unserem Bewusstsein unabhängigen Welt, und alle Erkenntnis, die wir von der Welt haben, geht letztlich von dieser bewusstseinsunabhängigen Welt aus.

Da für den Realisten letzlich alle Erkenntnis über die Welt von dieser selbst ausgeht, muss sich das Bewusstsein bei diesem Erkenntnisprozess heraushalten. Nach Auffassung des Realismus ist uns jedoch prinzipiell der Zugang zu den Dingen unserer Umwelt möglich, wir können sie erkennen. Im Forschungsprozess versucht daher der Realist, sich der ihn umgebenden Welt anzunähern; Einflüsse des subjektiven Bewusstseins auf diesen Erkenntnisprozess müssen im Sinne einer unverfälschten Erkenntnis minimiert werden.

Die Begrifflichkeiten in der Erkenntnisphilosophie sind oft nicht klar voneinander abgrenzbar, und es ist von der jeweiligen eigenen Position abhängig, wie eine Haltung im Einzelnen etikettiert wird. So bezeichnet etwa Objektivismus (↑) eine dem Realismus sehr nah verwandte Erkenntnistheorie. Die philosophische Bedeutung von "*Realismus*" ist jedenfalls nicht der alltagssprachlichen entsprechend, wo ja "*realistisch*" auf die Realisierbarkeit, die Umsetzung einer "*Idee*" Bezug hat.

Konstruktivismus und Realismus sind aus verschiedenen Gründen als einander gegensätzlich aufzufassen: Zum einen wird im Konstruktivismus die Rolle des erkennenden Subjekts als viel wichtiger eingeschätzt als im

Realismus, zum anderen bestreitet ja der Konstruktivismus die im Realismus unterstellte prinzipielle Erkennbarkeit von objektiver Realität der Aussenwelt.

Reformpädagogik

Die Reformpädagogik muss als eine pädagogisch-didaktische Bewegung angesehen werden. Sie war vielschichtig, und es entstammen ihr viele verschiedene pädagogische Ansätze. Einige gemeinsame Grundtendenzen können jedoch deutlich bei den teilweise sehr unterschiedlichen reformpädagogischen Positionen erkannt werden.

Die reformpädagogische Bewegung ist nicht ohne ihren kulturellen und historischen Hintergrund zu begreifen. Sie verstand sich als eine Gegenbewegung zu der gängigen pädagogischen Praxis ihrer Zeit (Im Wesentlichen die der ersten drei Jahrzehnte des 20. Jahrhunderts). Reformpädagogik stand in diesem Zusammenhang für Emanzipation und Mündigkeit der Schüler.

Schülerzentriertheit und Unterricht als Begegnung Gleichberechtigter (vor allem von Hugo Gaudig propagiert) sind zentrale Ideen in der gesamten Reformpädagogik. Frontale Instruktionen des Unterrichtenden und starre, nach kanonischen Prinzipien ausgerichtete Unterrichtsabläufe werden ersetzt durch entdeckendes Lernen der Schüler und andere freiarbeitliche Unterrichtsformen, bei denen die Schüler mehr Einfluss auf die Gestaltung ihres eigenen Lernvorganges haben.

Reformpädagogik hat durch seinen emanzipatorischen Akzent auch eine deutlich politisch-gesellschaftliche Note. Erziehung wird hier nicht zuletzt als Teil politischer, demokratischer Bildung verstanden. Neben Hugo Gaudig waren vor allem Peter Petersen, Maria Montessorie, Célistin Freinet und auch Rudolf Steiner Galionsfiguren der Reformpädagogik, deren Namen noch heute mit pädagogischen Positionen und Methoden verbunden werden.

Neben der emanzipatorischen Komponente stellt der starke Praxisbezug in den meisten dieser Pädagogiken ein weiteres typisch reformpädagogisches Element dar. Die stark theoretische Ausrichtung der zeitgenössischen Pädagogik wird ersetzt durch Alltagsbezogenheit und Praxisorientierung.

Schèmes figuratifs

Der Begriff spielt bei Piaget (↑) eine zentrale Rolle. Eine freie deutsche Übersetzung ist "*figuratives Lernen*". Piaget bezeichnet damit das Lernen, das auf der Betrachtung eines Dinges oder Phänomens beruht. Der Lernende betrachtet einen Gegenstand oder nimmt anderweitig Sinneseindrücke davon auf. Figuratives Lernen steht im Gegensatz zu operationalen Repräsentationen (schèmes operatoires (↑)), welche stets eine aktiv handelnde Auseinandersetzung miteinbeziehen. Die schèmes figuratifs sind Teil der schèmes operatoires und werden bei Piaget diesen untergeordnet.

Schèmes operatoires

Die schèmes operatoires könnte man frei mit "*operationalen Repräsentationen*" übersetzen, die auf aktiv handelnder Auseinandersetzung mit einer Sache beruhen. Piaget (↑), bei dem dieser Begriff eine wichtige erkenntnis- und lerntheoretische Rolle spielt, grenzt ihn von den schèmes figuratifs (↑) ab, die er den schèmes operatoires unterordnet und als einen Teil von diesen ausweist. Figuratives Lernen ist also immer auch Teil von operationalem Lernen, und letzteres ist auf Grund seines Handlungsbezugs, wegen der aktiven Konfrontation des Lernenden mit dem Lernobjekt die höher eingeschätzte Lernform.

Skeptizismus

Skeptizismus kennzeichnet die erkenntnistheoretische Haltung, die bezweifelt, dass sicheres ontisches (↑) Wissen von der Empirie oder der Metaphysik möglich ist. Skeptizismus umfasst verschiedene philosophische Richtungen. Auch der erkenntnistheoretische Konstruktivismus ist in weiten Zügen skeptizistisch.

Viabilität

Dieser zentrale Begriff innerhalb des Konstruktivismus wurde vor allem durch von Glasersfeld (↑) in die Diskussion eingebracht. Er lehnt sich an das englische "*viability*" (Lebensfähigkeit, Durchführbarkeit) und leitet sich vom lateinischen "*via*" (Weg) ab: Gemeint ist die "*Weg-barkeit*" einer Konstruktion bei ihrer Konfrontation mit der Umwelt.

Viabel ist eine Konstruktion dann, wenn es zu keinem Widerspruch, zu keinem Anecken mit betroffenen Elementen der Umwelt kommt.

Damit heißt für den Konstruktivisten Viabilität auch Nützlichkeit, in ihrer Widerspruchsfreiheit in der Umwelt beweist sich eine Konstruktion als viabel, und Viabilität ist das meiste, was über die "Realitätspässlichkeit" eines Modells, einer Theorie oder anderer menschlicher Konstrukte gesagt werden kann.

Viabilität ersetzt im Konstruktivismus die Idee der "Wahrheit" einer Sache.

Das zentrale konstruktivistische Kriterium

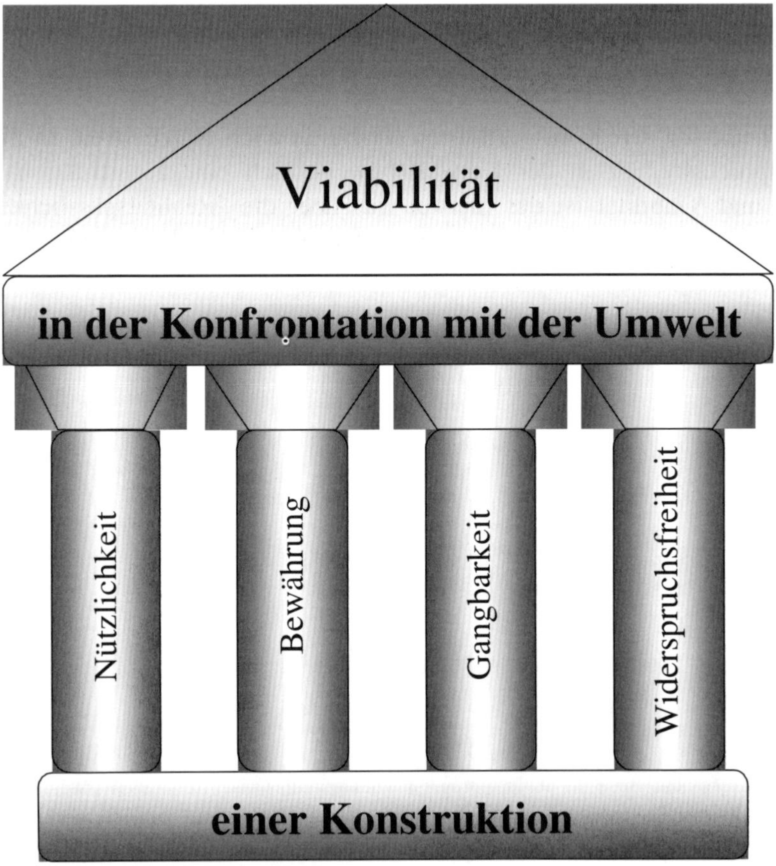

Der Begriff der Viabilität ist zentral im Konstruktivismus. Da es eine direkte Übersetzung im Deutschen nicht gibt (obwohl das englische "viability" oft mit "*Nützlichkeit*" übersetzt wird), kommt man der Viabilität durch die Verwendung von mehreren deutschen Begriffen am nächsten. Die Viabilität einer Konstruktion wird in deren Konfrontation mit der Umwelt relevant.

ANHANG

Literatur

Adams, Douglas: *Das Restaurant am Ende des Universums.* Ullstein. Frankfurt a. M.. Berlin. 1994

Adler, Alfred: *Lebensprobleme. Vorträge und Aufsätze.* Seite 35. Fischer Taschenbuch GmbH. Frankfurt a. M. 1994

Aebli, Hans: *Psychologische Didaktik. Didaktische Auswertung der Psychologie von Jean Piaget.* Ernst Klett Verlag Stuttgart. 1968

Anderson, O. Roger: *Neurocognitive Bases for Constructivism in Education: A Neurobiological, Cognitive and Cultural Perspective. International Conference on Thinking and Education.* Ponce, Puerto Rico. 1999

Arnold, Rolf. Siebert, Horst: *Konstruktivistische Erwachsenenbildung. Von der Deutung zur Konstruktion von Wirklichkeit. Grundlagen der Berufs- und Erwachsenenbildung. Band 4.* Schneider Verlag. Hohengehren. 1997

Austeda, Franz: *Lexikon der Philosophie.* Verlag Brüder Hollinek. Wien. 1989

Ausubel, David P.: *Das Jugendalter. Fakten, Probleme, Theorie.* Juventa Verlag München. 1971

Ausubel, David P. Nowak, J.D. Hanesian, H.: *Psychologie des Unterrichts.* Band 1. Beltz Verlag. Weinheim, Basel. 1980

Baier, Hans. Gärtner, Helmut. Marquardt-Mau, Brunhilde. Schreier, Helmut (Herausgeber): *Umwelt, Mitwelt, Lebenswelt im Sachunterricht. Probleme und Perspektiven des Sachunterrichts 9.* Klinkhardt Verlag. Bad Heilbrunn. 1999

Borg, Walter R. Gall, Meredith D.: *Educational Research. An Introduction.* Longman. New York. 1983

Buhr, Manfred: *Enzyklopädie zur bürgerlichen Philosophie im 19. und 20. Jahrhundert.* Pahl-Rugenstein Verlag GmbH. Köln. 1988

Duffy, Thomas M. Jonassen, David H. (Herausgeber): *Constructivism and the Technology of Instruction. A Conversation.* Lawrence Erlbaum Associates. New Jersey. 1992

Dussen, W. J. van der: *De filosofie van Popper en de "methodenstrijd"*. In: Algemene Nederlandse tijdschrift voor wijsbegeerte. 63. Seiten 246-269. 1971

Eccles, John C.: *Die Evolution des Gehirns - Die Erschaffung des Selbst.* Piper & Co. München. 1993

Foerster, Heinz von. Glasersfeld, Ernst von: *Wie wir uns erfinden. Eine Autobiographie des Radikalen Konstruktivismus.* Karl Auer Systeme Verlag. Heidelberg. 1999.

Foerster, Heinz von. Pörksen, Bernhard: *Wahrheit ist die Erfindung eines Lügners.* Carl-Auer-Systeme Verlag. Heidelberg. 1998

Fosnot, Catherine Twomey (Herausgeber): *Constructivism: Theory, Perspectives, and Practice.* Teachers College Press, Columbia University. New York. 1996

Glasersfeld, Ernst von: *A constructivistic view of learning and teaching.* In: Duit, R. Goldberg, F. Niedderer, H. (Herausgeber): *Research in Physics Learning: Theoretical Issues and Empirical Studies.* Seite 29 - 39. Institut für Pädagogik der Naturwissenschaften. Kiel. 1992

Glasersfeld, Ernst von: *Aspekte des Konstruktivismus*: Vico, Berkeley, Piaget. In: Rutsch, Gebhard. Schmidt, Siegfried (Herausgeber): *Konstruktivismus: Geschichte und Anwendung.* Seite 20 - 33. Frankfurt. 1992

Glasersfeld, Ernst von: *Konstruktion der Wirklichkeit und des Begriffs der Objektivität.* In: Gumin, Heinz. Mohler, Armin (Herausgeber): *Einführung in den Konstruktivismus.* Seite 9 - 39. München. 1992

Gawlick, Günther: *Empirismus. Geschichte der Philosophie in Text und Darstellung (Band 4).* Reclam Verlag. Stuttgart. 1980

Giest, Hartmut. Scheerer-Neumann, Gerheid (Herausgeber): *Jahrbuch Grundschulforschung. Band 2.* Deutscher Studien Verlag. Weinheim. 1999

Goorhuis, Henk: *Viel mehr als die Summe der Teile.* Seite 11 (Zitat Rückumschlag), Seite 12. In: Uni-Magazin. *Vom Teilen des Wissens. Wege zur lernenden Universität.* Uni-Magazin. 4/1998 Zürich. 1998

Haarmann, Dieter (Herausgeber): *Handbuch Grundschule. Allgemeine Didaktik: Voraussetzungen und Formen grundlegender Bildung. Band 1.* Beltz Verlag. Weinheim. 1996

Haarmann, Dieter (Herausgeber): *Handbuch Grundschule. Fachdidaktik. Inhalte und Bereiche grundlegender Bildung. Band 2.* Beltz Verlag. Weinheim.1996

Hartinger, Andreas: *Interessenförderung. Eine Studie zum Sachunterricht. Forschungen zur Didaktik des Sachunterrichts. 2.* Klinkhardt Verlag. Bad Heilbrunn. 1997

Herrmann, Theo. Ernst-D. Lautermann: *Persönlichkeitspsychologie. Ein Handbuch in Schlüsselbegriffen.* Urban & Schwarzenberg. München 1985

Hirschberger, Johannes: *Geschichte der Philosophie. Neuzeit und Gegenwart.* Verlag Herder. Freiburg. 1976

Hurlock, Elisabeth B.: *Die Entwicklung des Kindes.* Beltz Verlag. Weinheim. 1972

Janich, Peter: *Grenzen der Naturwissenschaft: Erkennen als Handeln.* Beck Verlag. München. 1992

Jolles, Evelyn. Huwendiek, Volker (Herausgeber): *Die Didaktik der Fächer Mathematik und Deutsch.* Seite 52 - 69. Schneider Verlag. Hohengehren. 1999

Jung, Walter: *Konstruktivismus, Physikalismus und Phänomenologie.* In *Erinnerung an Martin Wagenscheins hundertsten Geburtstag.* Zeitschrift für Didaktik der Naturwissenschaften. Jg- 3. Heft 2. S. 3-14. 1997

Kahlert, Joachim (Herausgeber): *Wissenserwerb in der Grundschule. Perspektiven erfahren, vergleichen, gestalten*. Klinkhardt Verlag. Bad Heilbrunn. 1998

Kästner, Erich. In: Leonhard, Rudolf Walter (Herausgeber): *Kästner für Erwachsene*. Seite 99. Atrium Verlag. Zürich. 1966

Köhnlein, Walter. Marquardt-Mau, Brunhilde. Schreier, Helmut: *Kinder auf dem Wege zum Verstehen der Welt. Forschungen zur Didaktik des Sachunterrichts 1*. Klinkhardt Verlag. Bad Heilbrunn. 1997

Köhnlein, Walter. Marquardt-Mau, Brunhilde. Schreier, Helmut: *Vielperspektivisches Denken im Sachunterricht. Forschungen zur Didaktik des Sachunterrichts 3*. Klinkhardt Verlag. Bad Heilbrunn. 1999

Kutschera, Franz von: *Grundfragen von Erkenntnistheorie*. De Gruyter Verlag. Berlin, New York. 1981

Lanigan, Virginia (Herausgeber): *Thoughtful Teachers, Thoughtful Schools. Issues and insights in education today*. Allyn and Bacon. Needham Heights. Massachusetts. 1994

Lao Tse: *Tao-Te-King*. Aus: Kleines Diogenes Taschenbuch. Seite 14. Diogenes Verlag. Zürich. 1985

L´engle, Madelaine. In: Mihaly Csikszentmihalyi: *Kreativität*. Seite 366. Klett-Cotta Verlag. Stuttgart. 1997

Löffler, Gerhard. Möhle, Volker. Reeken, Dietmar von. Schwier, Volker (Herausgeber): *Sachunterricht - Zwischen Fachbezug und Integration. Probleme und Perspektiven des Sachunterrichts 10*. Klinkhardt Verlag. Bad Heilbrunn. 2000

Marquardt-Mau, Brunhilde. Köhnlein, Walter. Cech, Diethard. Lauterbach, Roland (Herausgeber): *Lehrerbildung Sachunterricht. Probleme und Perspektiven des Sachunterrrichts 6*. Klinkhardt Verlag. Bad Heilbrunn. 1996

Marquardt-Mau, Brunhilde. Köhnlein, Walter. Lauterbach, Roland (Herausgeber): *Forschung zum Sachunterricht. Probleme und Perspektiven des Sachunterrichts 7*. Klinkhardt Verlag. Bad Heilbrunn. 1997

Marquardt-Mau, Brunhilde. Schreier, Helmut: *Grundlegende Bildung im Sachunterricht. Probleme und Perspektiven im Sachunterricht 8*. Klinkhardt Verlag. Bad Heilbrunn. 1998

Maturana, Humberto R.: *Kognition*. In: Schmidt, Siegried J. (Herausgeber): *Der Diskurs des Radikalen Konstruktivismus*. Seite 89 - 118. Frankfurt. 1987

Maturana, Humberto R.: *Erkennen. Die Organisation und Verkörperung von Wirklichkeit. Ausgewählte Schriften zur biologischen Epistemologie. Wissenschaftstheorie, Wissenschaft und Philosophie*. Vieweg-Verlag. Wiesbaden. 1982

Maturana, Humberto R.: *Was ist Erkennen*? Seite 45. Piper Verlag. München. 1994

Maturana, Humberto R. Varela, F. J.: *Der Baum der Erkenntnis. Die biologischen Wurzeln menschlichen Erkennens*. Scherz Verlag. Bern, München. 1987

Mietzel, Gerd: *Psychologie in Unterricht und Erziehung. Einführung in die Pädagogische Psychologie für Pädagogen und Psychologen*. Hofgrefe Verlag für Psychologie. Göttingen. 1993

Mittelstraß, Jürgen: *Enzyklopädie Philosophie und Wissenschaftstheorie 2*. Bibliographisches Institut. Mannheim. 1980

Mittelstraß, Jürgen: *Enzyklopädie Philosophie und Wissenschaftstheorie 2*. Bibliographisches Institut. Mannheim. 1984

Mittelstraß, Jürgen: *Enzyklopädie Philosophie und Wissenschaftstheorie 3*. Verlag J.B. Metzler. Stuttgart. 1995.

Piaget, Jean: *Das moralische Urteil beim Kinde. Deutscher Taschenbuch* Verlag GmbH & Co. KG. München. 1990

Piaget, Jean: *Einführung in die Genetische Erkenntnistheorie*. Seite 23. Suhrkamp Verlag. Frankfurt. 1970.

Rice, Philip F.: Human Development. *A life-span approach*. Macmillan Publishing Company. New York. 1992

Roth, Gerhard: *Das konstruktive Gehirn. Neurobiologische Grundlagen von Wahrnehmung und Erkenntnis.* In: Schmidt, Siegfried J. (Herausgeber): *Kognition und Gesellschaft. Der Diskurs des Radikalen Konstruktivismus 2.* S. 277 - 336. Frankfurt. 1992

Roth, Gerhard: *Die Bedeutung der biologischen Wahrnehmungsforschung für die philosophische Erkenntnistheorie.* In : Hejl, Peter M. (Herausgeber): *Wahrnehmung und Kommunikation.* Seite 66ff. Frankfurt. 1978.

Roth, Gerhard: *Erkenntnis und Realität. Das reale Gehirn und seine Wirklichkeit.* In: Schmidt, Siegfried J. (Herausgeber): *Der Diskurs des Radikalen Konstruktivismus.* Seite 229 - 255. Frankfurt. 1987.

Roth, Gerhard: *Neuronale Grundlagen des Lernens und des Gedächtnisses.* In: Schmidt, Siegfried J.: *Gedächtnis: Probleme der interdisziplinären Gedächtnisforschung.* Seite 127 - 158. Frankfurt. 1991

Roth, Heinrich (Herausgeber): *Begabung und Lernen. Ergebnisse und Folgerungen neuer Forschungen.* Ernst Klett Verlag. Stuttgart. 1968

Roth, Heinrich (Herausgeber): *Pädagogische Psychologie des Lehrens und Lernens.* Hermann Schroedel Verlag KG. Hannover. 1966

Storck, Heinrich: *Sprache im naturwissenschaftlichen Unterricht.* In: Duit, R. Gräber, W. (Herausgeber): *Kognitive Entwicklung und Lernen der Naturwissenschaften.* Seite 63 - 85. Institut für Pädagogik der Naturwissenschaften. Kiel. 1993

Storck, Heinrich: *Was bedeuten die aktuellen Forderungen „Schülervorstellungen berücksichtigen, ´konstruktivistisch` lehren!" für den Chemieunterricht in der Sekundarstufe I?* Zeitschrift für Didaktik der Naturwissenschaften. Jg1. Seite 15 - 28. 1995

Ströker, Elisabeth. Hahn, Rainhald. Neugebauer, Hans Gerhard. Püllen, Karl: *Wissenschaftstheorie der Naturwissenschaften. Grundzüge ihrer Sachproblematik und Modelle für den Unterrricht.* Verlag Karl Alber. Freiburg. München. 1981

Sulzer-Azaroff, Beth. Mayer, Roy G.: *Behavior Analysis for Lasting Change.* Seite 32-37. Holt, Rinehart and Winston. Orlando. Florida. 1991

Tausch, Reinhard. Tausch, Anne-Marie: *Erziehungspsychologie. Begegnung von Person zu Person.* Hogrefe Verlag für Psychologie. Göttingen. 1991

Terhart, Ewald: *Konstruktivismus und Unterricht. Gibt es einen Ansatz in der Allgemeinen Didaktik?* Zeitschrift für Pädagogik. Seite 629 - 647. 45. Nr. 5. 1999

Uexküll, Jakob von: *Theoretische Biologie*. Suhrkamp Verlag. Frankfurt. 1973 (Erstausgabe 1928)

Watzlawick, Paul (Herausgeber): *Die erfundene Wirklichkeit. Wie wissen wir, was wir zu wissen glauben?* Piper Verlag. München. 1995.

Watzlawick, Paul. Beavin, Janet H. Jackson. Don, D.: *Menschliche Kommunikation. Formen, Störungen, Paradoxien.* Seite 28. Hans Huber Verlag. Bern. 1996

Weinke, K.: *Der "Kritische Rationalismus".* In: Zeitschrift für philosophische Forschung 27. Seiten 551-568. 1973

Wilson, Sybil. DiBiase, Anne-Marie: *Die Umstellung des Lernens: Der mühsame Weg von einem traditionellen zu einem "konstruktivistischen" Ansatz in einem universitären Studienprogramm.* Pädagogisches Handeln, *1.* Jahrgang. Heft 1. Seite 39-54. 1997

Wittgenstein, Ludwig: *Tractatus logico-philosophicus. Logisch-philosophische Abhandlung*. Edition Suhrkamp 12. Seite 32. Frankfurt a. M. 1960

Witzenbruch, Wilhelm: *Das pädagogische Profil der Grundschule. Impulse für die Weiterentwicklung der Grundschule*. Agentur Dieck. Heinsberg. 1995

Zülch, Martin: *Lehrer und Schüler verändern die Schule. Bilder und Texte zur Freinet-Pädagogik*. Arbeitskreis Grundschule e.V., Frankfurt/Main. Materialvertrieb der Pädagogik-Kooperativen. 1983

Bildquellennachweis

Bild von Platon auf Seite 9:

Austeda, Franz: *Lexikon der Philosophie*. S. 283. Verlag Brüder Hollinek. Wien. 1989